景德传灯录

中国佛学经典宝藏

27

张华 释译

星云大师总监修

人民东方出版传媒
東方出版社

《中国佛学经典宝藏》
大陆简体字版编审委员会

总序

星云

自读首楞严，从此不尝人间糟糠味；

认识华严经，方知己是佛法富贵人。

诚然，佛教三藏十二部经有如暗夜之灯炬、苦海之宝筏，为人生带来光明与幸福，古德这首诗偈可说一语道尽行者阅藏慕道、顶戴感恩的心情！可惜佛教经典因为卷帙浩瀚、古文艰涩，常使忙碌的现代人有义理远隔、望而生畏之憾，因此多少年来，我一直想编纂一套白话佛典，以使法雨均沾，普利十方。

一九九一年，这个心愿总算有了眉目。是年，佛光山在广州市召开"白话佛经编纂会议"，将该套丛书定名为《中国佛教经典宝藏》①。后来几经集思广益，大家决

① 编者注：《中国佛教经典宝藏》丛书，大陆出版时改为《中国佛学经典宝藏》丛书。

定其所呈现的风格应该具备下列四项要点：

一、启发思想：全套《中国佛教经典宝藏》共计百余册，依大乘、小乘、禅、净、密等性质编号排序，所选经典均具三点特色：

1. 历史意义的深远性
2. 中国文化的影响性
3. 人间佛教的理念性

二、通顺易懂：每册书均设有原典、注释、译文等单元，其中文句铺排力求流畅通顺，遣词用字力求深入浅出，期使读者能一目了然，契入妙谛。

三、文简意赅：以专章解析每部经的全貌，并且搜罗重要的章句，介绍该经的精神所在，俾使读者对每部经义都能透彻了解，并且免于以偏概全之谬误。

四、雅俗共赏：《中国佛教经典宝藏》虽是白话佛典，但亦兼具通俗文艺与学术价值，以达到雅俗共赏、三根普被的效果，所以每册书均以题解、源流、解说等章节，阐述经文的时代背景、影响价值及在佛教历史和思想演变上的地位角色。

兹值佛光山开山三十周年，诸方贤圣齐来庆祝，历经五载、集二百余人心血结晶的百余册《中国佛教经典宝藏》也于此时隆重推出，可谓意义非凡，论其成就，则有四点可与大家共同分享：

一、佛教史上的开创之举：民国以来的白话佛经翻译虽然很多，但都是法师或居士个人的开示讲稿或零星的研究心得，由于缺乏整体性的计划，读者也不易窥探佛法之堂奥。有鉴于此，《中国佛教经典宝藏》丛书突破窠臼，将古来经律论中之重要著作，做有系统的整理，为佛典翻译史写下新页！

二、杰出学者的集体创作：《中国佛教经典宝藏》丛书结合北京、南京各地名校的百位教授、学者通力撰稿，其中博士学位者占百分之八十，其他均拥有硕士学位，在当今出版界各种读物中难得一见。

三、两岸佛学的交流互动：《中国佛教经典宝藏》撰述大部分由大陆饱学能文之教授负责，并搜录台湾教界大德和居士们的论著，借此衔接两岸佛学，使有互动的因缘。编审部分则由台湾和大陆学有专精之学者从事，不仅对大陆研究佛学风气具有带动启发之作用，对于海峡两岸佛学交流更是帮助良多。

四、白话佛典的精华集萃：《中国佛教经典宝藏》将佛典里具有思想性、启发性、教育性、人间性的章节做重点式的集萃整理，有别于坊间一般“照本翻译”的白话佛典，使读者能充分享受“深入经藏，智慧如海”的法喜。

今《中国佛教经典宝藏》付梓在即，吾欣然为之作序，并借此感谢慈惠、依空等人百忙之中，指导编修；吉广舆等人奔走两岸，穿针引线；以及王志远、赖永海等大陆教授的辛勤撰述；刘国香、陈慧剑等台湾学者的周详审核；满济、永应等“宝藏小组”人员的汇编印行。由于他们的同心协力，使得这项伟大的事业得以不负众望，功竟圆成！

《中国佛教经典宝藏》虽说是大家精心擘画、全力以赴的巨作，但经义深邈，实难尽备；法海浩瀚，亦恐有遗珠之憾；加以时代之动乱，文化之激荡，学者教授于契合佛心，或有差距之处。凡此失漏必然甚多，星云谨以愚诚，祈求诸方大德不吝指正，是所至祷。

一九九六年五月十六日于佛光山

原版序
敲门处处有人应

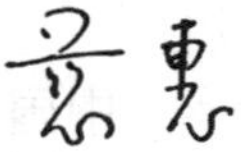

《中国佛教经典宝藏》是佛光山继《佛光大藏经》之后，推展人间佛教的百册丛书，以将传统《大藏经》精华化、白话化、现代化为宗旨，力求佛经宝藏再现今世，以通俗亲切的面貌，温渥现代人的心灵。

佛光山开山三十年以来，家师星云上人致力推展人间佛教，不遗余力，各种文化、教育事业蓬勃创办，全世界弘法度化之道场应机兴建，蔚为中国现代佛教之新气象。这一套白话精华大藏经，亦是大师弘教传法的深心悲愿之一。从开始构想、擘画到广州会议落实，无不出自大师高瞻远瞩之眼光，从逐年组稿到编辑出版，幸赖大师无限关注支持，乃有这一套现代白话之大藏经问世。

这是一套多层次、多角度、全方位反映传统佛教文化的丛书，取其精华，舍其艰涩，希望既能将《大藏经》

深睿的奥义妙法再现今世，也能为现代人提供学佛求法的方便舟筏。我们祈望《中国佛教经典宝藏》具有四种功用：

一、是传统佛典的精华书

中国佛教典籍汗牛充栋，一套《大藏经》就有九千余卷，穷年皓首都研读不完，无从赈济现代人的枯槁心灵。《宝藏》希望是一滴浓缩的法水，既不失《大藏经》的法味，又能有稍浸即润的方便，所以选择了取精用弘的摘引方式，以舍弃庞杂的枝节。由于执笔学者各有不同的取舍角度，其间难免有所缺失，谨请十方仁者鉴谅。

二、是深入浅出的工具书

现代人离古愈远，愈缺乏解读古籍的能力，往往视《大藏经》为艰涩难懂之天书，明知其中有汪洋浩瀚之生命智慧，亦只能望洋兴叹，欲渡无舟。《宝藏》希望是一艘现代化的舟筏，以通俗浅显的白话文字，提供读者遨游佛法义海的工具。应邀执笔的学者虽然多具佛学素养，但大陆对白话写作之领会角度不同，表达方式与台湾有相当差距，造成编写过程中对深厚佛学素养与流畅白话语言不易兼顾的困扰，两全为难。

三、是学佛入门的指引书

佛教经典有八万四千法门，门门可以深入，门门是无限宽广的证悟途径，可惜缺乏大众化的入门导览，不易寻觅捷径。《宝藏》希望是一支指引方向的路标，协助十方大众深入经藏，从先贤的智慧中汲取养分，成就无上的人生福泽。

四、是解深入密的参考书

佛陀遗教不仅是亚洲人民的精神皈依，也是世界众生的心灵宝藏。可惜经文古奥，缺乏现代化传播，一旦庞大经藏沦为学术研究之训诂工具，佛教如何能扎根于民间？如何普济僧俗两众？我们希望《宝藏》是百粒芥子，稍稍显现一些须弥山的法相，使读者由浅入深，略窥三昧法要。各书对经藏之解读诠释角度或有不足，我们开拓白话经藏的心意却是虔诚的，若能引领读者进一步深研三藏教理，则是我们的衷心微愿。

大陆版序一

《中国佛教经典宝藏》是一套对主要佛教经典进行精选、注译、经义阐释、源流梳理、学术价值分析，并把它们翻译成现代白话文的大型佛学丛书，成书于二十世纪九十年代，由台湾佛光文化事业有限公司出版，星云大师担任总监修，由大陆的杜继文、方立天以及台湾的星云大师、圣严法师等两岸百余位知名学者、法师共同编撰完成。十几年来，这套丛书在两岸的学术界和佛教界产生了巨大的影响，对研究、弘扬作为中国传统文化重要组成部分的佛教文化，推动两岸的文化学术交流发挥了十分重要的作用。

《中国佛学经典宝藏》则是《中国佛教经典宝藏》的简体字修订版。之所以要出版这套丛书，主要基于以下的考虑：

首先，佛教有三藏十二部经、八万四千法门，典籍浩瀚，博大精深，即便是专业研究者，穷其一生之精力，恐也难阅尽所有经典，因此之故，有“精选”之举。

其次，佛教源于古印度，汉传佛教的经论多译自梵语；加之，代有译人，版本众多，或随音，或意译，同一经文，往往表述各异。究竟哪一种版本更契合读者根机？哪一个注疏对读者理解经论大意更有助益？编撰者除了标明所依据版本外，对各部经论之版本和注疏源流也进行了系统的梳理。

再次，佛典名相繁复，义理艰深，即便识得其文其字，文字背后的义理，诚非一望便知。为此，注译者特地对诸多冷僻文字和艰涩名相，进行了力所能及的注解和阐析，并把所选经文全部翻译成现代汉语。希望这些注译，能成为修习者得月之手指、渡河之舟楫。

最后，研习经论，旨在借教悟宗、识义得意。为了将其思想义理和现当代价值揭示出来，编撰者对各部经论的篇章品目、思想脉络、义理蕴涵、学术价值等所做的发掘和剖析，真可谓殚精竭虑、苦心孤诣！当然，佛理幽深，欲入其堂奥、得其真义，诚非易事！我们不敢奢求对于各部经论的解读都能鞭辟入里，字字珠玑，但希望能对读者的理解经义有所启迪！

习近平主席最近指出：“佛教产生于古代印度，但传入中国后，经过长期演化，佛教同中国儒家文化和道家文化融合发展，最终形成了具有中国特色的佛教文化，给中国人的宗教信仰、哲学观念、文学艺术、礼仪习俗等留下了深刻影响。”如何去研究、传承和弘扬优秀佛教文化，是摆在我们面前的一个重要课题，人民东方出版传媒有限公司拟对繁体字版的《中国佛教经典宝藏》进行修订，并出版简体字版的《中国佛学经典宝藏》，随喜赞叹，寥寄数语，以叙因缘，是为序。

二〇一六年春于南京大学

大陆版序二

依空

身材高大、肤色白皙、擅长军事的雅利安人，在公元前一千五百多年从中亚攻入西北印度，把当地土著征服之后，为了彻底统治这里的人民，建立了牢不可破的种姓制度，创造了无数的神祇，主要有创造神梵天、破坏神湿婆、保护神毗婆奴。人们的祸福由梵天决定，为了取悦梵天大神，需要透过婆罗门来沟通，因为他们是从梵天的口舌之中生出，懂得梵天的语言——繁复深奥的梵文，婆罗门阶级是宗教祭祀师，负责教育，更掌控了神与人之间往来的话语权。四种姓中最重要的是刹帝利，举凡国家的政治、经济、军事、文化等都由他们实际操作，属贵族阶级，由梵天的胸部生出。吠舍则是士农工商的平民百姓，由梵天的膝盖以上生出。首陀罗则是被踩在梵天脚下的土著。前三者可以轮回，纵然几世轮转都无法脱离原来种姓，称为再生族；首陀罗则连轮回的因缘都没有，为不生族，生生世世为首陀罗，子孙也倒霉跟着宿命，无法改变身份。相对于此，贱民比首陀罗更为卑微、低贱，连四种姓都无法跻身其中，只能从事挑粪、焚化尸体等最卑贱、龌龊的工作。

出身于高贵种姓释迦族的悉达多太子，为了打破种姓制度的桎梏，舍弃既有的优越族姓，主张一切众生皆平等，成正等觉，创立了佛教僧团。为了贯彻佛教的平等思想，佛陀不仅先度首陀罗身份的优婆离出家，后度释迦族的七王子，先入山门为师兄，树立僧团伦理制度。佛陀更严禁弟子们用贵族的语言——梵文宣讲佛法，而以人民容易理解的地方口语来演说法义，这就是巴利文经典的滥觞。佛陀认为真理不应该是属于少数贵族、知识分子的专利或装饰，而应该更贴近普罗大众，属于平民百姓共有共知。原来佛陀早就在推动佛法的普遍化、大众化、白话化的伟大工作。

佛教从西汉哀帝末年传入中国，历经东汉、魏晋南北朝、隋唐的漫长艰巨的译经过程，加上历代各宗派祖师的著作，积累了庞博浩瀚的汉传佛教典籍。这些经论义理深奥隐晦，加以书写的语言文字为千年以前的古汉文，增加现代人阅读的困难，只能望着汗牛充栋的三藏十二部扼腕慨叹，裹足不前。

如何让大众轻松深入佛法大海，直探佛陀本怀？佛光山开山宗长星云大师乃发起编纂《中国佛教经典宝藏》。一九九一年，先在广州召开“白话佛经编纂会议”，订定一百本的经论种类、编写体例、字数等事项，礼聘中国社科院的王志远教授、南京大学的赖永海教授分别为大陆北方与南方的总联络人，邀请大陆各大学的佛教学者撰文，后来增加台湾部分的三十二本，是为一百三十二册的《中国佛教经典宝藏精选白话版》，于一九九七年，作为佛光山开山三十周年的献礼，隆重出版。

六七年间我个人参与最初的筹划，多次奔波往来于大陆与台湾，小心谨慎带回作者原稿，印刷出版、营销推广。看到它成为佛教徒家中的传家宝藏，有心了解佛学的莘莘学子的入门指南书，为星云大师监修此部宝藏的愿心深感赞叹，既上契佛陀“佛法不舍一众”的慈悲本怀，更下启人间佛教“普世益人”的平等精神。尤其可喜者，欣闻现大陆出版方东方出版社潘少平总裁、彭明哲副总编亲自担纲筹划，组织资深编辑精校精勘；更有旅美企业家鲁彼德先生事业有成之际，秉“十方来，十方去，共成十方事”之襟怀，促成简体字版《中国佛学经典宝藏》的刊行。今付梓在即，是为序，以表随喜祝贺之忱！

二〇一六年元月

目 录

题解

版本简说

《景德传灯录》，总共有三十卷，是北宋景德元年（公元一〇〇四年）东吴僧人道原所撰。宋、元时有单刻本行世，金、元、明、清四代汉文大藏经都有本书的著录。《金藏》载于“禅”至“云”函,《元藏》载于“振”至“世”函，明《南藏》载于“桓”至“辅”函，明《北藏》载“合”至“弱”函,《清藏》载“誉”至“青”函。民国初年的《频伽藏》（全称《频伽精舍校刊大藏经》，私版铅印本）亦载录此书，收在“云”帙。日本国“大正一切经刊行会”在一九三四年印行的《大正新修大藏经》（简称《大正藏》）第五十一卷史传部（三）收入此书，是目前我们所见的比较好的本子。我们所选底本即依大正藏版。

大正藏本《景德传灯录》是依元延祐本为蓝本，然后参照明藏本而成。据史料记载,《传灯录》成书后，在景德年间进呈皇帝，希望得到官方的支持，以使本书流通，使佛法传布。官方文人兼居士杨亿、李维等奉诏“同加刊削此书”，评论其得失，花了一年左右的时间和心血对此书进行全盘的加工和整理。杨亿等首先确定宗旨，然后或者恢复原书有失指归之处，或者为其文字润色，或者校核史实，纠正错谬，而后此书得以流行于世。至元延祐年间，此书旧版因为战火或者年代的久远而销朽无存。有年高德劭的禅僧希渭，住湖州路道场山护圣万岁禅寺，忽找得本路天圣禅寺松庐和尚所藏的“庐山稳庵古册”，最为善本，于是集资重刊。这重新刊刻的本子就称为“延祐本”。大正藏本《景德传灯录》用明藏本对勘元延祐本，明藏本对延祐本所做的改动，书页下都加小注说明。凡出入较大的地方，往往存两本以对照，如卷二至卷四的目录，先排元本目录，再列明本目录；卷十二怀让禅师第四世，前洪州黄檗希运禅师法嗣临济义玄章，亦是这样先元本后明本排列。

全书内涵及价值所在

《景德传灯录》，简称《传灯录》。今人亦有称《景德录》的，如陈垣《中国佛教史籍概论》即有此称。“景德”，是宋真宗年号；“传灯”，出自禅宗的譬喻。禅宗以为智能灭愚，犹灯能照暗，如《坛经 · 忏悔品》说：“一灯能除千年暗，一智能灭万年愚。”所以，禅宗便把以法传人，称作传灯。佛法代代相传，亦如灯火不灭，灯灯相续。而禅宗传法的载体，一方面是禅师的语录，另一方面即其品德、行历。禅语录大多是为了表明禅师本人的悟性，或者为了开示学生而与学生进行的有关对话和动作的记录。这样，顾名思义，《传灯录》是一本以传法世系为主线，叙述历代禅师的语录和品行的书。

陈垣先生曾引证撰于南宋绍兴二十一年（公元一一五一年，晚《传灯录》一百多年）的《晁氏读书志·释书类》说：“其书披奕世祖图，采诸方语录，由七佛以至法眼之嗣，凡五十二世，一千七百一人，献于朝，诏杨亿、李维、王曙等同加裁定。亿等润色其文，是正差谬，遂盛行于世，为禅学之源。夫禅学自达磨入中原，凡五传至惠能，惠能传行思、怀让，行思、怀让之后有五宗，学徒遍于海内，迄今数百年，临济、云门、曹洞，日愈益盛。尝考其世，皆出唐末五代兵戈极乱之际，意者乱世聪明贤豪之士，无所施其能，故愤世嫉邪，长往不返。而其名言至行，犹联珠叠璧，虽山渊之高深，终不能掩覆其光彩，故人得之著于竹帛，罔有遗轶焉。”陈先生由此说，“一部《景德传灯录》，不啻一部唐末五代高逸传”，并为欧（阳修）、宋（祁）二公因不喜佛而在他们所修的《新唐书》中阙失了“此等绝好资料”，大加叹惜。这从某方面说明了《传灯录》亦是一本有关世外高人的书，其中有醒人心智的隽语，有终其一生或者数十年如一日而悟得的体验。

然而我们知道，《传灯录》的意义和价值当不止在搜罗了“此等绝好的资料”，弥补了正史之失。更主要的在于它编定了禅宗自有史以来最为完备的传法世系，禅宗一千七百多人的师承法系于此历历可观，每一位禅师的来龙去脉亦一清二楚。其次还在于它汇集了历代禅师的机缘语句，以及一些著名的禅学篇章和赞颂偈诗、铭记箴歌等，这些都是可供学术研究利用的极其宝贵的原始资料。禅宗的机缘语句，简称机语，指参禅时禅师与学生进行的对话或所给的其他形式的开示。唐末五代的禅林充塞着机语，凡禅师见面或学人参禅必用机语，它们不仅反映了整个禅宗的风貌，而且体现了各个禅师的风格和个性。机语极其生动地传达了禅的微妙和精神。以下通过对《传灯录》具体内容的介绍，我们对此也许会获得更进一步的理解。

本书书首，(1) 有杨亿作的序，自述了奉诏裁定此书的一些情况。(2) 有希渭撰的《重刊景德传灯录状》，交代了本人的生平简历和师承，以及重刊本书的经过。(3) 有《西来年表》，起自南齐高帝建元元年（公元四七九年），终于隋恭帝义宁二年（公元六一八年），以叙说帝王世系为主，其中涉及菩提达磨来中土的行踪，又提到达磨来华的年代是依《传法正宗记》而定。

本书书末有，(1) 杨亿任秘书监知汝州时寄给李维的一封书信，"叙其师承"，由此知杨亿曾问学于临济宗下广慧之门，颇受禅学的熏陶。(2) 长乐郑昂在南宋绍兴二年（公元一一三二年）撰的跋，其中说"右《景德传灯录》本，住湖州铁观音院僧拱辰所撰"，这现已被证实完全是错误的说法。(3) 天童宏智和尚的疏。(4) 左朝奉大夫刘棐在南宋绍兴四年（公元一一三四年）撰的《景德传灯录后序》。根据后序则知，元延祐本所依的"庐山稳庵古册"，很可能就是僧人思鉴和宁海周氏在南宋绍兴初年翻刻的本子，这个民间刻本或许就是《西来年表》及本书夹注中提到的"旧本《传灯录》"。

本书的夹注有杨亿刊削此书时所加的注文，亦有希渭翻刻本书时所加的注文，有些夹注丰富了原书的内涵，成为其有机不可分的组成部分。另外，卷九末附录《黄檗希运禅师传心法要》，疑为后来翻刻者所加，是明藏本没有的，有注文特别说明。前面的《西来年表》亦是明藏本没有的。

《景德传灯录》三十卷，每卷的前面都有目录，所录禅师一查便知，凡正文里不在录的都标明“无机缘语句不录”字样。全书收录的人物，按杨亿所说是“一千七百一人”，而据明智旭所说，则是“一千七百十二人，内九百五十四人有语见录，余七百五十八人但存名字”（见《阅藏知津》卷四十二）。全书内容除了以上所说的书首和书末的序跋之外，大体上可分为四个部分：第一部分，卷一、二，叙述西天七佛和天竺祖师，自释迦牟尼佛以下摩诃迦叶至般若多罗，共二十七祖。第二部分，卷三、四、五，主要叙述东土祖师及其正、旁出诸法嗣。菩提达磨被尊为东土初祖，依天竺列祖世次则为二十八祖，达磨之后次第相传慧可、僧璨、道信、弘忍、惠能，是为禅宗东土六代祖师。第三部分，卷六至卷二十六，则以六祖惠能门下的正嗣南岳怀让和青原行思两大支为纲，分叙其传承法系，南岳系从第一世马祖道一起至第九世，青原系从石头希迁起至第十一世。第四部分，卷二十七至卷三十，可视为本书的附录，记载禅宗正统以外而以习禅著名的高僧，并辑录流传一时的诸方杂举语句和禅宗著名禅师的广语（正文之外的语录），以及有关赞颂偈诗和铭记箴歌等具有代表性的篇章。

取舍的标准和范围

限于篇幅，我们不可能全译本书所有的内容。我们根据本书重宗系、重语录的特点，精选那些在禅宗史上具有重大影响、对禅学有辉煌贡献的杰出禅师作为代表，另一方面尽可能保持传法世系的完整性和连续性。另外，个别篇章中，有些语录嫌重复，并无多大意义，或者体现禅宗明心见性宗旨不那么强烈的，我们相对做了一些删减。

本书第一部分，主要是记叙天竺祖师的传承，考虑到禅宗虽源自印度，却是在中国舞台上产生的，而且其传承的人物颇多争议，可信系数亦不高，因此，这部分我们没有选译。我们宁愿放弃印度之远源而从西来东土的菩提达磨开始，因为有关达磨来华的年代及事迹的史实均凿凿可考。中国之有禅宗从菩提达磨开始。

本书第二部分，卷三：中华五祖并旁出尊宿，列第二十八祖菩提达磨、第二十九祖慧可和他的旁出弟子、第三十祖僧璨、第三十一祖道信、第三十二祖弘忍。这五位祖师我们全部收录，其中《达磨章》关于他开悟后在印度传法的事迹和经过略去，专叙和中国有关的部分。卷四：前部分为第三十一祖道信旁出法嗣，有金陵牛头山六世祖宗和他们的旁出弟子，我们只选牛头第一世法融禅师作为代表，其他不录；后部分为第三十二祖弘忍旁出法嗣第一世至第五世，如北宗神秀、嵩岳慧安、益州无相等，这里只录北宗神秀禅师。卷五：把三十三祖惠能和他的弟子专列一卷，惠能有许多杰出的弟子，这里仅选译吉州青原行思、南岳怀让、温州永嘉玄觉、西京荷泽神会。本书第一、二两部分分别叙说天竺与中土的传灯世次，近人游侠在谈到这个时指出，自从本书对这两部分做了肯定的叙述之后，中土与天竺传灯的关联和世次，遂有定型之说，更由于本书撰成后入藏经盛行世间，从此便成为谈禅宗源流的典据，在中国佛教史籍上具有一定的权威，这是值得注意的一点（见《中国佛教》（四），中国佛教协会编）。

本书第三部分叙述六祖惠能门下的两大法系。从卷六至卷十三叙南岳怀让一支的法嗣。怀让下第一世江西道一（又称马祖），第二世有越州大珠慧海、洪州百丈山怀海、池州南泉普愿、居士庞蕴等共一百三十八人（以上卷六至卷八）。第三世有潭州沩山灵祐（出怀海门下，沩仰宗开创者之一）、洪州黄檗山希运、赵州东院从谂等共一百十七人（以上卷九至卷十）。第四世有袁州仰山慧寂（灵祐弟子，与师共同开创沩仰宗）、镇州临济义玄（希运弟子，开创临济宗）等共一百〇一人（以上卷十一至卷十二上）。以上所列禅师有名者均被我们选译，未见名者不录。以下第五世至第九世共八十八人不录，附叙曹溪别出第二世至第六世共五十九人亦不被录（以上卷十二下至卷十三）。

从卷十四至卷二十六叙青原行思一支的法嗣。行思门下第一世是南岳石头希迁，第二世有荆州天皇道悟、邓州丹霞山天然、澧州药山惟俨等共二十一人，第三世有澧州龙潭崇信、潭州云岩昙晟等二十三人（以上卷十四）。第四世有朗州德山宣鉴、筠州洞山良价（曹洞宗开创者之一，出云岩门下）等十七人，第五世有福州雪峰义存、抚州曹山本寂（洞山弟子，曹洞宗开创者之一）等共一百十二人（以上卷十五至卷十七上）。第六世福州玄沙师备、韶州云门文偃（云门宗开创者）等共二百〇五人（以上卷十七中至卷二十）。第七世漳州罗汉桂琛等共二百七十七人（以上卷二十一至卷二十三）。第八世金陵清凉文益（法眼宗创始人）等七十四人，第九世天台山德韶等共七十五人，第十世永明延寿等七十五人，第十一世富阳子蒙等五人（以上卷二十四至卷二十六）。青原系法嗣，我们选译的是石头希迁、天皇道悟、丹霞天然、药山惟俨、龙潭崇信、德山宣鉴、洞山良价、雪峰义存、曹山本寂、云门文偃、清凉文益。

从禅宗史的角度看，本书第三部分撰者道原的贡献是，划分了惠能南宗下南岳和青原两大法系。这两大法系在未对后世禅宗做多大实际影响的《祖堂集》中已经有所区分，本书做了进一步的肯定和推广。南岳系通过怀让的得力弟子江西马祖道一，往下传承，开出沩仰宗、临济宗；青原系以得行思心印的湖南石头希迁为首，衍生出曹洞宗、云门宗、法眼宗。禅宗兴盛于唐末五代，至道原撰书时，禅宗的黄金时代刚刚过去，面对兴盛时期如此众多繁杂的禅门弟子，道原分宗立派，追本溯源，把他们归入南岳、青原两大法系下，这样，禅宗法系得以有一个系统完整、条理清楚的表现。这种划分法为后世所沿用并遵循。这部分是本书的主体，占全书内容的大半。

本书第四部分系附录性质，记载禅门达者，即禅宗以外以习禅而著名的禅门古德，有金陵宝志、婺州善慧大士、南岳慧思、天台智顗、泗州僧伽和尚、万回法云公、天台丰干禅师、天台寒山子、拾得、明州布袋和尚共十人（卷二十七）。这部分，南岳慧思、天台智顗因为兼是别宗祖师，所以未被选译；万回法云公和泗州僧伽，或者多有灵异的事迹，或者作为禅师的风采不浓，原本所记亦较为简略，所以亦未选译。其余几位达者都很有意味，能说明一些问题，如金陵宝志和婺州善慧，从他们活动的年代看，与菩提达磨同时，从他们体现的禅风和思想看，又类同后期禅宗，为什么达磨来华之前，中土就已孕育出成熟的禅的思想呢？抑或这是传说加虚构？

再如，天台寒山子和拾得以诗说禅，有很多诗偈传世，丰富了禅的园地。布袋和尚一生集满了奇事，他又是那样受普通民众喜爱，民间流传着很多以他为题材的文艺作品。同卷复辑录诸方杂举，大多是撰者当时所习闻的、流传于习禅参学者间的机缘语句，以属于法眼一派的为多，大约共有七十三条。撰者道原又为这些机缘语句搜罗了当时能见到的别的禅师为此而下的征、拈、代、别，以小字附在每条的后面。

卷二十八，诸方广语，收录南宗著名宗匠十二人正文之外的语录，其中属于南岳一系的有江西大寂道一、越州大珠慧海、汾州大达无业、池州南泉普愿、赵州从谂、镇州临济义玄等六人，属于青原一系的有澧州药山惟俨、玄沙宗一师备、漳州罗汉桂琛、大法眼文益共四人，另外有惠能弟子南阳慧忠和荷泽神会。游侠指出，选录这些语录，“其用意在于辑录出各家较有系统的开示，包括入道门径的指点，教外立宗的缘由等，凡足以代表南禅的特征又可见各别的家风的，都有助于了解中国禅宗南宗特重慧悟的独到造诣，此亦是佛学思想传入中国后的一种创造性发展”（同上见《中国佛教》（四））。

卷二十九，赞颂偈诗，原本收录志公和尚的《大乘赞》十首、《十二时颂》十二首、《十四科颂》一首，还有筠州洞山和尚（良价）的《无心合道颂》一首、玄沙宗一大师（师备）颂三首、漳州罗汉桂琛《明道颂》一首、大法眼（文益）禅师颂十四首、唐白居易《八渐偈》八首、僧润诗三首等等。这些赞、颂、偈、诗读来朗朗上口，为历来禅家所传诵。

卷三十，铭记箴歌，原本收录傅大士《心王铭》、三祖僧璨《信心铭》、牛头山初祖法融《心铭》、菩提达磨《略辨大乘入道四行》、荷泽神会《显宗记》、南岳石头《参同契》、永嘉玄觉《证道歌》、南岳懒瓒和尚歌、腾腾和尚《了元歌》、石头和尚《草庵歌》、道悟和尚《乐道歌》、丹霞和尚《玩珠吟》二首、香严和尚《励觉吟》《归寂吟》等。

从卷二十七至卷三十，原本所录诸方杂举、诸方广语，以及赞颂偈诗和铭记箴歌，我们这里都未选译。然而它们或可补正文之不足，或者与前文相互印证，并且，其中有很多篇章被后世尊为要典，都是相当珍贵的禅宗思想史资料，由于某些原因而没用它们，真不免有遗珠之憾。

综要评述

整体上看，本书有以下两个方面的突出性的成就：其一，本书撰成于禅宗信仰完全成熟的时代，那时南、北宗正统之争亦早已平息，惠能南宗属禅宗正统已为世所公认，因而本书所记基本上是南宗的传承，以神秀为首的北宗不仅被摆在旁出的地位，而且所记极为简略。这种按传法世次记载，分正统和旁出的方法，影响了后来灯录体的著作。本书是中国禅宗史上第一部正式以“传灯”命名的灯录体著作。宋代相继后出的五部灯录——《天圣广灯录》《建中靖国续灯录》《联灯会要》《嘉泰普灯录》《五灯会元》，以及明代所出的《续传灯录》《增集续传灯录》等，都以本书为原型，或补或续，或删减或增广，或者世次计算的方法稍微变动一下。后出的灯录，除《五灯会元》有些影响外，其他都未见有胜于本书之处，反而更加显现出本书在禅宗史籍内是一部树立典型的著述。

自灯录盛行之后，这种影响超出佛教的范围，对儒家宗派史的著述亦起了启发性的作用，如朱熹《伊洛渊源录》、黄梨洲《明儒学案》、万季野《儒林宗派》等都是仿照灯录体而作。本书可谓有筚路蓝缕之功。

其二，本书以记载历代禅师的机缘语句为主要内容，极其生动地传达了当时禅师应机施教的神情和他们的激电般的迅机，以及妙明的真心，如实体现了禅的真正精神。另外，从体裁上看，本书以记言为体，不像以前史传尚文而以碑版为据，而是直接采用记载禅师口头语言的语录加以撰述，这可以说是一种很大胆的尝试，而且对当时文学上白话文的出现，某种程度上起了推波助澜的作用。

撰者简介

最后谈谈本书的撰者道原，有关他生平和事迹的记载不多，据《天圣广灯录》卷二十七，有《道原章》，仅记述了他的一些机语（略）。由此知他是法眼宗僧人，住苏州承天永安寺；从世次上看，属青原法系下第十世，是天台德韶国师的弟子，法眼宗开创人清凉文益的法孙。也许正因为这个缘故，所以本书对青原系传承的记述略微多于南岳系，尤其对青原系、法眼派的记述更为详尽。本书卷二十五、二十六两卷专载法眼宗法嗣直至长寿法齐为止，在传承世次上看，法齐还后于道原一代。

又，本书卷二十一详载云门宗开祖文偃的机缘语句，这大概亦是因为他们同出于青原一系，支派近，史料易于搜集使然。宋初赞宁撰《宋高僧传》，对于后期禅宗五派开祖，独阙云门文偃传，而本书正可补此残阙，这又显出本书在宗教界、学术界很有其存在和参考的价值。

经典

1　中华五祖

初祖菩提达磨

原典

第二十八祖菩提达磨者，南天竺国[①]香至王第三子也。姓刹帝利，本名菩提多罗。后遇二十七祖般若多罗，至本国受王供养，知师密迹，因试令与二兄辨所施宝珠，发明心要，既而尊者谓曰："汝于诸法，已得通量。夫达磨者，通大之义也。宜名达磨。"因改号菩提达磨。

师乃告尊者曰："我既得法，当往何国而作佛事？愿垂开示。"尊者曰："汝虽得法，未可远游，且止南天。待吾灭后六十七载，当往震旦[②]，设大法药，直接上根。慎勿速行，衰于日下。"师又曰："彼有大士[③]堪为法器[④]否？

千载之下有留难否？”尊者曰：“汝所化之方获菩提[⑤]者不可胜数，吾灭后六十余年彼国有难；水中文布自善降之。汝至时南方勿住；彼唯好有为功业不见佛理，汝纵到彼亦不可久留。听吾偈[⑥]曰：路行跨水复逢羊，独自凄凄暗渡江。日下可怜双象马，二株嫩桂久昌昌。”

复演八偈，皆预谶佛教隆替。师恭禀教义，服勤左右，垂四十年未尝废阙。逮尊者顺世，遂演化本国。时有二师：一名佛大先，一名佛大胜多。本与师同学佛陀跋陀小乘禅观，佛大先既遇般若多罗尊者，舍小趣大，与师并化，时号二甘露门[⑦]矣。……由是化被南天，声驰五印，远近学者靡然向风，经六十余载度无量众。

师心念：震旦缘熟，行化时至。乃先辞祖塔，次别同学，然至王所，慰而勉之曰：“当勤修白业[⑧]，护持三宝[⑨]；吾去非晚，一九即回。”王闻师言，涕泪交集，曰：“此国何罪，彼土何祥？叔既有缘，非吾所止，唯愿不忘父母之国，事毕早回。”王即具大舟，实以众宝，躬率臣寮，送至海壖。

师泛重溟，凡三周寒暑，达于南海，实梁普通八年丁未岁九月二十一日也。广州刺史萧昂[⑩]具主礼迎接，表闻武帝[⑪]。帝览奏，遣使赍诏迎请。十月一日，至金陵。

帝问曰：“朕即位已来，造寺、写经、度僧，不可胜纪，有何功德？”

师曰："并无功德。"

帝曰："何以无功德？"

师曰："此但人天小果，有漏[12]之因，如影随形，虽有非实。"

帝曰："如何是真功德？"

答曰："净智妙圆，体自空寂，如是功德，不以世求。"

帝又问："如何是圣谛[13]第一义？"

师曰："廓然无圣。"

帝曰："对朕者谁？"

师曰："不识。"

帝不领悟，师知机不契，是月十九日，潜回江北。十一月二十三日，届于洛阳，当后魏孝明太和十年也。寓止于嵩山少林寺，面壁而坐，终日默然。人莫之测，谓之"壁观婆罗门"[14]。

时有僧神光者，旷达之士也。久居伊洛，博览群书，善谈玄理。每叹曰："孔老之教，礼术风规，《庄》《易》之书，未尽妙理。近闻达磨大士住止少林，至人不遥，当造玄境。"

乃往彼，晨夕参承。师常端坐面墙，莫闻诲励。光自惟曰："昔人求道，敲骨取髓，刺血济饥；布发掩泥，投崖饲虎，古尚若此，我又何人？"其年十二月九日夜，天大雨雪。光坚立不动，迟明积雪过膝。师悯而问曰：“汝久立雪中，当求何事？”光悲泪曰：“惟愿和尚慈悲，开甘露门，广度群品。”师曰：“诸佛无上妙道，旷劫精勤，难行能行，非忍而忍。岂以小德小智，轻心慢心，欲冀真乘，徒劳勤苦。”光闻师诲励，潜取利刀，自断左臂，置于师前。师知是法器，乃曰：“诸佛最初求道，为法忘形，汝今断臂吾前，求亦可在。”师遂因与易名曰慧可。

光曰：“诸佛法印[15]可得闻乎？”师曰：“诸佛法印，匪从人得。”光曰：“我心未宁，乞师与安。”师曰：“将心来，与汝安。”曰：“觅心了不可得。”师曰：“我与汝安心竟。”

后孝明帝闻师异迹，遣使赍诏征，前后三至，师不下少林。帝弥加钦尚，就赐摩衲袈裟二领、金钵、银水瓶、缯帛等。师牢让三返，帝意弥坚，师乃受之。自尔缁白之众[16]，倍加信向。

迄九年已，欲西返天竺，乃命门人曰：“时将至矣，汝等盖各言所得乎？”

时门人道副对曰：“如我所见，不执文字，不离文字，而为道用。”师曰：“汝得吾皮。”尼总持曰：“我今所解，如庆喜见阿閦佛国，一见更不再见。”师曰：“汝得吾肉。”道育曰：“四大[17]本空，五阴[18]非有，而我见处，无一法可得。”师曰：“汝得吾骨。”

最后，慧可礼拜后，依位而立。师曰：“汝得吾髓。”

乃顾慧可，而告之曰："昔如来以正法眼付迦叶大士，辗转嘱累而至于我。我今付汝，汝当护持，并授汝袈裟以为法信。各有所表，宜可知矣。"可曰："请师指陈。"师曰："内传法印，以契证心；外付袈裟，以定宗旨。后代浇薄，疑虑竞生，云吾西天之人，言汝此方之子，凭何得法？以何证之？汝今受此衣法，却后难生，但出此衣并吾法偈，用以表明其化无碍。至吾灭后二百年，衣止不传，法周沙界。明道者多，行道者少；说理者多，通理者少。潜符密证，千万有余。汝当阐扬，勿轻未悟；一念回机，便同本得。听吾偈曰：'吾本来兹土，传法救迷情。一华开五叶[19]，结果自然成。'"

师又曰："吾有《楞伽经》四卷，亦用付汝。即是如来心地要门，令诸众生开示悟入。吾自到此，凡五度中毒，我常自出而试之，置石石裂，缘吾本离南印来此东土，见赤县神州有大乘气象，遂逾海越漠，为法求人。际会未谐，如愚若讷。今得汝传授，吾意已终。"

言已，乃与徒众往禹门千圣寺，止三日。有期城太守杨衒之，早慕佛乘，问师曰："西天五印[20]师承为祖，其道如何？"师曰："明佛心宗，行解相应[21]，名之曰祖。"又问："此外如何？"师曰："须明他心，知其今古；不厌有无，于法无取，不贤不愚，无迷无悟。若能是解，故称为祖。"又曰："弟子归心三宝，亦有年矣，而智慧昏蒙，尚迷真理。适听师言，罔知攸措。愿师慈悲，开示宗旨。”师知恳到，即说偈曰：

亦不睹恶而生嫌，亦不观善而勤措，
亦不舍智而近愚，亦不抛迷而就悟。
达大道兮过量，通佛心兮出度；
不与凡圣同躔，超然名之曰祖。

衒之闻偈，悲喜交并，曰：“愿师久住世间，化导群有。”师曰：“吾即逝矣，不可久留。根性万差，多逢患难。”衒之曰：“未审何人？弟子为师除得。”师曰：“吾以传佛秘密，利益迷途，害彼自安，必无此理。”衒之曰：“师若不言，何表通变观照之力？”师不获已，乃为谶曰：

江槎分玉浪，管炬开金锁。
五口相共行，九十无彼我。

衒之闻语，莫究其端，默记于怀，礼辞而去。师之所谶，虽当时不测，而后皆符验。时魏氏奉释，禅俊如林，光统律师、流支三藏者，乃僧中之鸾凤也。睹师演道，斥相指心，每与师论议，是非锋起。师遐振玄风，普施法雨，而偏局之量，自不堪任，竞起害心，数加毒药。至第六度，以化缘已毕，传法得人，遂不复救之，端居而逝。即后魏孝明帝太和十九年丙辰岁十月五日也。

其年十二月二十八日，葬熊耳山[22]，起塔于定林寺。

后三岁，魏宋云奉使西域回，遇师于葱岭[23]。见手携只履，翩翩独逝。云问："师何往？"师曰："西天去。"又谓云曰："汝主已厌世。"云闻之茫然，别师东迈。暨复命，即明帝已登遐矣，而孝庄即位。云具奏其事，帝令启圹，唯空棺，一只革履存焉。举朝为之惊叹。奉诏取遗履，于少林寺供养。至唐开元十五年丁卯岁，为信道者窃在五台华严寺，今不知所在。

初，梁武遇师，因缘未契。及闻化行魏邦，遂欲自撰师碑而未暇也。后闻宋云事，乃成之。代宗谥[24]圆觉大师，塔曰空观。师自魏丙辰岁告寂，迄皇宋景德元年甲辰，得四百六十七年矣。

注释

①**南天竺国**：指位于天竺南部的国家。天竺是印度的古称，佛教的发祥地；印度区划东、西、南、北、中五处，故又称"五印"或"五天竺"。

②**震旦**：古代印度人对中国的称呼，原文是Cīnisthāna，佛教经籍中译作"震旦"。

③**大士**：有二说：一说是菩萨的通称；另说士是凡夫的通称，有别于凡夫而行自利利他之道的人称为大士。

④**法器**：能弘扬佛法的人。

⑤**菩提**：相传释迦牟尼曾在菩提树下得道成佛。佛教用来指觉悟。

⑥**偈**：亦译为颂，佛经的一种体裁，一般由四句组成，一句四字、五字、七字不定，常用来概括一种经义或教义；又通“竭”，所谓摄义尽的意思。此处偈带有“谶”的性质，预示未来之事。如，此偈四句隐含了达磨来中土的经过和日后禅宗发展的状况，第一、二句预示达磨由海路抵达广州，后至金陵遇梁武帝机缘不契，于是黯然渡江，北上嵩洛安顿下来；第三、四句预示日后禅宗不由经教，直指人心，由南岳怀让、青原行思二系开发的南宗禅繁荣昌盛。

⑦**甘露门**：梵语 Amrta，译为甘露，又名天酒、美露，味甘如蜜，佛教用来譬喻如来所宣的佛法。甘露门就是指进入佛法的门径。

⑧**白业**：相对于黑业而言，指善业。佛教以清白比喻善良，故称善的活动为白业。

⑨**三宝**：指佛、法、僧三宝，用以指佛教。

⑩**广州刺史萧昂**：考诸《南史・萧昂传》，不见其做广州刺史事，但昂侄萧励曾做广州刺史，恐怕是《传灯录》误写励为昂。

⑪**武帝**：即梁武帝萧衍，公元五〇二年他建立梁

朝，取代南齐。他笃信佛教，天监三年(公元五〇四年)宣布舍道归佛，天监十八年（公元五一九年）从钟山草堂寺僧慧约受菩萨戒，曾先后四次舍身同泰寺。著有《涅槃经》《净名经》等的义记数百卷。设无遮大会、平等大会、盂兰盆会、水陆法会等成为后代的法式。本书中不止一次在有关章节提到这位中国历史上有名的佛教皇帝，如和宝志、傅大士的交往。《梁书》中有传。

⑫有漏：漏在佛教中是指烦恼的意思，含有烦恼的事物就称为有漏。一切世间尘俗之事是有漏法，离烦恼出世间则是无漏法。有漏之因名集，有漏之果名为苦。

⑬圣谛：圣者所见的真谛。谛就是真实不虚的意思。佛陀最初说法的内容称为四圣谛，指苦、集、灭、道。

⑭壁观婆罗门：壁观指达磨所传的独特的禅法，婆罗门大概是当时中土人士把达磨的这种禅修混同于印度婆罗门教徒的修行。唐道宣在《续高僧传》卷二十《习禅篇》对达磨禅法的评价说："大乘壁观，功业最高，在世学流，归仰如市。"唐宗密《禅源诸诠集都序》卷上之二载："达磨以壁观教人安心，外止诸缘，内心无喘，心如墙壁，可以入道，岂不正是坐禅之法？"北宋契嵩《传法正宗记》卷五则认为壁观婆罗门是流俗的说法，达磨之至道在传佛心印即如来禅。

⑮法印：妙法的印玺。妙法真实，不动不变，故称

为印；又为诸佛诸祖互相印可，心心相传之法，故曰法印。佛教三法印：诸行无常、诸法无我、涅槃寂静。

⑯**缁白之众**：缁为缁衣，佛教僧侣多穿这种衣服；白即白衣，印度俗人的装束。这里缁白是僧俗的别称。

⑰**四大**：佛教名词，亦称“四界”。佛教称构成物质的四种基本元素，即地、水、火、风四大。

⑱**五阴**：阴是蕴的旧译，五蕴指色、受、想、行、识，是构成有情众生的五种基本要素。

⑲**一华开五叶**：预示惠能后禅宗将开出沩仰、临济、曹洞、法眼、云门五宗。

⑳**西天五印**：古代中国人多称天竺为西天；五印，参见注①。

㉑**行解相应**：行解即修行与知解，指对佛法的理论思考和实践修持相结合。

㉒**熊耳山**：在河南卢氏县，山连永宁，两峰相并如熊耳，因此得名。

㉓**葱岭**：古代对帕米尔高原和昆仑山、喀喇昆仑山等西部山脉的统称。

㉔**谥**：君主时代在帝王、贵族、大臣等死后，依其生前事迹所给予的称号，亦用于功高德崇的僧侣。

译文

菩提达磨相传为西天第二十八祖（后来至中土开创禅宗，后世尊为初祖）。他本是南天竺国（南印度）香至王第三王子，属刹帝利种姓。他原先名叫菩提多罗，后来缘遇二十七祖般若多罗，为其取法号“达磨”。当初般若多罗尊者来到本国受其父王供养，首先发现他的慧根和向佛的心迹。尊者于是拿出香至王所施的摩尼宝珠，让他与二位王兄就此发表各自对佛法的见解，以试其真心和智慧。之后，尊者对三王子说：“你对佛法已臻入通达无碍的境界。而达磨，有通达广大的意思。因此你可取法号为达磨。”三王子从此改名为菩提达磨。

达磨于是问尊者：“我既得佛的大法，那么我该往何国弘扬此法呢？但愿师父开示弟子。”尊者说：“你虽然得了大法，但不可马上远游他方。你且安心待在南天竺，直到我灭世后六十七年，那时你可往中土，开大法门，直接接引和启发那些具有上等根性的人，使我佛法昌隆。假若因缘不熟，时机未到，过早离开家乡去弘法，那就有可能迅速衰亡。”达磨又问：“中土有英才大士，堪当我法的传人吗？千年之后，我法要遭难吗？”尊者说：“你所弘化的地方，获得菩提（佛之觉悟）的人不可胜数。我灭世后六十多年，彼国有大灾难，到时候水中的波纹自然会做出显示，出现一些不祥的征兆。你至中土后，不要在南方逗留，那里多执着于有为功业而不见无着之佛理的人。你即使到了那里，亦不可久留。我说一法偈给你听：‘路行跨水复逢羊，独自凄凄暗渡江。日下可怜双象马，二株嫩桂久昌昌。’”

般若多罗尊者又说了八首法偈给达磨，这些法偈都预示着今后佛法的兴隆和衰潜，达磨把尊者的教示一一铭记在心中。达磨在尊者左右殷勤服侍了将近四十年，没有丝毫懈怠。待尊者谢世后，他才开始在本国弘扬佛法。当时有佛大先和佛大胜多二师，本与达磨同学佛陀跋陀小乘禅观，后来佛大先遇到般若多罗尊者，便舍小乘归大乘。佛大先与达磨共同行化南天竺，时人号称他们为“二甘露门”。……达磨弘法的足迹遍历南天，声誉贯满五印，远近学者靡然从风，六十多年下来，广度了无量的众生。

有一天，达磨心中动念：去中土弘法的机缘成熟了，使佛之慧命在彼土延续的时候来临了。于是他先礼辞了祖塔，又告别了同学，然后来到其王侄的住所，慰勉说：“在家要勤修佛事，积德行善，护持（佛、法、僧）三宝。我去中土的时间不会太长久，九年之后就重归故土，回父母之邦来。”王听到达磨所言，不禁涕泪悲切，说：“这是我们国家的不幸，彼国的庆幸，王叔既然与中土有缘，我也不能阻止，只希望不要忘了父母之国，弘法事毕，能早早回国。”王侄挽留不住达磨，就准备好一艘大船，装上了很多珍宝，亲率臣僚去海边为其送行。达磨挥泪告别了故土和亲人，踏上了去东方的航程。

达磨泛舟重洋，经三番寒暑，几度春秋，终于抵达南海，登陆广州，那是南朝梁普通八年（公元五二七年）丁未岁九月二十一日。当时广州刺史萧昂以贵宾之礼迎接达磨，并具表奏武帝。武帝阅奏章后，即下诏书，遣特使，南下广州迎请达磨。那年十月一日，达磨来到金陵（今南京）。见过武帝后，两人之间有一番问答。

武帝问达磨：“我即位以来，兴造寺庙、缮写经卷、供养僧尼，不可胜记。你看我做了这么多善事，是不是功德无量呀？”

达磨直言不讳地回答说：“我看这算不上什么多大的功德。”

武帝感到惊奇：“怎么会没有功德呢？”

达磨说：“你所做的这些善行，充其量只能得人、天果报，还在三界之内，还会有烦恼。这种果报好比随形的影子，看起来像是真实存在的，实际上还是虚幻的，算不上真正的功德。”

武帝又问：“什么是真正的功德呢？”

达磨答：“至于真正的功德嘛，不能如此执着于世俗的追求。那是一种圆融纯净的智慧，它的本体是空寂的，世俗的方法不可能得到的。”

武帝接着问：“什么是圣谛第一义呢？”

达磨说：“廓然无圣。”

武帝仍不明白达磨的意思，又问：“那么现在对我说话的人是谁呢？”

达磨淡然回答：“不知道。”

至此，梁武帝仍没能领悟达磨所宣的玄旨，达磨也看出来，不能从武帝这里获得默契。于是，在本月十九日黯然潜过长江北上。十一月二十三日，抵达洛阳，那是后魏孝明帝太和十年（应该是正光元年，太和是后魏文帝年号）。达磨寓止在嵩山少林寺，一时间未遇上中意的传人，终日面壁而坐，默然沉思。对其学问和道行，时人都莫测其高深，流俗且称之为“壁观婆罗门”。

当时有一位名叫神光的僧人，称得上是旷达之士。他久居洛阳，博览群书，并能善谈玄理。然而经常感叹：“孔老之教（孔子儒教、老子无为学说）只不过讲些礼术风规的事情，《庄》《易》之书（《庄子》《易经》）亦未能穷尽妙理。近来听说天竺来的达磨大士依止少林修行，高明之师就住在我的身边，为什么不去造访玄境，向他请教呢？”

神光于是往少林参见达磨，请求他开示禅理，可没想到达磨根本就不理睬来访者。神光从早到晚参问不止，达磨只是面墙端坐，默然无语。然而神光对此并不感到失望，他心想说：“古人为了求道，尚且能够敲骨取髓，刺血济饥；能够以头发散开铺掩污泥，让佛走过；能够不顾生命危险，投身悬崖，喂饲虎口。古人尚且能够经受住这等严峻的考验，今我怎么能够因大师不理睬我就气馁呢？”于是，神光暗下决心，在那一年的十二月九日，一个大风雪之夜，恭立在达磨的身旁，继续恳求其给予教诲。他屹立在雪中，毫不动摇，直至次日天明，积雪掩盖了他的双膝。达磨终于为其求法精神所感动，开口问他：“你久立雪中，站我身旁，所为何事？”神光悲声说：“弟子来此是求和尚开示禅理，希望和尚大发慈悲，广宣妙法，普度苦难的芸芸众生。”达磨对神光说：“佛法禅理奥妙无穷，博大精深。只有经过长时间艰苦的修行和磨炼，行世界上最难行，忍世界上最难忍的人，才能体会诸佛的无上妙道。小德小智岂能了解？只是徒事辛劳而已。狂傲自负、妄自尊大的人，更是与佛无缘。”在达磨的教诲和激励之下，神光暗暗抽出所携的利刃，突然挥起一刀，斩断自身左臂，捧到达磨的面前，以表其追求诸佛妙道的诚意。达磨由此知道神光确是佛门难得的法器，就说：“诸佛最初求道，都为法忘身，置生死于度外。你今天在我面前自断手臂，表明你确可造就，我现在答应你的请求。”神光于是更名为慧可。

慧可问达磨：“师父能开示我诸佛相传的法印吗？”达磨说：“诸佛相传的法印，不可从别人处得到的。”慧可对达磨说：“弟子心未安宁，请求师父使我安心。”达磨说：“把你的心拿来，我替你安。”慧可说：“我找不到这颗心。”达磨说：“你已经安心了，我把你的心安好了。”

后魏孝明帝听到关于达磨的许多奇异的事迹，特遣使臣，征诏达磨，前后达三次，可达磨的足迹终不下少林。孝明帝愈加钦敬达磨的风尚，就赐给他两领摩衲袈裟，以及金钵、银水瓶、缯帛等物品。他则坚决推辞，谦让多次，直至看到了明帝的诚意，才最终接受其赠礼。从此，僧俗二界，无论在家出家，亦都更加仰慕达磨，信其法教。

九年之后，达磨想西返天竺，把门人召集起来，对他们说：“我离去的时候到了，你们为何不各言所得，让我看看你们悟道的情形如何呢？”诸弟子各呈所见。

这时，门人道副首先说：“依我的看法，我们不应执着文字，但亦不可舍离文字，因为文字是求道的工具。”达磨说：“你只得到我的皮。”一位名叫总持的比丘尼接着说：“据我所了解，如庆喜（阿难，佛陀弟子，多闻第一）见阿閦佛国，一见之后便不再见。”达磨说：“你得到我的肉。”下面道育说：“四大（地、水、火、风）本空，五蕴

（色、受、想、行、识）亦不是实有，依我所见，整个世界没有一法存在。”达磨说：“你得到我的骨。”

最后轮到慧可，他只是向师父恭恭敬敬行了一个礼，然后重新回到原来的位置上，卓然而立，既不动亦不发一语。可是达磨印可说：“你得我心髓。”

达磨于是告嘱慧可：“从前如来把正法眼藏传给摩诃迦叶大士，辗转相传而至于我。今天我又把它传付给你，你当好生护持，不可令其断绝。我并传授你得法袈裟，作为信凭。这衣和法各有所表，不可不知。”慧可说：“请师父明示。”达磨说：“内传法印以契证心，外付袈裟以定宗旨。后世浇薄之徒，对我佛法会疑窦丛生，说我达磨本西天之人，而你是东方之子，你凭什么得法？有什么可以作为证明呢？你今天受我衣法，以后如果驳难生起，你便可出示此衣钵并我的法偈，用以表明你所得乃真传，我想辩难自灭当不在话下。至我灭世后二百年，衣钵不再流传，而佛法已周遍世界。那时，明道的人多，行道的人少；说理的人多，通理的人少。而暗自潜心，通达禅理，密证佛法的，却成千上万。你弘阐佛法，切勿轻视那些欲悟未悟的人，因为一念回机，幡然醒悟，便如同本心自得。下面听我传法偈：‘我本来兹土，传法救迷情。一华开五叶，结果自然成。’”

达磨又说：“我有《楞伽经》四卷，亦一并传付给你。

这四卷《楞伽经》即是如来心地要门，它可令芸芸众生开示悟入。我自从来到中土后，共五次中毒，我每次都是依赖此经取出毒药，我把毒药放在石上，石即开裂。我离开南印父母之邦来此东土，实在是为我见你们赤县神州有大乘气象。我不辞艰辛，过海漂洋，实在是为法求人。初始，因缘未契，际会未谐，故我在少林面壁静坐，如愚若讷。今幸得你为我传人，承继我志，绍隆佛法，我想我来此土的使命也就完成了。”

达磨咐嘱慧可之后，即与徒众去禹门千圣寺，盘桓三日。其时有期城太守杨衒之（曾作《洛阳伽蓝记》），很早就心慕佛乘，他来问达磨说：“在西天五印，要称得上一代祖师，其道法该当如何？”达磨说：“究明佛心，行解相应，既有佛的智慧，又有佛的行持，这才称作祖。”杨又问：“此外如何？”达磨答：“须明他心，知其古今，既不厌有亦不离无，对法无所可取，达到一种不贤不愚、无迷无悟的境界。若能如此解会，就可称作祖。”杨又说：“弟子归心三宝，亦已有好几年了，可我依然智慧昏蒙，不明佛法真谛。刚才听大师所说，我真有些惘然无措，愿师慈悲，开示宗旨。”达磨知其诚恳，就说给他一首法偈：

亦不睹恶而生嫌，亦不观善而勤措，

亦不舍智而近愚，亦不抛迷而就悟。

达大道兮过量，通佛心兮出度；

不与凡圣同躔，超然名之曰祖。

衒之听此法偈，一时悲喜交加，对达磨说：“愿大师久住世间，长驻红尘，化导芸芸众生。”达磨说：“我不久就要灭世，哪能长命永驻？我境遇颠踣，多逢患难。”衒之说：“不知何人将为大师带来灾难？弟子赴汤蹈火愿为大师除灭此难。”达磨说：“我传佛心印，为的就是拯救迷途，利济众生，要我害彼而自安，必无此理。”衒之说：“大师既然不肯明言，那又何必向我等开示通变观照之力呢？”达磨迫不得已，作一谶语说：

江槎分玉浪，管炬开金锁。

五口相共行，九十无彼我。

衒之听此谶语，仍不知其究竟，只得默默记于心怀，礼辞达磨而去。达磨所作的谶语，虽当时不测其端的，但后来都一一应验了。其时魏帝信奉释教，禅门俊杰如林，光统律师、菩提流支三藏在当时都称得上是“僧中之鸾凤”。他们目睹达磨弘法传禅，排斥名相，直指心源，就议论纷纷，妄加是非。达磨普施法雨，大振玄风，遐迩闻名，而偏狭之辈、量小之徒，则心怀嫉妒，难以自拔，以致竟生起谋害之心，多次用毒药企图毒死达磨。直至第六次施毒，达磨因为化缘已尽，传法得人，于是不复自救。他神态安详，端居而逝。那是后魏孝明帝太和十九年（应是孝静帝天平三年，即公元五三六年）丙辰岁十月十五日。这一年的十二月二十八日，达磨被安葬在熊耳山（今河南宜阳县境内），起塔于定林寺。

三年后，魏宋云奉命出使西域，归来途上，在葱岭遇见达磨，只见他手提只履，翩翩独往。宋云问："大师往哪里去？"达磨答："到西天去。"忽又对宋云说："你主已弃离人世。"宋云听了这话，茫然无语，即与达磨分别，继续往东进发。及至来到朝廷回复使命，才知晓原来是孝明帝已经驾崩，而孝庄帝即位为新主。宋云便把途中和达磨相遇之事奏闻新主，新主即命人开启达磨墓验证，墓开后，但见一副空棺，一只革履，其他没有什么了。消息传出，举朝为之惊叹。孝庄帝又下诏令人取回那只遗履，送到少林寺保存（供养）。唐开元十五年丁卯岁（公元七二七年），这只遗履又被信崇达磨之道的人窃取到五台山华严寺，而今不知所在。

当初梁武帝遇见达磨，惜乎因缘未契。乃至听说达磨行化魏邦，开一代禅风，武帝便想自撰大师碑铭而未得空暇。又后来宋云奇遇之事传来，武帝终于写就一篇纪念达磨的碑文。唐代宗追谥达磨为圆觉大师，其塔名叫空观。达磨大师自魏丙辰年间（约公元五三六年）告灭人世，迄今大宋景德元年甲辰（公元一〇〇四年），算来已有四百六十七年了。

二祖慧可

原典

第二十九祖慧可大师者，武牢人也。姓姬氏。父寂，未有子时，尝自念言："我家崇善，岂无令子？"祷之既久，一夕感异光照室，其母因而怀妊。及长，遂以照室之瑞，名之曰光。自幼志气不群，博涉诗书，尤精玄理，而不事家产，好游山水。后览佛书，超然自得。即抵洛阳龙门香山，依宝静禅师出家受具[①]。于永穆寺浮游讲肆[②]，遍学大小乘义。年三十二，却返香山，终日宴坐[③]。又经八载，于寂默中，倏见一神人，谓曰："将欲受果，何滞此耶？大道匪遥，汝其南矣！"光知神助，因改名神光。翌日，觉头痛如刺。其师欲治之，空中有声曰："此乃换骨，非常痛也。"光遂以见神事白于师。师视其顶骨，即如五峰秀出矣，乃曰："汝相吉祥，当有所证。神令汝南者，斯则少林达磨大士必汝之师也。"光受教，造于少室。其得法传衣事迹，《达磨章》具之矣。

自少林托化西归[④]，大师继阐玄风，博求法嗣。至北齐天平二年，有一居士，年逾四十，不言名氏，聿[⑤]来设礼。而问师曰："弟子身缠风恙，请和尚忏罪。"师曰："将罪来，与汝忏。"居士良久云："觅罪不可得。"师曰："我与汝忏罪竟，宜依佛法僧住。"曰："今见和尚，已知是僧。未审何名佛法？"师曰："是心是佛，是心是法，法佛无二，僧宝亦然。"曰："今日始知，罪性不在内，不在外，不在中间，如其心然，佛法无二也。"大师深器之，即为剃发，云："是吾宝也，宜名僧璨。"其年三月十八日，于光福寺受具，自兹疾渐愈。执侍经二载，大师乃告曰："菩提达磨远自竺乾[6]，以正法眼藏[7]密付于吾。吾今授汝，并达磨信衣。汝当守护，无令断绝。听吾偈曰：'本来缘有地，因地种华生。本来无有种，华亦不曾生。'"

大师付衣法已，又曰："汝受吾教，宜处深山，未可行化[8]，当有国难。"璨曰："师既预知，愿垂示诲。"师曰："非吾知也，斯乃达磨传般若多罗悬记[9]，云'心中虽吉外头凶'是也。吾校年代，正在于兹。当谛思前言，勿罹世难。然吾亦有宿累，今要酬之，善去善行，俟时传付。"

大师咐嘱已，即于邺都[10]随宜说法。一音演畅，四众归依[11]。如是积三十四载，遂韬光混迹，变易仪相[12]。或入诸酒肆，或过于屠门，或习街谈，或随厮役。人问之曰："师是道人，何故如是？"师曰："我自调心，何关汝事？”又于管城县匡救寺三门[13]下，谈无上道，听者林会。

时有辩和法师者，于寺中讲《涅槃经》，学徒闻师阐法，稍稍引去。辩和不胜其愤，兴谤于邑宰翟仲侃。仲侃惑其邪说，加师以非法。师怡然委顺[14]，识真者谓之偿债。时年一百七岁，即隋文帝开皇十三年癸丑岁三月十六日也。后葬于磁州滏阳县东北七十里。唐德宗谥大祖禅师。自师之化，至皇宋景德元年甲辰，得四百一十三年。

注释

①**受具**：即受具足戒，为出家弟子比丘、比丘尼当受的戒，比丘有二百五十戒，比丘尼有五百戒。出家人只有在受具足戒之后，才正式具备僧人的资格。

②**讲肆**：讲习经论的场所。

③**宴坐**：指坐禅，静心修习。

④**托化西归**：托，借托。化，古时僧道之死多称为化，如坐化、羽化等。这里指达磨死而复活，回归故乡。本书记载的有关达磨的诸多事迹，富有神话传奇的色彩。

⑤**聿**：古汉语助词，无义，一般用在句首或句中。

⑥**竺乾**：印度的别称。乾是天的意思，竺乾即乾竺犹天竺，疑是译师抄写所误而颠倒了字序。

⑦**正法眼藏**：正，是佛心的德名；由于佛心能彻见正法，所以叫正法眼，又由于此心深广含藏万德，所以叫正法眼藏。

⑧**行化**：即行教化。

⑨**悬记**：遥记未来发生的事，相当于“预言”“谶语”等。

⑩**邺都**：古都名。十六国时后赵、前燕，北朝时东魏、北齐均建都于此。位于今河北省临漳县境内。

⑪**一音演畅，四众归依**：一音，如来的声音；四众，指佛教信徒，即出家的僧人（比丘、比丘尼）和在家的居士（优婆塞、优婆夷）。本指如来说法，众生各得其解，纷纷归信。此处用来说明慧可禅师在邺都说法的盛况。

⑫**仪相**：此指教化的仪式和相状（方式、方法）。

⑬**三门**：佛寺山门设制形如宫阙，开三道门，所以称为三门。又，若只有一门，亦称三门。何故？用来标识佛教的空、无相、无作三解脱门；因为寺院是持戒修道求至涅槃的人所居住，用以表明修道的人必须由此三解脱门才能进入。

⑭**怡然委顺**：委顺，指僧人之死，取任随因缘之意。怡然委顺，即从容安详地死去。

译文

第二十九祖慧可大师（中国禅宗二祖），是武牢（今河南荥阳）人，俗姓姬。其父垂垂老矣，尚未得子，经常在心中自我安慰："我家世代积德行善，上天岂能让我没有子嗣延传？"这样在心中念祷长久，终于有一天夜晚，感到异光满室，其母因而怀妊，不久生下一子。稍长大一点，父亲以异光照室之祥瑞，为其取名光。光自幼志气高迈，独立不群。他既博涉诗书，又精通玄理。但是不事家产，好游山玩水。后来又阅览佛书而超然自得。他于是外出访寻师友，先是来到洛阳龙门香山寺，依宝静禅师出家，并受具足戒。不久，去永穆寺游学问道，精研大、小乘奥义。三十二岁那年又返归香山，终日坐禅，达八年整。一天，在寂默静坐中，忽见有一神人前来对他说："你将受到大慧大果，如何能滞留此间呢？传法大道离你不远，你快向南行吧！"光知是神来相助，因而改名叫神光。第二天，神光头疼痛有如针刺。其师父想为他治疗，只听见空中传来声音："这是脱胎换骨，所以非常疼痛，但不必介意。"神光便把昨日遇见神人的事情告诉了师父。宝静禅师端视他的头顶骨，发现其如五峰争秀，就说："你顶相呈现吉祥之气，想是有所证会。神既然令你南行，那是叫你去拜少林达磨大士为师吧。”神光听从其师教示，就造访少林，参谒达磨。其得法传衣事迹，《达磨章》已详，这里从略。

少林达磨托化西归后，慧可大师继阐玄风，传禅的同时，努力寻求禅的传人。北齐天平二年（应该是天保二年，即公元五五一年，天平是东魏年号），有一位居士，年纪大约四十多岁，其姓名不详，前来参礼慧可，说：“弟子身染一种病，来请和尚给忏悔，以消灾免罪。”慧可说：“你拿罪来，我给你忏悔。”居士顿了一会儿说：“我寻觅罪，罪不可得。”慧可说：“我为你忏悔免罪完毕。”又接着说：“你当皈依三宝，依佛、法、僧而住。”居士说：“今天见到和尚，已知道什么是僧，但不知佛、法如何？”慧可说：“此心即是佛，此心即是法，法与佛无二，僧宝亦然。”居士听了慧可之言，若有所悟，说：“今天才明白经中所说‘罪性不在内，不在外，亦不在中间’，正如其心与佛与法，原来无二。”慧可喜其已悟，对他深为器重，当即为他剃发，并称赞道：“居士是我佛门珍宝。”僧璨之名由此而来。这年三月十八日，僧璨在光福寺受具足戒，其病从此渐渐痊愈。他于是执弟子之礼，侍候慧可二年。一天，慧可师对他说：“菩提达磨远从西天万里迢迢来我东土，把正法眼藏密付给我。我如今又把大法传授给你，并连同表信的袈裟亦一起交与你。望你能尽心守护，勿使我法慧命断绝，现听我传法偈：‘本来缘有地，因地种华生；本来无有种，华亦不曾生。’”

慧可大师传法付衣之后，又叮嘱僧璨：“你受我衣法后，最好隐居深山野林，不必急着去行教化，因为过不了多久，将有国难临头。”僧璨说：“师父既预知未来，可否给弟子说个明白？”慧可说：“并非我未卜先知，我不过记住了达磨大士传给我的般若多罗悬记。悬记说：‘心中吉祥，外头凶险。’我核算一下年代，其凶正应在此时。我们当慎思先贤所言，以免遭此世难。然我本人原有宿债，现今该去偿还。你听我良言，善自为之。切记弘法行化，要待时机成熟。”

慧可大师咐嘱僧璨之后，即游身于邺都城中（今河北省临漳县，古都名），随缘说法，方便行化。其法会一时盛况空前，归仰者如云。慧可如此行法共三十四年，韬其光晦其迹，几经变易其风格：或进入酒肆，或访诸屠门，或立街头站谈，或随厮役劳作。有人问他：“你身为出家人，何故如此多变？”慧可回答说：“我调伏身心，关你什么事呢？”慧可又至管城县匡救寺门前说法，谈无上佛道，听者如林。

当时有一位辩和法师正在寺内宣讲《涅槃经》，其学徒闻听外面的盛会，都纷纷转来听慧可的禅法。辩和法师不由得怀恨在心，对慧可大兴诽谤。县官翟仲侃听信其谗言，竟以非法加于慧可。慧可禅师怡然从容，任其发落，安详地死去。识见高明者，以为慧可如此这般，实是偿还宿债。慧可师遇难那年，一百〇七岁，那是隋文帝开皇十三年癸丑岁（公元五九三年）三月十六日。后被葬在磁州（今河北）滏阳县东北七十里的一个地方。唐德宗追谥他为大祖禅师。从慧可师迁化那年算起，迄今大宋景德元年甲辰，有四百一十三年（应该是四百一十二年）了。

三祖僧璨

原典

第三十祖僧璨大师者，不知何许人也。初以白衣[①]谒二祖，既受度传法，隐于舒州之皖公山。属后周武帝破灭佛法[②]，师往来太湖县司空山，居无常处，积十余载，时人无能知者。

至隋开皇十二年壬子岁，有沙弥[③]道信，年始十四，来礼师曰："愿和尚慈悲，乞与解脱法门。"师曰："谁缚汝？"曰："无人缚。"师曰："何更求解脱乎？"信于言下大悟，服劳九载。后于吉州受戒，侍奉尤谨。师屡试以玄微，知其缘熟，乃付衣法。偈曰：

华种虽因地，从地种华生。

若无人下种，华地尽无生。

师又曰："昔可大师付吾法，后往邺都行化，三十年方终。今吾得汝，何滞此乎？"即适罗浮山，优游二载，却旋旧址。逾月，士民奔趋，大设檀供[4]。师为四众[5]广宣心要讫，于法会大树下合掌立终。即隋炀帝大业二年丙寅十月十五日也。唐玄宗谥鉴智禅师，觉寂之塔。至皇宋景德元年甲辰岁，凡四百载矣。

初，唐河南尹李常，素仰祖风，深得玄旨。天宝乙酉岁，遇荷泽神会，问曰："三祖大师葬在何处？或闻入罗浮不回，或说终于山谷，未知孰是？"会曰："璨大师自罗浮归山谷，得月余方示灭。今舒州见有三祖墓。"常未之信也。会谪为舒州别驾，因询问山谷寺众僧曰："闻寺后有三祖墓，是否？"时上坐慧观对曰："有之。"常欣然与寮佐[6]同往瞻礼，又启圹取真仪阇维之，得五色舍利[7]三百粒。以百粒出己俸建塔焉；百粒寄荷泽神会，以征前言；百粒随身，后于洛中私第设斋以庆之。

时有西域三藏[8]犍那等在会中，常问三藏："天竺禅门祖师多少？"犍那答曰："自迦叶至般若多罗，有二十七祖。若叙师子尊者傍出达磨达四世，二十二人，总有四十九祖。若从七佛至此璨大师，不括横枝，凡三十七世。”常又问：“会中耆德[9]曰，尝见祖图，或引五十余祖，至于支派差殊，宗族不定，或但有空名者，以何为验？”时有智本禅师者，六祖门人也。答曰：“斯乃后魏初，佛法沦替，有沙门[10]昙曜，于纷纭中以素绢单录，得诸祖名字；或忘失次第，藏衣领中，隐于岩穴，经三十五载。至文成帝即位，法门中兴，昙曜名行俱崇，遂为僧统，乃集诸沙门，重议结集，目为《付法藏传》。其间小有差互，即昙曜抄录时怖惧所致。又经一十三年，帝令国子博士黄元真，与北天竺三藏佛陀扇多、吉弗烟等，重究梵文，甄别宗旨，次叙师承，得无紕谬[11]也。”

注释

①**白衣：**代指在家居士，与僧人缁衣（呈紫黑色）相对。

②**后周武帝破灭佛法：**指北朝周武帝在建德三年（公元五七四年）开始的毁佛运动。佛教史上有著名的“三武”法难，此是其中之一，其前有北魏太武帝，其后有唐武宗两次灭佛。

③**沙弥：**根据梵语Śrāmaṇera音译而成。旧译息慈，即息恶行慈的意思。是男子出家受十戒者的通称。

④**檀供：**佛教术语。檀，梵文Dāna，译作布施。供

即供养。以财物和信心布施佛门，供养僧众。

⑤**四众**：泛指出家和在家的男女佛教信徒。

⑥**寮佐**：禅林中的一种僧职。寺庙中管理行政杂务的首领称为寮元或寮首座。寮佐即辅佐寮元处理事务，包括接待来宾，亦称寮主。

⑦**五色舍利**：佛教称释迦牟尼佛遗体焚烧之后剩下的结成珠状的东西为舍利。因呈五色，故又称五色舍利。后来亦指德行较高的和尚死后的灵骨。据说只有长年累月精勤修习戒、定、慧的高僧死后才有舍利，一般的道行浅的僧人是没有的。

⑧**三藏**：精通佛教经、律、论三藏的法师之统称。

⑨**耆德**：指年高德劭的老人。年高称为耆，一般在六十岁以上。

⑩**沙门**：出家人的别名。梵文是Sramaṇa，又译桑门、沙门那或贫道等。

⑪“祧谬”，卍正本作“纰缪”，碛砂本作“纰谬”。

译文

第三十祖僧璨大师（禅宗三祖），其籍贯和俗家姓氏皆不详。但知其当初以居士之身参谒二祖慧可，二祖许其出家，并传给他衣法。然后，他遵师命，隐居在舒州皖公山（今安徽潜山县境内）。那时正当北周武帝破灭佛法，他颠沛流离在太湖县司空山和舒州皖公山之间，居无常处，踪影缥缈，达十多年，因而时人都不太清楚他是何许人也。

隋开皇十二年壬子岁（公元五九二年），有位沙弥叫道信，年仅十四岁，前来参礼僧璨，说："愿和尚慈悲，开示我解脱法门。"僧璨问："谁缚住你了？"道信说："没人缚我呀。"僧璨说："既没人缚住你，那你还寻求什么解脱呢？"道信听了，豁然大悟。此后以僧璨为师，殷勤侍候，历经九年。道信在吉州受具戒后，侍奉璨师尤加勤谨。僧璨亦屡屡试探道信玄微之机，知其机缘已然纯熟，便传给衣法。其传法偈：

华种虽因地，从地种华生。
若无人下种，华地尽无生。

僧璨又对道信说："昔日慧可大师传我衣法后，即往邺都城弘阐佛法，三十年之后才告终。今我既得你为我传人，我又何必再滞留此间呢？"僧璨随即往罗浮山（今广东境内）隐居，优游岁月，二年之后返回旧址。此间的一个多月里，远近士民都纷纷前来施舍供养，僧璨大师亦为其大开禅门，广宣心要。有一天，僧璨说法完毕，就在法会大树下，双掌合十，站着示灭了。那是隋炀帝大业二年（公元六〇六年）丙寅岁十月十五日。唐玄宗谥之为鉴智禅师，其塔名是觉寂。迄今大宋景德元年甲辰岁，计有四百年整。

当初，唐河南尹李常，素来敬仰三祖的风尚，于其玄旨深有所得。天宝乙酉岁（公元七四五年），遇见荷泽神会，问说："三祖大师葬在何处？有人说南下罗浮而不回，亦有人说终灭于皖公山谷，到底谁是谁非？"神会说："璨大师自罗浮回山谷后，一个多月才示灭于世。今舒州皖公山谷就有三祖古墓。"李常听神会之言，还是半信半疑。恰逢此时他被贬谪为舒州别驾，他就去山谷寺询问众僧："听说寺后有三祖僧璨的古墓，是吗？"当时慧观上座告诉他："有的。"李常于是在管事僧人的陪同下欣然参观三祖古墓，并揭开古墓验其真假，结果得到三百粒光彩照人的五色舍利。李常献出其中的百粒，并以自己的薪俸，修建祖塔；又以百粒寄给荷泽神会，感谢其前语无虚假；剩下百粒，随身带着，后来在洛阳私邸，设常斋供养。

还有一件事，在此值得记述的。当时在李常会中有西域犍那三藏等，李常问三藏："天竺禅门总共有多少祖师？"犍那三藏答："自摩诃迦叶至般若多罗，一共有二十七祖。若叙师子尊者旁出法嗣达磨达四世，二十二人，合计有四十九祖。若从西天七佛算起，至此土僧璨大师，不包括旁出横枝，共有三十七世。”李常又说：“我听会中年高德劭的长者说曾经见过禅门列祖图，大约有五十多位祖师，另外还有众多的支派，宗族紊乱不定，亦有不少空名的，这凭何验证？”这时有一位智本禅师，是六祖惠能门下的弟子，他回答说：“这是后魏初年，佛法沦替时，有沙门昙曜从纷纭乱世中，以尺幅素绢急急忙忙单录，虽然得了诸祖名字，却有可能忘失了他们传法的次第。昙曜把此绢藏在衣领中，隐于岩穴，经过了三十五年。至文成帝即位，佛法中兴，那时昙曜名高望重，成为僧统，他召集僧众，重新编集和商讨了历代祖师传法的因缘次第，目为《付法藏传》，流传于世。其中出现的一些小差误，那就是昙曜当年抄录时惊怖恐惧所致。十三年之后，帝又令国子博士黄元真，与北天竺三藏佛陀扇多和吉弗烟等，对照梵文原本，甄别宗旨，次叙师承，这样才得以无纰漏谬误之处。”

四祖道信

原典

第三十一祖道信大师者，姓司马氏。世居河内[①]，后徙于蕲州之广济县。师生而超异，幼慕空宗诸解脱门，宛如宿习。既嗣祖风，摄心无寐，胁不至席者，仅六十年。

隋大业十三载，领徒众抵吉州，值群盗围城，七旬不解，万众惶怖。师愍之，教令念“摩诃般若”[②]。时贼众望雉堞[③]间，若有神兵，乃相谓曰：“城内必有异人，不可攻矣。”稍稍引去。唐武德甲申岁，师却返蕲春，住破头山，学侣[④]云臻。

一日往黄梅县，路逢一小儿，骨相奇秀，异乎常童。师问曰：“子何姓？”答曰：“姓即有，不是常姓。”师曰：“是何姓？”答曰：“是佛性。”师曰：“汝无性耶？”答曰：“性空故。”师默识其法器，即俾侍者至其家，于父母所乞令出家。父母以宿缘故，殊无难色。遂舍为弟子，名曰弘忍。以至付法传衣，偈曰：

华种有生性，因地华生生。
大缘与信合，当生生不生。

遂以学徒委之。

一日，告众曰：“吾武德中游庐山，登绝顶，望破头山[⑤]，见紫云如盖，下有白气，横分六道，汝等会否？”众皆默然。忍曰：“莫是和尚他后横出一枝佛法否？”师曰：“善。”

后贞观癸卯岁，太宗向师道味，欲瞻风彩，诏赴京师。上表逊谢，前后三返，竟以疾辞。第四度，命使曰：“如果不起，即取首来。”使至山谕旨，师乃引颈就刃，神色俨然。使异之，回以状闻。帝弥加叹慕，就赐珍缯，以遂其志。

迄高宗永徽辛亥岁闰九月四日，忽垂诫门人曰：“一切诸法，悉皆解脱。汝等各自护念，流化未来。”言讫，安坐而逝。寿七十有二，塔⑥于本山。明年四月八日，塔户无故自开，仪相如生。尔后，门人不敢复闭。代宗谥大医禅师、慈云之塔。自圆寂至皇宋景德元年甲辰，凡三百五十六载。

注释

①**河内**：地名，指河南西部、黄河以北一带。河外则在河南西部、黄河以南。

②**摩诃般若**：Mahāprajñā，译为大慧。摩诃是大的意思，般若即佛教彻照诸法实相的智慧。有鸠摩罗什译《摩诃般若波罗蜜经》二十卷本和十卷本，一曰《大品般若经》，一曰《小品般若经》。此经对中土佛教乃至禅宗影响极大，继道信后，法融（牛头宗第一祖）受萧元善之请在建初寺讲《大般若经》；惠能受韦据之请在大梵寺说法，首先以“大家念摩诃般若波罗蜜”为开场白，

继而阐扬摩诃般若波罗蜜的深意。

③**雉堞**：古代在城墙上面修筑的矮而短的墙，守城的人可借以掩护自己。

④**学侣**：参学的僧侣、道友。

⑤**破头山**：在蕲州黄梅县境内。今湖北蕲春县有破山，不知是否就是当年禅法隆盛的破头山。

⑥**塔**：佛教的一种建筑物。僧人死后，一般高积土石以藏遗骨，通称为塔。塔是梵语 Stupa 窣堵波的讹略，旧译浮图。

译文

第三十一祖道信大师（禅宗四祖），俗姓司马。他家世代居住河内（指河南以西、黄河以北），后迁往蕲州广济县（今湖北）。道信生性超然，禀赋奇异，自幼便仰慕空宗虚玄之理，潜心释教解脱法门，宛如前世修习一般。既而受三祖僧璨点化，承嗣三祖的禅风，摄心归于空无，长坐不眠，胁不至席，整整六十年。

隋大业十三年（公元六一七年），道信率领徒众，抵达吉州（今江西吉安），正遇上盗贼围困吉州城。七十多天围城不解，民心惶惶，道信师心怀慈悲，劝大众静心念“摩诃般若”。这时，贼众望见城墙上，如有无数神兵自天而降，贼众以为城内必有异人，此城不可强攻，于是引兵退去。唐武德甲申岁（公元六二四年），道信返归蕲春，住破头山，广开禅门，学道者如云。

有一天，道信往黄梅县去，在路上遇见一小孩子，生得骨骼清奇，相貌俊秀，异乎常童。道信便问他："你姓什么呀？"那孩子说："姓虽然有，但不是常姓。"道信见他还是个孩子，居然出言不凡，于是再问："什么是姓（性）呢？"答说："佛性。"道信又问："你没有性（姓）吗？"答说："性本空寂。"道信禁不住暗暗欣赏这孩子的悟性和灵气，即令随从跟至其家，劝其父母让孩子出家为僧。父母因为孩子宿世与佛门有缘，所以让孩子出家殊无难色。于是道信收那孩子为及门弟子，并为其取名叫弘忍。后来道信把衣法传给了弘忍，其传法偈说：

华种有生性，因地华生生。
大缘与信合，当生生不生。

道信又分派一些学徒给弘忍，让他另立门户。

有一天，道信对大众说："我武德年间（公元六一八—六二六年）游庐山，攀登绝顶，望破头山，但见紫云如盖，下有白气弥漫，横分六道。你们当中有谁明白这征象吗？"大家听了都默然无语，弘忍说："莫非是和尚之后，横出一枝佛法吗？"道信说："善哉！"

后来，唐贞观癸卯岁（公元六四三年），太宗李世民悦慕禅味，很希望一睹道信禅师的风采，特诏赴京师。可是道信上表逊谢，前后三次，都以病为辞，而不肯出山。以至第四次，太宗命使者说："若再请不来人，就取首级来。"然而当使者再度上山传达圣旨，道信毫不畏惧，引颈就刃，神态自若。使者大感奇异，回去如实汇报。太宗皇帝听了，对道信禅师更加叹慕，不但许其山居，还赐珍宝，以遂其志愿。

唐高宗永徽辛亥岁（公元六五一年）闰九月四日，道信忽然告诫门人说："一切佛法，终归解脱。你们好自为之，使我佛法流布，化被未来。"道信说完，就这样安坐而逝。世寿七十二，遗体葬在本山塔内。第二年四月八日（佛诞日），塔门忽然无故自开，但见其全身不散，仪容形相一如生时。此后门人不敢再把塔门关闭。唐代宗谥之为大医禅师、慈云之塔。自道信禅师圆寂至大宋景德元年甲辰，计有三百五十六年（应该是三百五十四年）。

五祖弘忍

原典

第三十二祖弘忍大师者，蕲州黄梅人也，姓周氏。生而岐嶷[①]。童游时，逢一智者，叹曰："此子阙七种相，不逮如来[②]。"后遇信大师得法，嗣化于破头山。

咸亨中有一居士，姓卢名惠能，自新州来参谒师。问曰："汝自何来？"曰："岭南。"师曰："欲须何事？"曰："唯求作佛。"师曰："岭南人无佛性，若为得佛？"曰："人即有南北，佛性岂然？"师知是异人，乃诃曰："着槽厂去。"能礼足而退，便入碓坊，服劳于杵臼之间。昼夜不息，经八月。师知付授时至，遂告众曰："正法难解，不可徒记吾言，持为己任。汝等各自随意述一偈，若语意冥符，则衣法皆付。"时会下七百余僧，上座神秀者，学通内外，众所宗仰。咸共推称云："若非尊秀，畴敢当之？"神秀窃聆众誉，不复思维，乃于廊壁书一偈云：

身是菩提树，心如明镜台；
时时勤拂拭，莫遣有尘埃。

师因经行，忽见此偈，知是神秀所述，乃赞叹曰："后代依此修行，亦得胜果[③]。"其壁本欲令处士卢珍绘楞伽变相，及见题偈在壁，遂止不画，各令诵念。能在碓坊，忽聆诵偈，乃问同学："是何章句？"同学曰："汝不知和尚求法嗣，令各述心偈？此则秀上座所述，和尚深加叹赏，必将付法传衣也。"能曰："其偈云何？"同学为诵。能良久曰："美则美矣，了则未了。"同学诃曰："庸流何知，勿发狂言！"能曰："子不信耶？愿以一偈和之。"同学不答，相视而笑。能至夜，密告一童子，引至廊下。能自秉烛，令童子于秀偈之侧写一偈云：

菩提本非树，心镜亦非台；
本来无一物，何假拂尘埃？

大师后见此偈，云："此是谁作？亦未见性。"众闻师语，遂不之顾。逮夜，乃潜令人自碓坊召能行者④入室，告曰："诸佛出世，为一大事⑤故，随机小大而引导之，遂有十地、三乘、顿渐等旨，以为教门。然以无上微妙秘密、圆明真实正法眼藏，付于上首大迦叶尊者，辗转传授二十八世。至达磨届于此土，得可大师，承袭以至于吾。今以法宝及所传袈裟用付于汝，善自保护，无令断绝。听吾偈曰：'有情来下种，因地果还生；无情既无种，无性亦无生。'"

能居士跪受衣法，启曰："法则既授，衣付何人？"师曰："昔达磨初至，人未知信，故传衣以明得法。今信心已熟，衣乃争端，止于汝身，不复传也。且当远隐，俟时行化。所谓授衣之人，命如悬丝也。”能曰：“当隐何所？”师曰：“逢‘怀’即止，遇‘会’且藏。”能礼足已，捧衣而出。是夜南迈，大众莫知。忍大师自此不复上堂，凡三日。大众疑怪致问，祖曰：“吾道行矣，何更询之？”复问：“衣法谁得耶？”师曰：“能者得。”于是众议卢行者名能，寻访既失，悬知彼得即共奔逐。

忍大师既付衣法，复经四载，至上元二年，忽告众曰：“吾今事毕，时可行矣。”即入室，安坐而逝。寿七十有四。建塔于黄梅之东山。代宗皇帝谥大满禅师、法雨之塔。自大师灭度至皇宋景德元年甲辰，凡三百三十年。

注释

①**岐嶷：**通“奇异”。

②**阙七种相，不逮如来：**据佛经记载，如来有“三十二相，八十种好”。这里道信发现弘忍资质非凡，与如来相比只阙七种相，是可铸之材。七种相是“七大人相”的简称。

③**胜果：**佛果相对于声闻、缘觉二乘之果及十地菩萨之果而言，是彻底圆满之妙果，因此称为胜果。

④**行者：**佛教指带发修行的居士。

⑤**一大事：**在佛教看来，开显实相妙理，开示佛的智慧即为大事。

译文

第三十二祖弘忍大师（禅宗五祖），是蕲州黄梅（今湖北蕲春）人，俗姓周。生性卓然不群，颖悟异常。童年游玩的时候，遇一智者，与智者对答，显示出悟性非凡。智者惊叹说："这孩子只阙七种相，与如来相去不远。"弘忍遇到的这位智者即四祖道信大师，后来就从道信大师处得法，继为禅宗五祖，而在破头山开禅传法。

咸亨年间（公元六七〇—六七四年），有一居士，姓卢名惠能，从新州来参谒弘忍。弘忍问："你从哪里来？"惠能答说："从岭南来。"弘忍说："来做什么事？"惠能说："弟子此来，是希望成佛。"弘忍说："岭南人无佛性，你如何能成佛呢？"惠能说："人虽有南北之分，佛性难道亦有南北之别吗？"由此，弘忍知道惠能不是等闲之辈。于是把惠能收留在碓坊，先是命他做些粗活儿。惠能向弘忍施礼之后退下，进入碓坊辛勤劳作，昼夜不息。时光匆匆，转眼就八个月过去了。这一天，弘忍禅师想在他的徒众当中选位传法的人，于是把门人召集起来，说："佛教正法微奥难解，你们不可徒记我言而不知我意。

你们现在可各自随意作一法偈，若有谁悟性高超，我就把衣法传付给他。”当时弘忍会下有七百多位僧徒，神秀因为博览群书，学通内外，而居僧中上座，众僧都很尊重他，这时都推举说：“此得法偈，如果不是神秀上座，谁敢承当呢？”神秀聆听大众的赞誉，便不加思索，在回廊墙壁上挥笔书写一偈：

身是菩提树，心如明镜台；

时时勤拂拭，莫遣有尘埃。

弘忍大师在廊间漫步，忽然见到此偈，心知是神秀所作，便赞叹道：“后世若依此偈修行，亦能得到较好的果报。”回廊墙壁本来是想请处士卢珍来绘《楞伽经》变相，今弘忍见神秀题偈在壁，便不再画楞伽变相，而令门徒都来诵念。惠能在碓坊忽然听见有人诵偈，便问同学：“是什么章句？”同学说：“你不知弘忍和尚为求法嗣，而令门人各述心偈？你刚才听到的这偈则是神秀上座所作，和尚对此偈深加叹赏，必定要把衣法传给他了。”惠能问：“那首偈说了什么？”同学于是为惠能朗诵此偈。惠能听了一会儿说：“美则美矣，了则未了。”同学呵斥说：“你肤浅之辈，勿口出狂言！”惠能说：“你不信我吗？我也写一偈，与之相和。”同学与惠能心有默契，相视而笑。惠能到了夜晚，便叫一童子悄悄把他带到廊下。惠能自己高秉火烛，请童子在神秀偈旁边亦写一偈，说：

菩提本非树，心镜亦非台；
本来无一物，何假拂尘埃？

弘忍大师后来见到此偈，说："这是谁作？并未见性。"众僧听大师如此说，也就不怎么注重此偈。然而，待夜幕降临，弘忍便令人潜入碓坊，把惠能唤入方丈室。弘忍对惠能说："诸佛出现于世，只为普度众生一大事，随其根机大小而引导之，于是有十地、三乘、顿渐等旨以为教门。然而佛陀以无上微妙、圆明真实的正法眼藏，付于首座大迦叶尊者，辗转传授二十八世。至达磨大士来我东土，得慧可大师为法嗣，代代相传以至于我。我今见你根机不浅，因而把法宝及所传袈裟传付于你，你当善自护持，勿使我法慧命断绝。现听我传法偈：'有情来下种，因地果还生；无情既无种，无性亦无生。'"

惠能感激不尽，跪受衣法。对弘忍说："已受法，但衣又托付何人？"弘忍又说："昔日达磨初至中华，人们都不信其教，故传衣表信，作为得法的实物证明。今信心已熟，而衣乃引起争端之物，就止于你身不要再传了。又，你还应该远远隐遁，待时机成熟才能出来行化，不然你命如悬丝。"惠能问："应当隐遁到哪里去呢？"弘忍说："逢'怀'即止，遇'会'且藏。"惠能尽礼而退，捧衣而出。惠能遵师之命，星夜南下，众僧都还蒙在鼓里。弘忍大师自此连续三天不上法堂，众僧感到疑惑，便来询问，大师说："我道已经南去了，还有什么可询问的？"僧众又问："衣法为什么人所得？"大师说："能者得。"众僧议论道："卢行者名能，衣法必是他得了。"于是寻访惠能，然不见其踪影，都向南去追惠能。

弘忍大师传付衣法后，又过了四年，至上元二年（公元六七五年），忽告众说："我今大事已了，我可以去了。"随即入丈室，安坐而化。世寿七十四。建塔于黄梅之东山。唐代宗谥之为大满禅师，塔名曰法雨。自弘忍大师灭世，至今大宋景德元年甲辰，计有三百三十年。

2　道信、弘忍旁出法嗣

牛头法融

原典

第一世法融禅师者，润州延陵人也，姓韦氏。年十九，学通经史。寻阅《大部般若》，晓达真空。忽一日叹曰："儒道世典，非究竟法。般若正观，出世舟航。"遂隐茅山[①]，投师落发。后入牛头山[②]幽栖寺北岩之石室，有百鸟衔华之异。

唐贞观中，四祖遥观气象，知彼山有奇异之人。乃躬自寻访，问寺僧："此间有道人否？"曰："出家儿那个不是道人？"祖曰："阿那个是道人？"僧无对。别僧云："此去山中十里许，有一懒融，见人不起，亦不合掌，莫是道人？”祖遂入山，见师端坐自若，曾无所顾。祖问曰：“在此作什么？”师曰：“观心。”祖曰：“观是何人？心是何物？”师无对，便起作礼。师曰：“大德高栖何所？”祖曰：“贫道不决所止，或东或西。”师曰：“还识道信禅师否？”曰：“何以问他？”师曰：“向德滋久，冀一礼谒。”曰：“道信禅师，贫道是也。”师曰：“因何降此？”祖曰：“特来相访，莫更有宴息之处否？”师指后面云：“别有小庵。”遂引祖至庵所。绕庵唯见虎狼之类，祖乃举两手作怖势。师曰：“犹有这个在。”祖曰：“适来见什么？”师无对。少选，祖却于师宴坐石上书一“佛”字，师睹之竦然。祖曰：“犹有这个在。”师未晓，乃稽首，请说真要。

祖曰：“夫百千法门同归方寸，河沙妙德总在心源。一切戒门、定门、慧门[3]，神通变化，悉自具足，不离汝心。一切烦恼业障，本来空寂。一切因果，皆如梦幻。无三界[4]可出，无菩提可求。人与非人，性相平等。大道虚旷，绝思绝虑。如是之法，汝今已得，更无阙少，与佛何殊？更无别法。汝但任心自在，莫作观行，亦莫澄心，莫起贪嗔，莫怀愁虑，荡荡无碍，任意纵横。不作诸善，不作诸恶，行住坐卧，触目遇缘，总是佛之妙用，快乐无忧，故名为佛。”

师曰：“心既具足，何者是佛？何者是心？”祖曰：“非心不问佛，问佛非不心。”师曰：“既不许作观行[5]，于境起时，心如何对治？”祖曰：“境缘无好丑，好丑起于心。心若不强名，妄情从何起？妄情既不起，真心任遍知。汝但随心自在，无复对治，即名常住法身，无有变异。吾受璨大师顿教法门，今付于汝。汝今谛受吾言，只住此山，向后当有五人达者，绍汝玄化。”

祖付法讫，遂返双峰山[6]终老。师自尔法席大盛。唐永徽中，徒众乏粮，师往丹阳缘化[7]。去山八十里，躬负米一石八斗，朝往暮还，供僧三百，二时不阙。三年，邑宰萧元善请于建初寺[8]讲《大般若经》，听者云集。至《灭静品》，地为之震动。谓罢归山。

显庆元年，邑宰萧元善，请出山住建初。师辞不获免，遂命入室上首[9]智岩付嘱法印，令以次传授。将下山，谓众曰：“吾不复践此山矣。”时鸟兽哀号，逾月不止。庵前有四大桐树，仲夏之月忽自凋落。明年丁巳闰正月二十三日，终于建初。寿六十四，腊[10]四十一。二十七日，窆于鸡笼山[11]，会送者万余人。其牛头山旧居，金源虎咆泉、锡杖泉、金龟等池、宴坐石室，今悉存焉。

注释

①**茅山：**在今江苏省句容县境内。

②**牛头山：**在今南京西南郊，即牛首山。

③**戒门、定门、慧门：**统称“三学”，是佛教僧侣的必修法门。

④**三界：**指凡夫生死往来的世界，包括欲界、色界、无色界三者。

⑤**观行：**指观心的修行，亦即观察心性的妄惑之处而加以克服。佛教认为，心为万法之主，无一事漏于心，因而观察心就是观察一切；禅宗正统的思想以为修心本身亦是一种妄行。

⑥**双峰山：**在蕲州黄梅县境内。

⑦**缘化：**即是化缘，袭印度古风，僧侣托钵向俗人乞讨。又，劝化，劝化那些与佛有缘的人行布施。

⑧**建初寺：**此寺是三国时东吴孙权为西域高僧康僧会设置。因为是江东最早的佛寺，所以称为建初寺。寺在建业（今南京）城内。

⑨**上首：**即上座，一座大众中的主位称为上首；依照不同情况，或举一人为上首，或举多人为上首。亦称首座、第一座等。

⑩**腊：**即僧腊，指僧人受具足戒之后的年数。因为出家人只有在受具足戒后，才被正式称为僧人（和尚），所以这里所谓腊其实就是俗称的僧龄。

⑪**鸡笼山：**又名鸡鸣山。状如鸡笼，因而得名，其

山顶有北极阁可观浩浩长江。山在当时的金陵城内，即今南京市区玄武湖畔的九华山是也。

译文

法融禅师是金陵牛头山六世祖宗第一世。润州延陵（今江苏丹阳）人，俗姓韦。他十九岁学通经史，之后不久，阅《大品般若经》，而玄理畅通，晓达真空。忽有一天感叹说："儒道世典不是彻底的穷理之法，般若空观实乃出世之舟航。"于是去茅山（今江苏句容境内）隐居，投师落发，出家为僧。后来入牛头山（今江苏南京江宁区境内），在幽栖寺北岩下构筑石室，潜心修禅，精研空宗。据传，法融牛头山修道，引来百鸟衔花相伴之奇观。

唐贞观年间（公元六二七—六四九年），四祖道信遥观江南气象，发现牛头山有奇异之人，于是亲自前来寻访。道信问幽栖寺僧人说："你们这里有道人吗？"那僧说："出家人哪个不是道人？"道信说："请问哪位是得道之人？"那僧张口无言。另外一僧说："由此去深山中，十华里左右，有一位懒和尚名叫融，在那里修禅入定，见了人不起来，也不合掌行礼，莫非他就是你所说的道人？"四祖于是进入山中寻找这懒融，果然见法融端坐不动，神态自若，无视天下万物。四祖问："你在这里做什么？”法融说：“观心。”四祖接着问：“何人在观？何物是心？”法融对答不出，便起身行礼，问：“请问大德高栖何所？”四祖说：“贫道居无常所，行无定止，或而东或而西。”法融说：“还认识道信禅师吗？”四祖说：“怎么问起他？”法融说：“久已仰慕其高风，很希望能亲睹尊颜。”四祖说：“贫道即是道信。”法融赶忙上前施礼，说：“大师因何来此荒山野林、偏僻之地？”四祖说：“今日至此特来相访，你这里还有静心的场所吗？”法融手指后面说：“那里还有一座小庵。”于是领祖去小庵。只见此庵周围，虎狼成群，四祖举起两手做恐怖状。法融说：“还有这个在。”四祖问：“刚才你见到什么了？”法融不知所对。过了一会儿，四祖却在法融坐禅的石块上写一“佛”字，法融竦然而惊，对四祖更加敬服。四祖说：“还有这个在。”法融再次稽首施礼，恭请四祖开示佛法真要。

四祖说：“佛教诸多法门，都以我人方寸为归宿；无数妙德，总以人心为源泉。一切戒门、定门、慧门，以及各种神通变化，你心都本自具足，都不离你心。人生的一切烦恼业障都本来空寂，世间的一切因果亦皆如梦幻，又哪里有什么三界可跳出？哪里有什么菩提可求觅？人与非人性相上是平等的，虚旷的大道是禁绝思虑的。这样的佛法，你今已悟得，你不再缺少什么，你与佛无殊。除心之外更无别法。你只要任心自在，不必去做什么观心的修行，也不要生起澄静心的妄念。不要生起贪嗔，不要心怀忧愁思虑，坦荡荡无所挂碍，所行纵横自在。不起善恶分别，行住坐卧中所触动的缘境，都是佛的妙用，能快乐无所忧虑，这就是佛。”

法融问：“心既一切具足，那么，什么是佛？什么是心？”四祖说：“非心不问佛，问佛即是心。”法融再问：“既不许做观心的修行，那我如何克服心境的生起？”四祖说：“境本无好坏，好坏起于心；心不乱纷纷，妄情从何起？妄情既不生起，真心纵横自在。你只要随心自在，自然会荡荡无碍，这就是所谓常住法身。我受三祖僧璨大师顿教法门，今传付给你。你仔细听我良言，就以此山为道场，开禅门，传心法。日后自会有五位通人达士，相继来你这里受教，绍你玄化，续你法脉。”

四祖把法传给法融之后，仍回双峰山，安度晚年。法融自此大开法门，广济众生，法席颇盛。唐永徽年间（公元六五〇—六五五年），法融师徒缺少粮食，为饥饿所困。法融去丹阳化缘，在离山八十里的地方，化得米一石八斗，亲自背负，朝去暮归，供养了三百僧众。永徽三年（公元六五二年），受当地宰官萧元善礼请，法融在建初寺讲《大品般若经》，听者云集。当讲到《灭静品》时，大地为之震动。讲经完毕，仍归牛头山居住。

显庆元年（公元六五六年），宰官萧元善力请法融禅师出山，住建初寺。法融婉言推辞而无济于事，即把法印传给入室大弟子智岩，叮嘱他次第相传。临下山时，对徒众说："我法既得传人，我将不再来此山了。"徒儿们听师父这样说话，都悲叹不已。据说，当时山上鸟兽亦发出哀号之声，历经一个多月而不止。法融所居庵前有四棵大桐树，在仲夏季节树木葱茏之时，忽现出秋天萧瑟的气象，枯叶飘零。此乃不祥之兆。后法融禅师果然在次年丁巳岁闰正月二十三日，在建初寺圆寂。世寿六十四，僧腊（僧龄）四十一。本月二十七日葬于鸡笼山，前来送葬者多达万余人。其牛头山旧居，金源虎咆泉、锡杖泉以及金龟等池和其坐禅的石室，现今都还保存完好。

北宗神秀

原典

北宗神秀禅师者，开封尉氏人也。姓李氏。少亲儒业，博综多闻。俄[1]舍爱出家，寻师访道。至蕲州双峰东山寺[2]，遇五祖忍师，以坐禅为务，乃叹伏曰："此真吾师也。"誓心苦节，以樵汲自役，而求其道。忍默识之，深加器重。谓之曰："吾度人多矣，至于悟解，无及汝者。"

忍既示灭[3]，秀遂住江陵当阳山[4]。唐武后闻之，召至都下，于内道场[5]供养，特加钦礼。命于旧山置度门寺，以旌其德。时王公士庶皆望尘拜伏。暨中宗即位，尤加礼重。大臣张说尝问法要，执弟子之礼。师有偈示众曰：

一切佛法，自心本有；
将心外求，舍父逃走[6]。

神龙二年，于东都[7]天宫寺入灭。赐谥大通禅师。羽仪法物，送殡于龙门。帝送至桥，王公士庶皆至葬所。张说及征士卢鸿一，各为碑诔[8]。门人普寂、义福等，并为朝野所重。

注释

①**俄：**不久。

②**蕲州双峰东山寺：**在今湖北境内。四祖道信在唐武德初（公元六一八年）来此定居，一住三十多年，会众多至五百。永徽三年（公元六五二年），道信付衣法给弘忍，弘忍继承其法席，在双峰山的东面开辟道场，名东山寺，时人称他的法门为东山法门。神秀来到该处的时候，弘忍气候初成。

③**示灭：**指僧人的入灭、死亡。

④江陵当阳山：亦在今湖北境内。

⑤内道场：梁武帝天监十六年（公元五一七年），敕诏沙门慧超为寿光殿学士，召集僧人在禁宫内居住并讲解佛法，是为内道场之始。唐武则天在宫廷内正式置设内道场，中宗、睿宗不改其制，至代宗则更加隆盛。

⑥舍父逃走：有舍本逐末的意思。

⑦东都：洛阳，相对于古都长安而言。

⑧碑诔：古时叙述死者生平和事迹以示悼念的文章。

译文

北宗神秀禅师，是开封尉氏（今河南）人。俗姓李。早年亲炙儒业，博学多闻。不久，舍弃俗情，出家为僧。他寻师访道，来至蕲州（今湖北）双峰东山寺，遇见五祖弘忍大师，以坐禅为务，大为叹服，说："这正是我日夜梦想的名师呀！"于是投弘忍门下，决心苦节追随，甘为驱使而求其道。五祖对神秀默默许可，深加器重。五祖说："我一生度人虽多，但似你这样玄理通畅，悟解非凡，无人能及。"

弘忍灭世后，神秀住江陵当阳山（今湖北境内）。武则天太后听说了神秀禅师的道行和学问，便诏请其入京都，在宫廷内专门设了道场供养他，并常常来问道，礼遇有加。武后又命人在神秀曾经住过的当阳山置设度门寺，以表彰其德。当时的王公大人、士子庶民亦都非常敬重神秀禅师，远远地见到他便顶礼膜拜。中宗即位后，礼遇尤加宠重。大臣张说曾至门下问其法要，并执弟子之礼。神秀禅师有法偈示众说：

一切佛法，自心本有；
将心外求，舍父逃走。

唐神龙二年（公元七〇六年），神秀在东都（洛阳）天宫寺灭世。皇帝赐谥号为大通禅师。禅师生前所用的羽仪法物，都送葬于龙门。出殡那天，帝送至桥，王公士庶皆至葬所。张说及征士卢鸿一分别为大师写了碑、诔。门人有普寂、义福等，并为朝野所推重。

3 六祖惠能及其法嗣

曹溪惠能

原典

第三十三祖惠能大师者，俗姓卢氏。其先范阳人，父行瑫，武德中，左宦于南海之新州，遂占籍焉。三岁丧父，其母守志鞠养。及长，家尤贫窭，师樵采以给。一日负薪至市中，闻客读《金刚经》，悚然问其客曰："此何法也？得于何人？"客曰："此名《金刚经》，得于黄梅忍大师。"师遽告其母以为法寻师之意。

直抵韶州，遇高行士刘志略，结为交友。尼无尽藏者，即志略之姑也。常读《涅槃经》，师暂听之，即为解说其义。尼遂执卷问字，师曰："字即不识，义即请问。"

尼曰："字尚不识，曷能会义？"师曰："诸佛妙理，非关文字。"尼惊异之，告乡里耆艾云："能是有道之人，宜请供养。"于是居人竞来瞻礼。近有宝林古寺旧地，众议营缉，俾师居之。四众雾集，俄成宝坊。师一日忽自念曰："我求大法，岂可中道而止？"明日遂行，至昌乐县西山石室间，遇智远禅师。师遂请益，远曰："观子神姿爽拔，殆非常人。吾闻西域菩提达磨传心印于黄梅，汝当往彼参决。"师辞去，直造黄梅之东禅[①]，即唐咸亨二年也。忍大师一见，默而识之。后传衣法，令隐于怀集、四会之间。

至仪凤元年丙子正月八日，届南海，遇印宗法师于法性寺讲《涅槃经》。师寓止廊庑间，暮夜，风扬刹幡。闻二僧对论，一云幡动，一云风动，往复酬答，未曾契理。师曰："可容俗流辄预高论否？直以风幡非动，动自心耳。"印宗窃聆此语，竦然异之。

翌日，邀师入室，征风幡之义。师具以理告。印宗不觉起立，云："行者定非常人，师为是谁？"师更无所隐，直叙得法因由。于是，印宗执弟子之礼，请受禅要。乃告四众曰："印宗具足凡夫，今遇肉身菩萨[②]。"即指坐下卢居士云："即此是也。"因请出所传信衣，悉令瞻礼。

至正月十五日，会诸名德[③]，为之剃发。二月八日，就法性寺智光律师受满分戒[④]。其戒坛，即宋朝求那跋陀三藏之所置也。三藏记云："后当有肉身菩萨在此坛受戒。"又梁末真谛三藏，于坛之侧手植二菩提树，谓众曰："却后一百二十年，有大开士，于此树下演无上乘，度无量众。"师具戒已，于此树下开东山法门，宛如宿契。明年二月八日，忽谓众曰："吾不愿此居，要归旧隐。"时印宗与缁白千余人，送师归宝林寺。韶州刺史韦据，请于大梵寺转妙法轮，并受无相心地戒。门人纪录，目为《坛经》，盛行于世。

然返曹溪，雨大法雨[⑤]，学者不下千数。中宗神龙元年降诏云："朕请安、秀二师宫中供养，万机之暇每究一乘。二师并推让云：'南方有能禅师，密受忍大师衣法，可就彼问。'今遣内侍薛简驰诏迎请，愿师慈念，速赴上京。"师上表辞疾，愿终林麓。薛简曰："京城禅德皆云：'欲得会道，必须坐禅习定。若不因禅定而得解脱者，未之有也。'未审师所说法如何？"师曰："道由心悟，岂在坐也？经云：'若见如来，若坐若卧，是行邪道。'何故？无所从来，亦无所去。若无生灭，是如来清净禅。诸法空寂，是如来清净坐。究竟无证，岂况坐耶？"简曰："弟子之回，主上必问，愿和尚慈悲，指示心要。"师曰："道无明暗，明暗是代谢之义。明明无尽，亦是有尽。"简曰："明喻智慧，暗况烦恼。修道之人傥不以智慧照破烦恼，无始生死凭何出离？"师曰："若以智慧照烦恼者，此是二乘小儿、羊鹿等机[⑥]，上智大根[⑦]悉不如是。”简曰：“如何是大乘见解？”师曰：“明与无明，其性无二，无二之性，即是实性。实性者，处凡愚而不减，在贤圣而不增，住烦恼而不乱，居禅定而不寂。不断不常，不来不去，不在中间及其内外；不生不灭，性相如如，常住不迁，名之曰道。”简曰：“师说不生不灭，何异外道？”师曰：“外道所说不生不灭者，将灭止生，以生显灭，灭犹不灭，生说无生。我说不生不灭者，本自无生，今亦无灭，所以不同外道。汝若欲知心要，但一切善恶都莫思量，自然得入清净心体，湛然常寂，妙用恒沙。”简蒙指教，豁然大悟。礼辞归阙，表奏师语。

有诏谢师，并赐摩衲袈裟、绢五百匹、宝钵一口。十二月十九日，敕改古宝林为中兴寺。三年十一月十八日，又敕韶州刺史，重加崇饰，赐额为法泉寺，师新州旧居为国恩寺。

一日，师谓众曰：“诸善知识[⑧]，汝等各各净心，听吾说法。汝等诸人，自心是佛，更莫狐疑。外无一物而能建立[⑨]，皆是本心生万种法。故经云：‘心生种种法生，心灭种种法灭。’若欲成就种智[⑩]，须达一相三昧、一行三昧。若于一切处而不住相，彼相中不生憎爱，亦无取舍，不念利益、成坏等事，安闲恬静，虚融澹泊，此名‘一相三昧’。若于一切处，行住坐卧，纯一直心，不动道场，真成净土，名‘一行三昧’。若人具二三昧，如地有种，能含藏长养，成就其实，一相一行亦复如是。我今说法，犹如时雨溥润大地。汝等佛性，譬诸种子，遇兹沾洽，悉得发生。承吾旨者，决获菩提。依吾行者，定证妙果。”

先天元年，告诸徒众曰：“吾忝受忍大师衣法，今为汝等说法，不付其衣。盖汝等信根淳熟，决定不疑，堪任大事。听吾偈曰：‘心地含诸种，普雨悉皆生；顿悟华情已，菩提果自成。’”

师说偈已，复曰：“其法无二，其心亦然，其道清净，亦无诸相。汝等慎勿观净及空其心，此心本净，无可取舍，各自努力，随缘好去。”师说法利生经四十载。其年七月六日，命弟子往新州国恩寺，建报恩塔，仍令倍工。又有蜀僧名方辩，来谒师云：“善捏塑。”师正色曰：“试塑看。”方辩不领旨，乃塑师真，可高七寸，曲尽其妙。师观之曰：“汝善塑性，不善佛性。”酬以衣物，僧礼谢而去。

先天二年七月一日，谓门人曰：“吾欲归新州，汝速理舟楫。”时大众哀慕，乞师且住。师曰：“诸佛出现，犹示涅槃。有来必去，理亦常然。吾此形骸，归必有所。”众曰：“师从此去，早晚[11]却回？”师曰：“叶落归根，来时无日。”又问：“师之法眼，何人传受？”师曰：“有道者得，无心者通。”又问：“后莫有难否？”曰：“吾灭后五六年，当有一人来取吾首。听吾记曰：‘头上养亲，口里须餐。遇满之难，杨柳为官。’”又云：“吾去七十年，有二菩萨从东方来，一在家一出家，同时兴化，建立吾宗，缔缉伽蓝⑫，昌隆法嗣。”言讫，往新州国恩寺。沐浴讫，跏趺而化⑬。异香袭人，白虹属地。即其年八月三日也。

时韶新两郡各修灵塔，道俗莫决所之。两郡刺史共焚香，祝云：“香烟引处，即师之欲归焉。”时炉香腾涌，直贯曹溪。以十一月十三日入塔，寿七十六。时韶州刺史韦据撰碑。门人忆念“取首”之记，遂先以铁叶漆布固护师颈。塔中有达磨所传信衣，中宗赐摩衲、宝钵，方辩塑真道具等。主塔侍者尸之。

开元十年壬戌八月三日，夜半，忽闻塔中如拽铁索声，僧众惊起。见一孝子从塔中走出，寻见师颈有伤，具以贼事闻于州县。县令杨侃、刺史柳无忝得牒，切加擒捉。五日，于石角村捕得贼人，送韶州鞫问。云：“姓张名净满，汝州梁县人，于洪州开元寺，受新罗僧金大悲钱二十千，令取六祖大师首，归海东供养。”柳守闻状，未即加刑。乃躬至曹溪，问师上足令韬曰：“如何处断？”韬曰：“若以国法论，理须诛夷。但以佛教慈悲，冤亲平等。况彼求欲供养，罪可恕矣。”柳守嘉叹曰：“始知佛门广大。”遂赦之。

上元元年，肃宗遣使，就请师衣钵归内供养。至永泰元年五月五日，代宗梦六祖大师请衣钵。七日，敕刺史杨瑊云："朕梦感能禅师请传法袈裟却归曹溪，今遣镇国大将军刘崇景顶戴而送。朕谓之国宝，卿可于本寺如法安置，专令僧众亲承宗旨者，严加守护勿令遗坠。"后或为人偷窃，皆不远而获，如是者数四。宪宗谥大鉴禅师，塔曰元和灵照。

皇宋开宝初，王师平南海，刘氏残兵作梗，师之塔庙鞠为煨烬，而真身为守塔僧保护，一无所损。寻有制兴修，功未竟，会太宗即位，留心禅门，颇增壮丽焉。大师自唐先天二年癸丑入灭，至今景德元年甲辰岁，凡二百九十二年矣。得法者除印宗等三十三人各化一方，标为正嗣，其外藏名匿迹者，不可胜纪。今于诸家传记中略录十人，谓之旁出。

注释

①**黄梅之东禅：**即蕲州黄梅东山禅寺，五祖弘忍在此弘化。

②**肉身菩萨：**即生身菩萨，由父母所生之身而至菩萨深位。譬喻凡胎俗骨修炼成的具有菩萨那样的道行和果报的人。

③**名德**：尊称，指有名誉、有德行之人。

④**满分戒**：具足戒的异名。

⑤**雨大法雨**：佛教大法能滋润芸芸众生的枯竭的心田，所以譬作大法雨。雨大法雨，指惠能返曹溪后大弘佛法，普度众生。

⑥**二乘小儿、羊鹿等机**：《五灯会元·惠能章》作二乘“小见”。二乘指声闻、缘觉（佛教中通过听闻佛的言教或者观悟十二因缘等佛理而觉悟的二众弟子）。《法华经·譬喻品》以羊、鹿、牛三车譬声闻乘、缘觉乘、菩萨乘。

⑦**上智大根**：上乘的智慧、大乘的根机。

⑧**善知识**：善即对人有益，能引导人进入善道；知识就是知其心、识其形的意思。能化导众生顿悟自心佛性者，就称为善知识。这里用于句首，是对听法者的尊称。

⑨**建立**：指不必要的、人为的设造。

⑩**种智**：即佛的一切种智，佛的大智慧。

⑪**早晚**：指不定的时候。宋时的白话。

⑫**伽蓝**：僧伽蓝摩 Saṁghārām 之略。寺院的通称。

⑬**跏趺而化**：亦称坐化。多用于僧人的死亡。跏趺是“结跏趺坐”的略称，佛教中坐禅的姿势，把两腿交叠，用足背压在另一条腿上或足上，足心朝上，分全跏

和半跏两种。趺是足背的意思。

译文

第三十三祖惠能大师（世称六祖），俗姓卢。祖先是范阳（今河北）人，父名行瑫，武德年间（公元六一八—六二六年）谪官至南海（今广州），入了新州籍。惠能三岁丧父，是母亲含辛茹苦把他抚养大的。长大后，家境贫困不堪，靠卖柴维持生计。有一天，惠能到集市去卖柴，忽听得一位顾客诵念《金刚经》，他心有灵犀，问那顾客："这是什么经？从何处得来？"那顾客说："是《金刚经》，从黄梅弘忍大师处得来。"惠能听说后便赶紧回家，告诉母亲自己将去为法寻师。安顿好母亲后，惠能满怀希望地踏上了寻师求法之路。

先是抵达韶州，结识了一位高尚慷慨之义士。义士名叫刘志略，待之甚善，两人结为至交。刘志略有姑，出家为尼，名无尽藏，经常诵念《涅槃经》。惠能初次听了此经，即为其解说经义。比丘尼手持经卷来问生字，惠能说："我不识字，你请问义理。"比丘尼说："你字尚且不识，如何能明白其中之义理呢？"惠能说："佛法妙理，与文字无关。"比丘尼听了，非常惊奇，告诉乡里长辈们："惠能是得道之高人，不妨把他请来供养。"于是乡亲们都纷纷前来瞻礼惠能。附近原有一座宝林古寺，大家商议是否把惠能请来此古寺居住。在僧俗二界共同努力下，宝林古寺不久就焕然一新。惠能在此居住了一段时间，有一天忽然自言自语："我离开母亲，目的是求大法，访名师，岂可在此贪图安逸，半途而废呢？"第二天惠能便出发，行至昌乐县西山石窟，遇见智远禅师。惠能向智远禅师参问，智远说："我观你神色清爽，英姿挺拔，恐非等闲之辈。我这里不是你栖息之处，我听说西天（印度）来的菩提达磨把心印次第传于黄梅五祖，你可往那里参五祖求得大法。"惠能辞别了智远禅师，径直造访黄梅东山禅寺。那是唐咸亨二年（公元六七一年）。五祖弘忍大师与惠能相见后，见其对答契机，便暗暗赏识他。后来果然传衣付法给惠能。惠能得衣法后，遵师之命隐居在怀集、四会（今广东）等地。

仪凤元年（公元六七六年），惠能觉得时机已经成熟，便决定出来弘法。起初，来到南海，正遇上印宗法师在法性寺讲《涅槃经》。惠能寄宿在廊庑间，习习晚风吹动刹幡，旁边有两位僧人为此争论，一僧说这是幡动，另一僧说这是风动。两位僧人争论不休，却不曾契理，未得究竟。惠能上前说："可容我无知俗流参预二位高论否？二位刚才争论是幡动还是风动，依我之见，既非风动，亦非幡动，不过是你们自心在动。"印宗和尚恰好听到惠能此语，见一在家俗士居然有如此高见，非常惊异。

翌日，便邀请惠能入其室，再问那风幡之真义，惠能运用佛理来解释。印宗不觉肃然起敬，恭身施礼，说：“行者（带发修行者）定非寻常人物，请问谁是授业恩师？”惠能毫不隐瞒，向印宗等披露了他得法的缘由和经过。当印宗得知惠能得了五祖弘忍的真传后，便执弟子之礼，恭请惠能开示禅法大要。印宗指着惠能对大众说：“印宗虽出家受戒，实际仍是凡夫一个，而今站在你们面前的这位卢居士，却是肉身菩萨。”印宗等于是请惠能出示五祖所传的表信的袈裟，让大众瞻仰和礼拜。

正月十五日那天，印宗法师会同当时几位名德，为惠能剃发。二月八日，惠能在法性寺智光律师那里受满分戒。其受戒的戒坛，即南朝宋求那跋陀三藏所设置。三藏悬记说：“以后当有肉身菩萨在此坛受戒。”又，梁末真谛三藏在戒坛旁侧亲手种植两棵菩提树，对僧众说：“此后一百二十年，当有通达智慧之士，在此菩提树下，演最上乘法，度无量众生。”惠能受戒后，果然在此树下，大开东山法门，应验了求那跋陀和真谛的预言。第二年二月八日，惠能忽然对大家说：“我不愿在此居住，我要归曹溪宝林寺。”当时印宗率领僧俗共一千多人，前来为师送行。韶州刺史韦据又请惠能在城中大梵寺演说佛法，并授无相心地戒。门人记录惠能所说法要，编为《坛经》，广泛流行于世。

惠能返归曹溪后，开大禅门，雨大法雨，前来参学的人数不下千计。神龙元年（公元七〇五年），唐中宗降诏说："朕请慧安、神秀二位禅师来宫中供养，日理万机之余问及禅门真要。二位禅师都竭力推荐说：'南方有惠能禅师，得到五祖弘忍大师的衣法，不妨去问他。'今特遣内侍薛简驰诏迎请，望师念朕一片诚心，见诏后速速赶赴京城。"惠能上表，以病为辞，婉言谢绝，但愿隐遁山林，不愿高居庙堂。薛简说："京城一些禅师都说：'若想通达佛道，必须坐禅习定；若不通过禅定而能得解脱，这是从未有过的事。'不知惠能禅师所说禅法如何？"惠能说："道由心悟，与坐无关。经中说：'若见如来或坐或卧，这是行邪道而非正法。'为何？如来如来，既无所来，亦无所去。如此无生无灭，即是如来清净禅；诸法空寂，即是如来清净坐。可见，人生究竟、佛法真谛根本不是仅由坐禅所能证悟的。"薛简说："弟子既不能请师同赴京城，皇上如果问起，如何回复使命？愿和尚慈悲，指示我禅法心要。"惠能说："道无明暗之分，明暗相互依存；明相对暗说，有明而无暗，明也不存。"薛简说："明喻智慧，暗犹烦恼。修道的人倘不以智慧照破烦恼，那么如何解脱生死轮回，出离无边苦海？"惠能说："以智慧照破烦恼，这是二乘小儿之见，上乘大根却不如此。”薛简问：“什么是大乘见解？”惠能说：“从性上说，明与无明（暗），其性无二，无二之性即是实性。所谓实性，处在凡愚而不减少，处在贤圣也不增加，住烦恼而不乱，居禅定而不寂；亦不执着于断常、来去以及中间、内外任何一边。既不生，亦不灭，即是性相如如。亘古而常新，历久而不衰，才称为永恒大道。”薛简问：“师说不生不灭，与外道有何差别？”惠能说：“外道所说不生不灭，是将灭止生，以生显灭，生灭对立，水火不容，是灭等于不灭，此生又似无生。我所说不生不灭，本自无生，今亦无灭，本来无生无灭，生灭无二，这就是与外道不同的地方。至于你想了解我禅门心要，只要不思善不思恶，悟解了善恶虚寂无二之性，自然就证入了清净的心体，发挥出无穷无尽的妙用。”薛简蒙受惠能这番指教，豁然大悟。恭敬辞别了惠能，回归朝廷，表奏惠能禅师心要。

皇上阅奏后，良有所得，龙颜大悦，有诏谢惠能禅师，并赐摩衲袈裟、五百匹绢和一口宝钵等。十二月十九日，敕诏改宝林古刹为中兴寺。咸亨三年（公元六七二年）十一月十八日，又下令韶州刺史，重新崇饰宝林寺，并赐匾额与法泉寺，又赐惠能新州故居为国恩寺。

有一天，惠能对大众说：“各位善知识，你们都净心听我说法。你们每个人的自心就是佛，你们不要再怀疑，我告诉你们除此心外，其他任何事物都不能成立，都是本心生万种法。所以经说：‘心生种种法生，心灭种种法灭。’各位若想获得佛的大智慧，首先必须通达一相三昧和一行三昧。什么是一相三昧？对一切事物能够不执着其表象，不为其表象所迷惑，而产生爱憎分别之妄情；亦不考虑其利益如何、成败如何等等，能够始终保持自心的明净和恬适，使此心恒常处在虚融淡泊的状态，这就是所谓‘一相三昧’。什么是一行三昧呢？在任何地方，无论行住坐卧，都能保持心的自然质朴（直心），不失其纯洁无邪，成为嚣嚣尘世的一块净土，这就是‘一行三昧’。人们若具备了这种一相三昧和一行三昧，就好比大地孕育种子，能发芽生根，开花结果，则也能获得佛的一切种智（大智慧），得到解脱。我今天的说法，犹如时雨滋润大地，各位的自心佛性譬诸种子，但愿萌芽破土，开菩提之觉花，成佛、菩萨之妙果。”

唐先天元年（公元七一二年），惠能对徒众说：“我愧受五祖弘忍大师衣法，而今我只为你们说法，就不传其衣了。因为衣只是表信，而各位对我禅教信心显然已经淳熟。各位既坚定不疑，足以承当我弘法利生的事业，传衣与否就不是重要的了。现听我传法偈：‘心地含诸种，普雨悉皆生；顿悟华情已，菩提果自成。’”

惠能说法偈之后，又说："其法无二，其心亦然。心法清净，亦不可执着。如果执着于观心清净或者使心顽空，仍不得其法。因为此心本来就清净，本无可取舍，大家各自努力，随缘去吧！"惠能说法利生达四十年。这年七月六日，惠能命弟子往新州国恩寺，催促正在建造的报恩塔加紧施工。这时有一位蜀地来的僧人，名叫方辩，来向惠能参礼，自称擅长塑像。惠能严肃地说："试为我塑塑看。"方辩不解其意，不一会儿就塑出惠能真像，仅七寸高，曲尽其妙，巧夺天工。惠能观像后却对方辩说："你虽通塑像，但不悟佛性。佛性本自有之，非捏塑而成。"惠能命人酬谢方辩衣物，方辩礼谢而去。

先天二年（公元七一三年）七月一日，惠能对门人说："我要回新州故居，你们快去为我准备船只。"门人听说师父要离去，都恋恋不舍，设法挽留。惠能说："诸佛来到世间都免不了要涅槃，有来必去乃理所当然。父母赋予我躯体形骸，我最终必还之以父母之所。"门人说："师父这一去，不知何时能重回到我们中间？"惠能说："叶落归根，来时无日。"又问："师父法眼为何人所得？"惠能说："有道者得，无心者通。"又问："以后不知还有什么劫难？"惠能说："我灭世后五六年，会有一人来偷取我的首级。各位请听我悬记：'头上养亲，口里须餐。遇满之难，杨柳为官。'"又说："我去后七十年，当有两位菩萨从东方来，一在家一出家，同时盛弘我禅法，宣扬我宗旨，昌隆我法嗣。”惠能说完，即往新州国恩寺。沐浴薰香，跏趺而化。当时异香袭人，白虹贯地。那是本年八月三日。

惠能入灭后，韶州、新州两地均修灵塔，纪念大师，僧俗二界竟不能决定其遗体归放哪处为好。于是两州刺史共同焚香，以袅袅香烟飘向何方为大师灵体之归所。结果香烟腾涌而上，直贯曹溪。这样，十一月十三日，大师遗体入了韶州所修灵塔，世寿七十六。韶州刺史韦据撰写了碑文。其门人考虑到师父的取首悬记，便用铁皮包裹师颈，使其坚固不易割取。塔中同葬的物品有达磨所传的表信的袈裟、中宗所赐的摩衲和宝钵，以及蜀僧方辩的惠能塑真等等。主塔有侍者专门看守。

开元十年（公元七二二年）壬戌八月三日，夜半时，忽听得灵塔中传出拉铁索的声音，众僧从睡梦中惊起。待赶来时，发现贼人已逃去，师颈有伤痕。众僧把这事通报州县，县令杨侃、刺史柳无忝都派人缉拿盗贼。本月五日在石角村把贼人捕获，带到韶州有司衙门审问，方知贼人姓张名净满，是汝州梁县人，在洪州开元寺受新罗（今朝鲜）僧人金大悲二十千钱，来窃取六祖大师的首级回海东供养。柳刺史听到供状，没有急于加刑，亲身来至曹溪，询问惠能高足令韬禅师的意见，该当如何处置那贼以了断此案。令韬说：“若以国法论，理当诛灭此贼；但佛教以慈悲为本，佛面前冤亲平等。况且，他求大师首级也只是为了回乡供养，这实际上也是弘扬佛法，因而其罪可恕矣。”柳刺史闻听，感叹道：“今天才知佛门广大无边，果不其然。”于是赦免了贼人。

上元元年（公元七六〇年），唐肃宗派遣使臣来到曹溪，请大师衣钵至宫廷供养。永泰元年（公元七六五年）五月五日，唐代宗梦见六祖大师来请衣钵回曹溪。七日，代宗下诏杨瑊刺史说：“朕梦感惠能禅师请回衣钵，今派镇国大将军刘崇景完璧归赵。朕视之为国宝，卿等亦当以国宝严加守护之，勿令遗坠。”以后这衣钵又三番两次被人偷去，但都不远而获，这样的情况大致有四次。唐宪宗谥之为大鉴禅师，为其塔取名曰元和灵照。

大宋开宝初（公元九六八年），王师平定南海，刘氏残兵负隅顽抗，师之塔庙化为灰烬，然其真身为守塔僧保护，而丝毫不损。后来宋太宗即位，留心禅门，又重修曹溪庙宇，壮丽大师金身。大师自唐先天二年（公元七一三年）癸丑岁入灭，至今景德元年甲辰岁，计有二百九十二年了。得法者除印宗等三十三人各化一方，标为正统法嗣外，其余藏名匿迹者，不可胜记。今从诸家传记中略录十人，称为旁出。

青原行思

原典

吉州青原山行思禅师，本州安城人也，姓刘氏。幼岁出家，每群居论道，师唯默然。后闻曹溪法席，乃往参礼。问曰："当何所务，即不落阶级？"祖曰："汝曾作什么？"师曰："圣谛亦不为。"祖曰："落何阶级？"曰："圣谛尚不为，何阶级之有？"祖深器之。会下学徒虽众，师居首焉。亦犹二祖不言，少林谓之得髓矣。

一日，祖谓师曰："从上衣法双行，师资递授。衣以表信，法乃印心。吾今得人，何患不信？吾受衣以来，遭此多难。况乎后代，争竞必多。衣即留镇山门[①]，汝当分化一方，无令断绝。"师既得法，住吉州青原山静居寺。

六祖将示灭，有沙弥希迁问曰："和尚百年[②]后，希迁未审当依附何人？"祖曰："寻思去。"及祖顺世，迁每于静处端坐，寂若忘生。第一坐问曰："汝师已逝，空坐奚为？"迁曰："我禀遗诫，故寻思尔。"第一坐[③]曰："汝有师兄行思和尚，今住吉州，汝因缘在彼。师言甚直，汝自迷耳。"迁闻语，便礼辞祖龛，直诣静居。师问曰："子何方而来？"迁曰："曹溪。"师曰："将得什么来？"曰："未到曹溪亦不失。"师曰："恁么用去曹溪作什么？"

曰："若不到曹溪，争知不失？"迁又问曰："曹溪大师还识和尚否？"师曰："汝今识吾否？"曰："识又争能识得？"师曰："众角虽多，一麟[4]足矣。"迁又问："和尚出岭多少时？"师曰："我却不知汝早晚离曹溪？"曰："希迁不从曹溪来。"师曰："我亦知汝去处也。"曰："和尚幸是大人，莫造次。"

他日，师复问迁："汝什么处来？"曰："曹溪。"师乃举拂子曰："曹溪还有这个吗？"曰："非但曹溪，西天亦无。"师曰："子莫曾到西天否？"曰："若到即有也。"师曰："未在，更道。"曰："和尚也须道取一半，莫全靠学人。"师曰："不辞向汝道，恐已后无人承当。"

师令希迁持书与南岳让和尚曰："汝达书了速回，吾有个鈯斧子，与汝住山。"迁至彼，未呈书，便问："不慕诸圣，不重己灵时如何？"让曰："子问太高生，何不向下问？"迁曰："宁可永劫沉沦，不慕诸圣解脱。"让便休。迁回至静居，师问曰："子去未久，送书达否？"迁曰："信亦不通，书亦不达。"师曰："作么生？"迁举前话了，却云："发时蒙和尚许鈯斧子，便请取。"师垂一足，迁礼拜。寻辞往南岳。

荷泽神会来参，师问曰："什么处来？"会曰："曹溪。"师曰："曹溪意旨如何？"会振身而已。师曰："犹滞瓦砾在。"曰："和尚此间莫有真金与人否？"师曰："设有与汝向什么处着？”

僧问：“如何是佛法大意？”师曰：“庐陵米作么价？”

师既付法石头，唐开元二十八年庚辰十二月十三日，升堂告众，跏趺而逝[5]。僖宗谥弘济禅师，归真之塔。

注释

①**山门**：即寺院的外门。凡寺院必在山林，故称寺院之门为山门。又，寺院全体亦称山门。这里说“衣法留镇山门”，指后者。

②**百年**：俗称人的死亡为“打百年”。

③**第一坐**：即一堂僧众的首座、上座。

④**麟**：古代称麟、凤、龟、龙为“四灵”，都是稀有罕见而充满灵性的动物。

⑤**跏趺而逝**：参见《惠能章》注⑬。僧人中有许多这样坐着涅槃，亦有站着逝世的，或者谈笑而亡的。白居易曾有在家出家诗，“中宵入定跏趺坐，女唤妻呼多不应”，反映了这种修禅者的坐法在中唐之普及。

译文

行思禅师居吉州青原山，本州安城（今江西吉安）人，俗姓刘。幼年出家，每当大家聚在一起谈论佛道，他常默然无声而心领神会。后来听说曹溪惠能禅门大开，法席颇盛，就前往参礼。行思问六祖惠能："怎样修行才能不落阶次呢？"六祖反问他："你曾做何修行呢？"行思答："既不为俗谛，亦不求圣谛。"六祖说："那你落何阶次呢？"行思说："圣谛尚且不求，何阶次之有呢？"由此，六祖对行思深为器重。六祖会下学徒济济，而行思居其上首，这就像二祖慧可虽默然无言而少林达磨说他得其心髓。

有一天，六祖对行思说："从少林达磨以来，衣法双行，代代相传。衣以表信，法为心印。我今传法得人，所担心的倒不是不信，想我受五祖传衣以来，遭受了如此多劫难，再不希望后代为此衣争相竞夺、钩心斗角了。此衣今就留镇山门，你只须禀我宗旨，去分化一方，不使我慧命断绝，为师就放心了。"行思既得六祖传法，便往吉州青原山居静居寺。

六祖将要入灭的时候，有位叫希迁的沙弥来问说："和尚打百年后，不知希迁当依附何人？"六祖告诉他："寻思去。"及至六祖谢世后，希迁便经常在僻静之处端坐沉思，寂若忘生。首座问他："六祖已入灭，空坐做什么？"希迁说："我禀师遗命，正在寻思呢！"首座说："你有师兄行思和尚，今住吉州青原山行化，你因缘契会当在那里，六祖大师讲得非常明白，你却还执迷不悟。"希迁一下子被首座言语点醒，便礼拜六祖灵塔，直往静居寺参见行思师兄。会面后，行思问他："从何方而来？"希迁说："从曹溪来。"行思说："从曹溪得到什么东西来呢？"希迁说："我从曹溪得到的东西，在未到曹溪时亦不曾失去。"行思说："既不曾失去，那你何必去曹溪呢？"希迁说："若不到曹溪，怎知道不曾失去呢？"希迁又问："曹溪六祖大师还认识和尚吗？"行思说："你今还认识我吗？"希迁说："认识又如何能认识呢？"通过与希迁的对答，行思不由得赞叹其机锋敏捷："众角虽多，一麟足矣。"希迁又问："和尚离开曹溪有多久了？"行思说："我却不知你什么时候离开曹溪的？"希迁说："希迁不从曹溪来。"行思说："我不仅知你来处，而且知你去处呢。"至此，希迁赶忙拦住话头，说："和尚不愧为我师兄，且莫造次。"不让行思说破。

另有一天，行思重拾话头，问道："你从什么地方来？"希迁说："曹溪。"行思便举起手中拂子说："曹溪还有这个吗？"希迁说："不但曹溪没有，连西天亦没有。"行思说："你莫非到过西天？"希迁说："若到西天，那就有了。"行思批道："不通，请重新说。"希迁说："和尚亦须稍微开示一些，不能全依赖学人（自悟）。"行思说："我不敢这样做，我恐怕以后无人直下承当。"

行思于是派希迁送一封书信给南岳怀让和尚，说：

“你把书信送达后，速回我处，我有把鉏斧子，要送给你开山。”希迁至南岳后，先未呈书信，便问怀让：“不慕诸圣，不重己灵，这时如何？”怀让说：“呀，你问得太高深了，为什么不问得浅显明白些呢？”希迁说：“宁可永劫在生死海中轮回，不慕诸圣先贤获得虚幻的解脱。”怀让罢休，希迁便回至静居寺。行思问他：“你去了没有多久，书信送到了吗？”希迁说：“信亦不通，书亦不达。”行思问：“怎么回事？”希迁就把与怀让的对话转述了一遍，说完，却问行思：“记得我出发时，蒙和尚厚爱，答应给我鉏斧子镇山，现在请给我吧。”行思垂下一足，希迁便上前礼拜。不久，希迁辞别行思，往南岳另辟道场。

荷泽神会亦曾来行思处参禅，行思仍问：“从什么地方来？”神会说：“从曹溪来。”行思说：“曹溪意旨如何呢？”神会仅仅抖擞了一下身子，作为回答。行思说：“你身上好像带了许多瓦砾一样。”神会说：“和尚这里莫非有真金给我吗？”行思说：“如果有，你往哪里放呢？”

此外，还有僧人来问：“什么是佛法大意？”行思说：“庐陵米作什么价？”

行思付法石头希迁后，在唐开元二十八年（公元七四〇年）庚辰岁十二月十三日，跏趺而逝。唐僖宗谥之为弘济禅师，塔名曰归真。

南岳怀让

原典

南岳怀让禅师者，姓杜氏，金州人也。年十五往荆州玉泉寺，依弘景律师[①]出家。受具之后，习毗尼藏[②]。一日，自叹曰："夫出家者，为无为法。"时同学坦然知师志高迈，劝师谒嵩山安和尚。安启发之，乃直诣曹溪参六祖。祖问："什么处来？"曰："嵩山来。"祖曰："什么物恁么来？"曰："说似一物即不中。"祖曰："还可修证否？"曰："修证即不无，污染即不得。"祖曰："只此不污染，诸佛之所护念。汝既如是，吾亦如是。西天般若多罗谶：'汝足下出一马驹，蹋杀天下人。'并在汝心，不须速说。"师豁然契会，执侍左右，一十五载。唐先天二年，始往衡岳，居般若寺。

开元中，有沙门道一住传法院，常日坐禅。师知是法器，往问曰："大德[③]坐禅图什么？"一曰："图作佛。"师乃取一砖，于彼庵前石上磨。一曰："师作什么？"师曰："磨作镜。"一曰："磨砖岂得成镜耶？""坐禅岂得成佛耶？"一曰："如何即是？"师曰："如人驾车不行，打车即是，打牛即是？"一无对。师又曰："汝学坐禅，为学坐佛？若学坐禅，禅非坐卧。若学坐佛，佛非定相。于无住法，不应取舍。汝若坐佛，即是杀佛。若执坐相，非达其理。”一闻示诲，如饮醍醐[④]。礼拜问曰："如何用心，即合无相三昧？"师曰："汝学心地法门，如下种子。我说法要，譬彼天泽。汝缘合故，当见其道。"又问曰："道非色相，云何能见？"师曰："心地法眼能见乎道，无相三昧亦复然矣。"一曰："有成坏否？"师曰："若以成坏聚散而见道者，非见道也。听吾偈曰：'心地含诸种，遇泽悉皆萌；三昧华无相，何坏复何成？'"

一蒙开悟，心意超然。侍奉十秋，日益玄奥。师入室弟子总有六人，师各印可云："汝等六人同证吾身，各契一路。一人得吾眉善威仪（常浩），一人得吾眼善顾盼（智达），一人得吾耳善听理（坦然），一人得吾鼻善知气（神照），一人得吾舌善谭说（严峻），一人得吾心善古今（道一）。"又曰："一切法皆从心生，心无所生，法无能住。若达心地，所作无碍。非遇上根，宜慎辞哉。"

后马大师阐化于江西，师问众曰："道一为众说法否？"众曰："已为众说法。"师曰："总未见人持个消息来。"众无对。因遣一僧去，云："待伊上堂时，但问作么生？伊道底言语记将来。"僧去一如师旨，回谓师曰："马师云：'自从胡乱[⑤]后，三十年不曾阙盐酱吃[⑥]。'"师然之。天宝三年八月十一日，圆寂于衡岳。敕谥大慧禅师、最胜轮之塔。

注释

①**律师**：佛教把研究律藏的称为律师，把讲习经论的称为法师，把专习禅法的称为禅师。

②**毗尼藏**：即律藏，指如来所说的戒律经典。毗尼是旧译。

③**大德**：原来是称佛的名号，现用于僧人间客气的称呼；一般指僧中贤彦、行满位高者。

④**醍醐**：古时指从牛奶中提炼出来的精华，五味之中算第一。佛教用来比喻使人彻底醒悟的最高佛法。

⑤**胡乱**：胡言乱语。

⑥**三十年不曾阙盐酱吃**：马祖以此告诉来人，自从开法后不曾门庭冷落。

译文

南岳怀让禅师，俗姓杜，金州（今陕西安康）人。十五岁往荆州玉泉寺，依弘景律师出家。受具足戒之后，研习律藏经典。有一天，自思自叹，说："出家人当学天上人间最上乘法。"当时有一位名叫坦然的同学，素知怀让志气高迈，便劝他去拜谒嵩山老安和尚。老安和尚给他启发，指点他直往曹溪六祖那里参禅。六祖问："从什么地方来？"怀让说："从嵩山来。"六祖说："什么东西从那里来？”怀让说：“你说它似某个东西，你就偏离了它。”六祖说：“这个东西还可修行证悟吗？”怀让说：“修行证悟未尝不可，污染就不行了。”六祖说：“正是这不污染，才是诸佛之本怀。关于这一点，你我所见略同。西天（印度）般若多罗尊者曾预言：‘你足下将出一马驹，踏杀天下人。’你心明白就是，不可过早说出，泄露天机。”怀让受六祖教示，心领神会，豁然开朗。于是追随六祖，执弟子礼，勤谨服侍，达十五年。在唐先天二年（公元七一三年），始往衡岳，居般若寺。

唐开元年间（公元七一三—七四一年），有一位沙门，名叫道一，住在衡岳传法院，常整天坐禅。怀让见他气宇不凡，心知是个人才，就设法开导他。怀让问道一：“你整天坐禅，是为了什么？”道一说：“为成佛。”怀让于是找来一块砖头，在他面前的石上磨。道一大惑不解地问：“你磨砖干什么？”怀让说：“我想把砖磨成镜。”道一说：“这样的砖头岂能磨成镜？”怀让接口说：“那么你坐禅又岂能成佛？”道一心动，于是请教怀让：“如何才能成佛？”怀让说：“譬如牛拉车，车不行，是打车，还是打牛？”道一一时无语。怀让又说：“你是学坐禅，还是学坐佛？若说是学坐禅，而禅并不在坐卧；若说是学坐佛，而佛又无定相。你若是执着于坐相，便永远见不着大道。禅本来就是不落有无、不取不舍的，因此你若欲从坐禅成佛，即是扼杀佛，与佛更远。求道当不拘于形式，心悟即可成佛。”道一聆听怀让禅师谆谆教诲，如醍醐灌顶，欣喜不已，上前礼拜，并问：“如何用心才契合无相三昧？”怀让说：“你学心地法门，好比下种大地，我说禅门法要，譬如天降甘霖。你因缘契合，自然见道开悟。”道一又问：“道非色相（有形物），如何能见呢？”怀让说：“心地法眼能见，无相三昧亦然。”道一再问：“道有成有坏吗？”怀让说：“若以成坏聚散而见道，那并不是真正的见道。你听我法偈：‘心地含诸种，遇泽悉皆萌；三昧华无相，何坏复何成？’”

道一闻听此偈，茅塞顿开，心意超然。之后，在怀让身边侍奉十年，日臻玄奥之境。怀让禅师入室弟子共有六人，禅师分别以眉、眼、耳、鼻、舌、心加以印可，各有所长。得其眉者善威仪（常浩），得其眼者善顾盼（智达），得其耳者善听理（坦然），得其鼻者善知气（神照），得其舌者善谈说（严峻），得其心印者，即是马祖道一。怀让说：“得我心善古今。”又说：“一切法都从心起，心既无所生，法亦就不复存在。若悟此心地法门，所作所为即通达无碍。如果不是上乘根器者，切记谨慎言辞，不必多言。”

后来马大师阐法弘化于江西，怀让问众僧：“道一已开门说法了吗？”有僧说：“已经为众说法了。”怀让禅师说："可总是不见人传个什么消息来。"众僧无语。怀让于是派一僧去江西，说："你等他上堂说法时，但问他干什么事，你把他说的话记下来告诉我。"那僧至江西后一如怀让吩咐的行事。回来后对怀让禅师说："马祖禅师说：'自从胡乱（胡言乱语）后，这三十年来不曾阙盐酱吃。'"怀让禅师心以为然。天宝三年（公元七四四年）八月十一日，怀让禅师在衡岳圆寂，谥为大慧禅师，塔名曰最胜轮。

永嘉玄觉

原典

温州永嘉玄觉禅师者，永嘉人也，姓戴氏。丱岁[①]出家，遍探三藏，精天台止观圆妙法门，于四威仪[②]中常冥禅观[③]。后因左溪朗禅师激励，与东阳策禅师同诣曹溪。

初到，振锡[④]携瓶，绕祖三匝。祖曰："夫沙门者，具三千威仪、八万细行。大德自何方而来，生大我慢[⑤]？"师曰："生死事大[⑥]，无常迅速。"祖曰："何不体取无生，了无速乎？"曰："体即无生，了本无速。"祖曰："如是，如是。"于时大众无不愕然。师方具威仪参礼，须臾告辞。祖曰："返太速乎？"师曰："本自非动，岂有速耶？"祖曰："谁知非动？"曰："仁者[⑦]自生分别。"祖曰：

“汝甚得无生之意。”曰：“无生岂有意耶？”祖曰：“无意谁当分别？”曰：“分别亦非意。”祖叹曰：“善哉，善哉！”少留一宿，时谓“一宿觉”矣。策公乃留，师翌日下山回温江，学者辐凑⑧。

号真觉大师，著《证道歌》一首，及禅宗悟修圆旨，自浅之深。庆州刺史魏靖缉而序之，成十篇，目为《永嘉集》，并盛行于世。

注释

①**丱岁**：童年。丱，形容儿童束发成两角的样子。

②**四威仪**：指行、住、坐、卧。

③**禅观**：禅智（慧）。观，达观真理，智的别名。

④**振锡**：锡即锡杖。佛家行必持锡杖，一般杖头安环铃，振动发出锡的声音；可作驱虫用，亦可到人家化缘作声警觉，以免敲打门扇，彰显僧人之德。

⑤**我慢**：梵文 Asmimāna 的意译，即自高自大。

⑥**生死事大**：佛教把生死之事看得很重，意思是说要从生死苦海解脱出来，其他都属次要而不容顾及。

⑦**仁者**：呼人时的敬称，多称在家居士。

⑧**辐凑**：形容人或物聚集像车辐集中于车毂一样。辐，指车轮中连接车毂和轮圈的一条条直棍或钢条。毂，车轮的中心部分。

译文

玄觉禅师是温州永嘉（今浙江温州市）人，俗姓戴。童年出家。曾博览佛典三藏，精研天台止观圆妙法门，常在行、住、坐、卧中冥心禅观。后来在左溪玄朗禅师激励下，与东阳玄策禅师结伴，两人同去参见六祖惠能。

初到曹溪，玄觉并不行僧家礼数，而是先拄着锡杖，提着净瓶，围绕六祖转了三圈，尔后卓然而立。六祖说："出家人应该具备三千威仪、八万细行，你大德从何方来，为何如此傲慢无礼，妄自尊大？"玄觉说："生死事大，无常迅速。"六祖说："为何不体取无生，了达无速呢？"玄觉说："体取即无生，了达本无速。"六祖说："确实如此，确实如此。"当时，在场僧众见六祖对一初出道的人加以印可，都惊愕不已。至此，玄觉才向六祖恭敬施礼。然而过不多久，就要告辞。六祖说："怎么这么快就走呢？"玄觉说："我根本就没有行动，谈何快慢呢？"六祖说："谁知你本就没有行动呢？"玄觉说："你自己头脑里对行动与没有行动做出了分别。"六祖说："你很精通无生之意。"玄觉寸步不让说："无生岂有意吗？"六祖说："无意谁来分别？"玄觉说："分别亦非意。"六祖赞叹说："善哉，善哉！"于是玄觉留下住了一宿，时人由此称之为"一宿觉"。第二天，玄觉下山，回至温江，参禅者集聚很多。

玄觉禅师，又号真觉大师，著有《证道歌》一首。还有自浅至深阐述禅宗悟修圆旨的心要诸篇，庆州刺史魏靖辑而序之，成十篇，目为《永嘉集》，一并盛行于世。

荷泽神会

原典

西京[1]荷泽神会禅师者，襄阳人也，姓高氏。年十四为沙弥，谒六祖。祖曰："知识[2]远来大艰辛，将本来否？若有本，则合识主。试说看。"师曰："以无住为本，见即是主。"祖曰："遮沙弥争合取次语？"便以杖打。师于杖下思维曰："大善知识历劫难逢，今既得遇，岂惜身命？"自此给侍。

他日，祖告众曰："吾有一物无头无尾，无名无字，无背无面，诸人还识否？"师乃出曰："是诸佛之本原，神会之佛性。"祖曰："向汝道无名无字，汝便唤'本原''佛性'。"师礼拜而退。师寻往西京受戒，唐景龙中却归曹溪。祖灭后二十年间，曹溪顿旨沉废于荆吴[3]，嵩岳渐门盛行于秦洛[4]。乃入京，天宝四年，方定两宗。乃著《显宗记》盛行于世。

一日，乡信至，报二亲亡。师入堂，白槌[5]曰："父母俱丧，请大众来念摩诃般若。"众才集，师便打槌曰："劳烦大众。"

师于上元元年五月十三日中夜，奄然而化。俗寿七十五。二年，建塔于洛京[6]龙门。敕于塔所置宝应寺。大历[7]五年，赐号真宗般若传法之堂。七年，又赐般若大师之塔。

注释

①**西京：**古代从后汉以洛阳为都起，即称古都长安为西京，洛阳则是东京。唐代亦以长安为西京。五代晋、汉、周却以洛阳为西京，北宋沿袭此称。此处当指洛阳。

②**知识：**朋友的异名，称呼人的敬辞。从为人方面来说的，并非多智博识的意思。又称善知识，引人入于善处。参见《惠能章》注⑧。

③**荆吴：**地名，指长江流域中下游一带。

④**秦洛：**指关中、洛阳一带。

⑤**白槌：**禅林中开堂而禀告大众事情称为白槌。说事之前先打槌一下以使安静，结束时又打一下称为结槌。槌是一种木器。

⑥**洛京：**洛阳。

⑦**大歷**：唐代宗年号“大历”，此年号讹误，应为“大曆”。

译文

西京荷泽神会禅师，襄阳（今湖北）人，俗姓高。十四岁为沙弥，去曹溪参谒六祖惠能。六祖问他：“你远道而来，千辛万苦，将你本体亦带来了吗？你若有本体，就该识其主，你试着说说看。”神会说：“我以无住为本体，见性即识主。”六祖说：“这沙弥胡言乱语，说大话。”便以禅杖打神会。神会在禅杖下思索道：“像六祖这样的大善知识，历劫难逢。今幸相遇，岂能怜惜区区性命？”自此，神会留下充当侍者。

另一天，六祖告诉僧众：“我有一物，无头无尾，无名无字，无背无面，诸位有谁识得吗？”神会出来回答说：“那是诸佛之本原，神会之佛性。”六祖说：“我跟你们说无名无字，你怎么还说‘本原’‘佛性’呢？”神会惭愧，行礼退下。不久往西京（洛阳）受戒。唐景龙年间（公元七〇七—七一〇年），又返还曹溪。六祖入灭后二十年间，曹溪顿旨在荆、吴一带逐渐湮没，而神秀在秦、洛等地盛极一时。神会于是北上洛阳，争正统，定宗旨。天宝四年（公元七四五年），神会平定二宗，禅宗始有南、北宗之分（南方惠能顿宗、北地神秀渐教）。神会著有《显宗记》盛行于世。

一天，家乡信使报告说，双亲亡故。神会禅师进入禅堂，打槌鼓，召集僧众说："父母俱丧，今请大家来念'摩诃般若'。"大众才集齐，神会又打槌说："劳烦大众。"

上元元年（公元七六〇年）五月十三日深夜，神会禅师安然而逝，俗寿七十五。第二年，在洛京（洛阳）龙门建塔，又在塔所敕造宝应寺。大历五年（公元七七〇年），赐号为真宗般若传法堂。七年，又赐名般若大师塔。

4 南岳系法嗣

第一世马祖道一

原典

江西道一禅师，汉州什邡人也，姓马氏。容貌奇异，牛行虎视，引舌过鼻，足下有二轮文。幼岁依资州唐和尚落发[①]，受具于渝州圆律师。唐开元中，习禅定于衡岳传法院，遇让和尚。同参九人，唯师密受心印[②]。始自建阳佛迹岭，迁至临川，次至南康龚公山。大历中，隶名于开元精舍[③]。时连帅路嗣恭，聆风景慕，亲受宗旨。由是四方学者，云集坐下。

一日，谓众曰："汝等诸人，各信自心是佛，此心即是佛心。达磨大师从南天竺国来，躬至中华，传上乘一心之法，令汝等开悟。又引《楞伽经》文，以印众生心地，恐汝颠倒不自信，此心之法各各有之。故《楞伽经》云：‘佛语心为宗，无门为法门。’”又云：“夫求法者，应无所求。心外无别佛，佛外无别心。不取善不舍恶，净秽两边俱不依怙。达罪性空，念念不可得，无自性故。故三界唯心，森罗万象，一法之所印。凡所见色，皆是见心，心不自心，因色故有。汝但随时言说，即事即理都无所碍，菩提道果[④]亦复如是。于心所生，即名为色。知色空故，生即不生。若了此心，乃可随时着衣吃饭[⑤]，长养圣胎，任运过时，更有何事？汝受吾教，听吾偈曰：‘心地随时说，菩提亦只宁。事理俱无碍，当生即不生。’”

僧问：“和尚为什么说即心即佛？”师云：“为止小儿[⑥]啼。”僧云：“啼止时如何？”师云：“非心非佛。”僧云：“除此二种人来，如何指示？”师云：“向伊道不是物。”僧云：“忽遇其中人来时如何？”师云：“且教伊体会大道。”

僧问：“如何是西来意？”师云：“即今是什么意？”庞居士问：“如水无筋骨，能胜万斛舟，此理如何？”师云：“这里无水亦无舟，说什么筋骨？”

一日，师上堂[⑦]，良久，百丈收却面前席，师便下堂。百丈问：“如何是佛法旨趣？”师云：“正是汝放身命处。”师问百丈：“汝以何法示人？”百丈竖起拂子[⑧]。师云：

“只这个为当别有？”百丈抛下拂子。

僧问：“如何得合道？”师云：“我早不合道。”僧问：“如何是西来意？”师便打，乃云：“我若不打汝，诸方笑我也。”

有小师[⑨]行脚[⑩]回，于师前画个圆相，就上礼拜了，立。师云：“汝莫欲作佛否？”云：“某甲不解捏目。”师云：“吾不如汝。”小师不对。

邓隐峰辞师，师云：“什么处去？”对云：“石头[⑪]去。”师云：“石头路滑。”对云：“竿木随身，逢场作戏。”便去。才到石头，即绕禅床一匝，振锡一声，问：“是何宗旨？”石头云：“苍天！苍天！”隐峰无语，却回举似于师，师云：“汝更去，见他道‘苍天’，汝便嘘嘘。”隐峰又去石头，一依前问：“是何宗旨？”石头乃嘘嘘，隐峰又无语。归来，师云：“向汝道‘石头路滑’。”

有僧于师前作四画，上一长下三短，问云：“不得道一长三短，离此四字外，请和尚答。”师乃画地一画云：“不得道长短，答汝了也。”

有一讲僧[⑫]来问云：“未审禅宗传持何法？”师却问云：“坐主[⑬]传持何法？”彼云：“忝讲得经论二十余本。”师云：“莫是师子儿否？”云：“不敢。”师作嘘嘘声。彼云：“此是法。”师云：“是什么法？”云：“师子出窟法。”师乃默然。彼云：“此亦是法。”师云：“是什么法？”云：“师子在窟法。”师云：“不出不入是什么法？”无对。遂辞出门，师召云：“坐主。”彼即回首。师云：“是什么？”亦无对。师云：“这钝根阿师[14]。”

洪州廉使问云：“弟子吃酒肉即是，不吃即是？”师云：“若吃是中丞禄，不吃是中丞福。”

师入室弟子一百三十九人，各为一方宗主，转化无穷，师于贞元四年正月中，登建昌石门山，于林中经行[15]，见洞壑平坦处，谓侍者曰：“吾之朽质，当于来月归兹地矣。”言讫而回。至二月四日，果有微疾。沐浴讫，跏趺入灭[16]。元和中，追谥大寂禅师，塔曰大庄严。今海昏县影堂存焉。

注释

①**落发：**即削发为僧，僧人出家时都必须剃去头发，穿上缁衣。

②**密受心印：**禅家以心传心，在老师一方是秘密付法，从学生这边说是密受心印。之所以称“密”，是因为禅众所传的法理趣奥妙，非言语所能传达。

③**精舍：**寺院的异名。是精行佛道的人所居住，因此称为精舍。这里“精”没有精妙的意思。亦称静舍。

④**菩提道果：**由菩提之道而证得的佛果。菩提是觉悟的意思，佛果指涅槃。

⑤**着衣吃饭**：后期禅宗认为“平常心是道”，禅就在我们平常生活中。因此，像着衣吃饭、屙屎送尿、搬柴运水等日用行事屡被禅家用来指示禅的无所不在。

⑥**小儿**：譬喻小根之人、小乘见解。

⑦**上堂**：禅师上法堂说法称为上堂。

⑧**拂子**：禅林中的一种道具。本是僧人拂虫的用具，一般用麻线、羊毛或树皮做成，禁止用牛尾、马尾等。后来禅师每每用它的竖起和放下来开示学人。

⑨**小师**：受具足戒而不满十年的僧人称为小师，弟子的别称。

⑩**行脚**：从云游四方、旅行各地中寻师访道，增长见识。这是禅僧有别于坐禅的一种修行方法。《祖庭事苑》卷八说：“行脚者，谓远离乡曲，脚行天下，脱情捐累，寻师访友，求法证悟也。所以学无常师，遍历为尚。”

⑪**石头**：即石头希迁，因结庵石头上面而有此称。

⑫**讲僧**：讲解经论的师僧。

⑬**坐主**：禅僧对讲僧的称呼。

⑭**钝根阿师**：指愚钝的根机，不堪成就佛道的人。“阿”字无义。

⑮**经行**：佛家修禅的姿势有坐、立、行、卧及随意五种，而以坐式为主，所以称为坐禅。修禅的行走式即称为经行。原为古印度人的散步健身法，禅家多用来解

除坐禅时的疲乏、瞌睡和散乱等。

⑯**入灭：**指僧人之死。

译文

江西道一禅师，是汉州什邡（今四川）人，俗姓马。天生奇异的容貌，行走似牛，视人如虎，引舌过鼻，足下有纹路像两只车轮。幼年时依资州（今资中县）唐和尚落发出家，又在渝州（今重庆市）圆律师处受具足戒。唐开元年间（公元七一三—七四一年），他在衡岳传法院修习禅定，幸遇怀让和尚启发，得其心印，在同学九人中最为杰出。道一得法后，始住建阳佛迹岭（今福建境内），不久迁往临川（今江西），然后又移住南康龚公山。大历年间（公元七六六—七七九年），隶名在洪州（今江西南昌）开元精舍传禅。其时，连帅路嗣恭聆其禅风，十分景仰和叹慕，就亲往洪州承受宗旨。由此，引动四方学者前来参禅，络绎不绝。

有一天，道一对大众说："你们诸位，应该相信自心就是佛，此心就是佛心。达磨大师从南天竺国亲自来我中华，传这上乘一心之法，目的就是使你们自心开悟。达磨大师又引用《楞伽经》文来印可众生心地，所怕的就是你们颠倒思维，向外追求，不信自心，不信此心之法我们每个人都有。所以,《楞伽经》说:‘佛语以心为宗,以无门为法门。’”接着,马祖又说:“求法的人应无所求。心之外无其他佛,佛之外亦无其他心。既不取善亦不舍恶,净秽两边亦都不依傍。当你了达罪性本空,人的一丝一念都不可得,你会发现这是它们没有自性的缘故。所以说,三界唯心,大千世界林林总总,都是一(心)法之所(印)摄。亦即,一方面,凡见色即是见心(心是色的绝对本体);另一方面,心不自心,因色故有(心的绝对性必须通过色来体现)。因此,只要随时悟见自性,即事亦好即理亦好,都无所妨碍获得菩提道果。从心所生的一切即称为色,若了知色这种东西空而无自性,则生就是不生。若通达心地法门,则随时着衣吃饭,平常生活中就可孕育智慧,长养圣胎;任运随缘则是佛事,此外还能有什么事呢?现听我法偈:‘心地随时说,菩提亦只宁。事理俱无碍,当生即不生。’”

有僧问马祖道一:“为什么说即心即佛?”马祖说:“那是为止小儿啼哭。”(以肯定形式指示初学禅人勿向心外追求)僧再问:“啼止之后又怎么样呢?”马祖说:“非心非佛。”(以否定形式说明更深层次的学人连心佛亦不执着)僧又问:“除开以上两种类型,若再有人来问道,该如何指示呢?”马祖说:“就向他说,道不是任何东西。”(更进一步否定,扫除一切迷执)僧再问:“此外,若遇

其中人来问，又该怎么办呢？”马祖说：“就教他慢慢体会大道。”（最后回到大肯定）

僧问：“什么是西来意？”马祖说：“现今是什么意？”庞居士问：“像水虽然没筋骨，却能浮起万斛大船，禅师对此理有何高见？”马祖说：“我这里既没有水，亦没有船，你说什么‘筋骨’呢？”

一天，马祖上堂说法，不多一会儿，弟子百丈就收起坐具走开了，马祖便跟着下了堂。百丈问马祖：“如何才能体会佛法旨趣？”马祖说：“你认真体验自己的身心性命，自然就了解佛法旨趣。”马祖又问百丈：“你以什么法门开示人？”百丈竖起手中拂子。马祖说：“除了这个还有别的吗？”百丈又抛下拂子。

有僧来问：“如何修行才能契合佛道？”马祖说：“我早不想契合你所谓的佛道了。”又问：“什么是西来意（达磨从西天来中土所传扬的意旨）？”马祖便打他说：“我若不打你，将为诸方大德所取笑。”

有一位小和尚行脚回来，在马祖面前画了一个圆相，便上前礼拜，卓然而立。马祖问：“你莫非想做佛吗？”那小和尚说：“我不懂什么叫作佛。”马祖赞许说：“我不如你。”那小和尚没有再说别的。

邓隐峰向马祖辞行，马祖问：“什么地方去？”邓答：“去石头（希迁）那里。”马祖说：“当心石头路滑。”邓说：

“竿木随身，逢场作戏。”便离开马祖。才到石头那里，便绕其禅床一周，振禅杖一声，问石头：“这里是什么禅旨？”石头说：“苍天！苍天！”隐峰无语。回来把情况描述给马祖听，马祖说：“你再去，见他叹苍天，你便发嘘嘘声。”隐峰又去石头那里，一如前次，仍问：“是什么宗旨？”这回石头没叹苍天，却发出嘘嘘声，隐峰又无语。归来，马祖说：“我早向你说‘石头路滑’，你却不信。”

有位僧人在马祖面前画四画，上面一画长，下面三画短，却对马祖说：“不能说‘一长三短’，除了这四字，请回答。”马祖于是在地上画一画，说：“这一画，既不能说长，亦不能说短，答你了吗？”

有一位善讲经论的僧人来问：“不知禅师传习的是什么法？”马祖却问：“不知坐主传习什么法？”那讲僧说：“不才讲得二十多本经论。”马祖说：“那是讲师出身喽？”那僧谦虚答：“不敢。”马祖发出嘘嘘声。讲僧说：“这就是法。”马祖问：“是什么法？”那僧说：“师子出窟法。”马祖又默然无声，那僧说：“这也是法。”马祖问：“是什么法？”那僧说：“师子在窟法。”马祖问：“不出不入，是什么法？”那僧无言对答，便告辞出门，马祖喊道：“坐主。”那僧回头。马祖问：“是什么法？”那僧亦对答不上来。马祖呵道：“这钝根阿师！”

洪州廉使问马祖：“弟子是吃酒肉好呢，还是不吃为好？”马祖说：“若吃了，是你的禄分；若不吃，则是你的福分。”

马祖入室弟子共有一百三十九人，大多为一方宗师，弘法绍化，绵延不绝。贞元四年（公元七八八年）正月，马祖率弟子登建昌石门山（今江西永修），在林中经行，忽见林深处，有天然洞壑，平坦处风景如画。马祖于是对弟子说：“我的朽质残躯，下个月要归葬此地。”说罢，回寺。至二月四日，果然一病不起。沐浴更衣，跏趺而逝。元和年间（公元八〇六年），唐宪宗追谥为大寂禅师，塔名叫大庄严。其塔坐落在今海昏县境内。

第二世大珠慧海

原典

越州大珠慧海禅师者，建州人也，姓朱氏。依越州大云寺道智和尚受业[①]。初至江西参马祖，祖问曰：“从何处来？”曰：“越州大云寺来。”祖曰：“来此拟须何事？”曰：“来求佛法。”祖曰：“自家宝藏不顾，抛家散走作什么？我这里一物也无，求什么佛法？”师遂礼拜，问曰：“阿那个是慧海自家宝藏？”祖曰：“即今问我者，是汝宝藏。一切具足，更无欠少，使用自在，何假向外求觅？”师于言下自识本心，不由知觉，踊跃礼谢。

师事六载，后以受业师年老，遽归奉养。乃晦迹藏用，外示痴讷。自撰《顿悟入道要门论》一卷，被法门师侄玄晏窃出江外，呈马祖。祖览讫，告众云："越州有大珠，圆明光透，自在无遮障处也。"众中有知师姓朱者，迭相推识，结契来越上寻访依附。师谓曰："禅客[②]，我不会禅，并无一法可示于人，故不劳汝久立，且自歇去。"时学侣渐多，日夜叩激，事不得已，随问随答，其辩无碍。

时有法师数人来谒，曰："拟伸一问，师还对否？"师曰："深潭月影，任意撮摩。"问："如何是佛？"师曰："清潭对面，非佛而谁？"众皆茫然。良久，其僧又问："师说何法度人？"师曰："贫道未曾有一法度人。"曰："禅师家浑如此？"师却问曰："大德说何法度人？"曰："讲《金刚般若经》。"师曰："讲几坐来？"曰："二十余坐。"师曰："此经是阿谁说？"僧抗声曰："禅师相弄，岂不知是佛说耶？"师曰："若言如来有所说法，则为谤佛，是人不解我所说义。若言此经不是佛说，则是谤经。请大德说看。"无对。师少顷又问："经云：'若以色见我，以音声求我，是人行邪道，不能见如来。'大德且道，阿那个是如来？"曰："某甲到此却迷去。"师曰："从来未悟，说什么却迷。"僧曰："请禅师为说。"师曰："大德讲经二十余坐，却未识如来。”其僧再礼拜：“愿垂开示。”师曰：“如来者，是诸法如义，何得忘却？”曰：“是，是诸法如义。”师曰：“大德是亦未是。”曰：“经文分明，那得未是？”师曰：“大德如否？”曰：“如。”师曰：“木石如否？”曰：“如。”师曰：“大德如同木石如否？”曰：“无二。”师曰：“大德与木石何别？”僧无对。良久却问：“如何得大涅槃？”师曰：“不造生死业。”对曰：“如何是生死业？”师曰：“求大涅槃是生死业，舍垢取净是生死业，有得有证是生死业，不脱对治门是生死业。”曰：“云何即得解脱？”师曰：“本自无缚，不用求解，直用直行，是无等等。”僧曰：“如禅师和尚者，实谓希有。”礼谢而去。

有行者问：“即心即佛，那个是佛？”师云：“汝疑那个不是佛，指出看。”无对。师云：“达即遍境是，不悟永乖疏。”

有律师法明谓师曰：“禅师家多落空。”师曰：“却是坐主家多落空。”法明大惊曰：“何得落空？”师曰：“经论是纸墨文字，纸墨文字者俱空。设于声上建立名句等法，无非是空。坐主执滞教体，岂不落空？”法明曰：“禅师落空否？”师曰：“不落空。”曰：“何却不落空？”师曰：“文字等皆从智慧而生，大用现前，那得落空？”法明曰：“故知一法不达，不名悉达。”师曰：“律师不唯落空，兼乃错用名言。”法明作色问曰：“何处是错？”师曰：“律师未辨华竺之音，如何讲说？”曰：“请禅师指出法明错处。”师曰：“岂不知悉达是梵语邪？”律师虽省过，而心犹愤然。又问曰：“夫经、律、论是佛语，读诵依教奉行，何故不见性？”师曰：“如狂狗趁块，师子咬人。经、律、论是自性用，读诵者是性法。”法明礼谢，赞叹而退。

有三藏法师问：“真如有变易否？”师曰：“有变易。”三藏曰：“禅师错也。”师却问三藏：“有真如否？”曰：“有。”师曰：“若无变易，决定是凡僧也。岂不闻善知识者，能回三毒[③]为三聚净戒[④]，回六识为六神通，回烦恼作菩提，回无明为大智真如？若无变易，三藏真是自然外道也。”三藏曰：“若尔者，真如即有变易。”师曰：“若执真如有变易，亦是外道。”曰：“禅师适来说真如有变易，如今又道不变易，如何即是的当？”师曰：“若了了见性者，如摩尼珠现色，说变亦得，说不变亦得。若不见性人，闻说真如变便作变解，闻说不变便作不变解。”三藏曰：“故知南宗实不可测。”

有道流问：“世间有法过自然否？”师曰：“有。”曰：“何法过得？”师曰：“能知自然者。”曰：“元气是道否？”师曰：“元气自元气，道自道。”曰：“若如是者，则应有二。”师曰：“知无两人。”又问：“云何为邪？云何为正？”师曰：“心逐物为邪，物从心为正。”

有源律师来问：“和尚修道还用功否？”师曰：“用

功。”曰：“如何用功？”师曰：“饥来吃饭，困来即眠。”曰：“一切人总如是，同师用功否？”师曰：“不同。”曰：“何故不同？”师曰：“他吃饭时不肯吃饭，百种须索；睡时不肯睡，千般计校，所以不同也。”律师杜口。

有韫光大德问：“禅师自知生处否？”师曰：“未曾死，何用论生？知生即是无生，法无离生法说有无生。祖师云：‘当生即不生。’”曰：“不见性人，亦得如此否？”师曰：“自不见性，不是无性。何以故？见即是性，无性不能见，识即是性，故名识性。了即是性，唤作了性。能生万法，唤作法性，亦名法身。马鸣祖师云：‘所言法者，谓众生心。若心生，故一切法生；若心无生，法无从生，亦无名字。’迷人不知法身无象，应物现形，遂唤青青翠竹总是法身⑤，郁郁黄华无非般若。黄华若是般若，般若即同无情；翠竹若是法身，法身即同草木。是以解道者，行住坐卧无非是道；悟法者，纵横自在无非是法。”

注释

①**受业**：受出家人所修的佛业。受业师即度其出家的师父。

②**禅客**：禅师升座说法时，从参禅的人当中挑选一人出来问答，此人便称为禅客。

③**三毒：**即佛家所谓的贪、嗔、痴三种。

④**三聚净戒：**亦有三种，其一，摄律仪戒，指受持五戒、八戒、十戒、具足戒等一切戒律；其二，摄善法戒，以修一切善法为戒；其三，摄众生戒，只要能给一切众生带来益处的戒条。三聚戒能使人无垢清净，故称为净戒。

⑤**法身：**即佛的真身，指所证的真如与能照的真觉。真如是佛教的一种真实而常住的性体，或称实相。

译文

越州大珠慧海禅师，是建州（今福建建瓯）人，俗姓朱。早年依从越州（今浙江绍兴）大云寺道智和尚修学佛业，后来至江西参见马祖。马祖问："从什么地方来？"慧海说："从越州大云寺来。"马祖说："来此打算做什么事呢？"慧海说："来求佛法。"马祖说："自己家里的宝藏不珍惜，抛开家当，到外面四处游荡，这是为什么呢？我这里什么东西亦没有，你来求什么佛法呢？"慧海于是向马祖行礼，请问："师父，哪个是我自家的宝藏？"马祖说："目前问我的那个，就是你自家宝藏。它本自具足，应有尽有，又自在无碍，你何必苦苦向外求觅呢？"慧海听了马祖开示，顿悟自心原本具有无穷的宝藏，欢喜雀跃，礼谢了马祖。

慧海在江西师事马祖六年，后来因为授业恩师年老，需回去奉养，不得不辞别马祖。回越州后，慧海韬光隐晦，内磨性灵，外示痴讷。自撰《顿悟入道要门论》一卷，被法门师侄玄晏窃出江外，呈与马祖。马祖读后，告诉大家说：“越州有大珠，圆明光透，法眼自在，无遮无碍。”正好听众中有人知道慧海俗姓朱，于是迭相推识，结伴来越州，寻访慧海，跟他参禅。慧海对前来参禅者说：“各位禅客，我不会禅，亦无一法可教给你们，所以你们没必要久立此处，劳心费神，你们且自歇息去吧。”慧海话虽这样说，但见此时学侣渐多，他便事不得已，大开禅门。学人日夜叩激，他则随问随答，辩才无碍。

这时，有几位法师来参谒慧海禅师，说：“我们想提一个问题，禅师能不吝指教吗？”慧海说：“深潭里的月影，可以任人撮摩。”法师问：“什么是佛？”慧海说：“清潭对面，非佛而谁？”禅众听了，都茫然不知所指。过了一阵，其僧又问：“禅师用什么法门度人啊？”慧海说：“贫僧未曾有一法可以度人。”那僧说：“禅师怎么如此家贫呢？”慧海却问那僧：“大德说什么法门度人呢？”那僧说：“讲《金刚般若经》。”慧海说：“能讲几座呢？”那僧说：“能讲二十几座。”慧海问说：“此经原是谁说呢？”那僧有些不满，厉声说：“禅师别开玩笑。你岂不知此经本是如来所说吗？”慧海说：“若讲如来说了什么法，则是谤佛，并没有理解佛说法的真谛；若讲此经不是如来所说，则又是谤经。谤佛不对，谤经亦不行，请你大德为我解释解释。”那僧不能解释。不多一会儿，慧海又问：“经中说：‘若以色见我，以音声求我，是人行邪道，不能见如来。’你且说说，到底哪个是如来？”那僧说：“到此时我却迷惑了。”慧海说：“从来就没有觉悟，说什么却迷惑了。”那僧说：“请禅师指点迷津。”慧海说：“你能讲二十多遍经，却不能识如来真面目。”那僧再礼拜慧海，说：“恳求禅师开示。”慧海说：“所谓如来，即是诸法如如之意，怎么忘记了？”那僧说：“不错，是诸法如如之意。”慧海说：“你所说是亦是不是。”那僧说：“经文分明是如此，又哪来不是呢？”慧海说：“你如如吗？”那僧说：“如如。”慧海又问：“木石如如吗？”那僧说：“亦如如。”慧海说：“你之如如同木石之如如吗？”那僧说：“没有两样。”慧海说：“你大德与木头、石头有何差别？”那僧哑口无言。过不多久，那僧又问：“如何修行才得大涅槃？”慧海说：“不造生死业。”那僧问：“什么是生死业呢？”慧海说：“刻意追求大涅槃即是生死业，舍垢取净即是生死业，有得有证亦是生死业，不超脱二元对立的法门就是生死业。”僧又问：“如何修行才得大解脱？”慧海说：“本自无缚，用不着求解脱；在平常生活中保持本色，直用直行，是无等等。”至此，那僧才口服心服，赞叹说：“像禅师这样的辩才和道行，实在少见。”向慧海礼谢之后，径自去了。

有行者（有发的修行者）来问：“即心即佛，哪个是佛？”慧海说：“你怀疑哪个不是佛，请指出来看看。”行者无言以对。慧海说：“若通达自心，则天下万物都是佛；若执迷不悟，则永远背离佛法。”

有位叫法明的律师来对慧海说：“禅师一般多落空。”慧海说：“却是那些只会讲经的坐主多落空。”法明惊问：“坐主怎么会落空？”慧海说：“经论是纸墨文字，而纸墨文字都是空相；假设在声上来建立名句等法，亦无非是空。坐主多执滞于纸墨文字和声音名句，而不悟自性，岂有不落空之理呢？”法明说：“禅师不落空吗？”慧海说：“不会落空。”法明问：“为什么呢？”慧海说：“因为纸墨文字都从自性智慧而生，禅师得机显用，这样哪能落空呢？”法明说：“这么说来，只要有一法不通达，就不能称作悉达。”慧海说：“律师不只是落空，而且还望文生义，错会名词。”法明面呈不快之色，问：“错在何处呢？”慧海说：“律师未辨华竺之音，难道不知‘悉达’是梵语？”律师虽然明白了自己错处，但心中还是愤愤然，不愿就此甘拜下风，又说：“经、律、论是佛所说，读诵依教奉行，为什么不能见到佛性呢？”慧海说：“经、律、论不过是自性的显用，读诵依教奉行恰如狂狗追逐肉块，狮子噬咬凡人，是舍本逐末。”至此，法明才礼谢慧海，赞叹而退。

有三藏法师来问：“真如佛性有变易吗？”慧海说：“有变易的。”三藏说：“禅师错了吧。”慧海却问三藏：“有真如吗？”答：“有。”慧海说：“如果没有变易，执滞佛法，那必定是凡僧庸流无疑。三藏岂不闻善知识能使三毒变作三聚净戒，能使凡人的六识变作六神通，能使烦恼变作菩提，能使无明变作大智真如？如果没有变易，那三藏真是自然外道。”三藏说：“如果这么说的话，那真如是有变易的。”慧海说：“你如果执着真如有变易这点，那亦是外道。”三藏说：“禅师刚才说真如有变易，现在又说不变易，这有什么是非标准呢？教人如何适从呢？”慧海说：“如果了了见性的话，就像摩尼宝珠透现的光彩，说变易亦可以，说不变易亦可以。如果你是没有见性的人，那自然会听说真如有变易便作变易来理解，听说不变易就又作不变易理解。”三藏赞叹说：“南宗宗旨，真是变幻莫测，不可思议呀！”

有道家者流来问：“世间还有什么法超过自然的吗？”慧海说：“有的。”那人问：“是什么法呢？”慧海说：“那能知自然的人。”那人又问：“元气就是道吗？”慧海说："元气是元气，道是道，不可混为一谈。"那人说："如果这样的话，那它们就一分为二了。"慧海说："知却无两人。"又问："什么是邪？什么是正？"慧海说："心随物逐则为邪，物从心转则是正。"

有源律师亦来参见慧海，问："和尚修道，要不要用功呀？"慧海说："自然要用功。"问："怎么用功呢？"答："饿了就吃饭，困了就睡觉。"源律师不解，问："谁都是饿了就吃饭，困了就睡觉的呀，这亦同和尚一样，是在用功修行吗？"慧海说："不同。平常人实际情况是，吃饭时不肯吃饭，百种思索；睡觉时不专心睡觉，千般计较。"律师闭口，没有再问。

有一位大德叫韫光，问慧海："禅师晓得自己的生处吗？"慧海说："未曾死，何用论生？生死相对而言，懂得生就是懂得无生，没有离开生法来说有无生的。祖师说：'当生即不生。'"大德问："没有见性的人，亦能如此吗？"慧海说："自己不能见性，并不等于说就没有自性。为什么呢？见本身就是一种性（的作用），无性是不能见的。识亦如此，故名识性；了悟自性，唤作了性；能生万法，唤作法性，亦叫法身。马鸣祖师说：'所谓法，就是指众生的心。若心生，则一切法生；若心无生，则法亦无从生，亦无名字可称呼。'有一些执迷不悟的人，不知法身没有一定形象却体现在任何事物中，就说青青翠竹总是法身，郁郁黄花无非般若。其实，黄花若真是般若，般若即同无情；翠竹若真是法身，法身即同草木。这亦就是说，自心若不能觉悟自性，那么黄花翠竹即是无情草木；正是因了自己的灵觉性，无情草木才变成般若、法身。因此说，解道的人，行住坐卧，无非是道；悟法的人，纵横自在，无非是法。”

第二世百丈怀海

原典

洪州百丈山怀海禅师者，福州长乐人也。丱岁离尘，三学[①]该练。属大寂阐化南康，乃倾心依附。与西堂智藏禅师同号入室，时二大士为角立[②]焉。一夕，二士随侍马祖玩月次，祖曰："正恁么时如何？"西堂云："正好供养。"师云："正好修行。"祖云："经入藏，禅归海。"

马祖上堂，大众云集。方升坐，良久，师乃卷却面前礼拜席，祖便下堂。

师一日诣马祖法塔[③]，祖于禅床角取拂子示之。师云："只这个更别有？"祖乃放旧处云："尔已后将什么何为人？"师却取拂子示之。祖云："只这个更别有？"师以拂子挂安旧处，方侍立，祖叱之，自此雷音将震。果[④]檀信[5]请于洪州新吴界，住大雄山。以居处岩峦峻极故，号之百丈。既处之未期月，玄参之宾[6]四方麇[7]至，即有沩山、黄檗当其首。

一日，师谓众曰："佛法不是小事，老僧昔再蒙马大师一喝，直得三日耳聋眼黑。"黄檗闻举，不觉吐舌，曰："某甲不识马祖，要且不见马祖。"师云："汝已后当嗣马祖。"黄檗云："某甲不嗣马祖。"曰："作么生？"曰："已后丧我儿孙。"师曰："如是，如是。"

一日，有僧哭入法堂来。师曰："作么？"曰："父母俱丧，请师选日。"师云："明日来，一时埋却。"

师上堂云："并却咽喉唇吻，速道将来。"沩山云："某甲[8]不道，请和尚道。"师云："不辞与汝道，久后丧我儿孙。"五峰云："和尚亦须并却。"师云："无人处斫额望汝。"云岩云："某甲有道处，请和尚举。"师云："并却咽喉唇吻，速道将来。"云岩曰："师今有也。"师曰："丧我儿孙。"

师谓众曰："我要一人传语西堂，阿谁去得？"五峰云："某甲去。"师云："汝作么生传语？"五峰云："待见西堂即道。"师云："道什么？"五峰云："却来说似和尚。"

师与沩山作务次，师问："有火也无？"沩山云："有。"师云："在什么处？"沩山把一枝木吹三两气过与师，师云："如虫蚀木[9]。"

问：“如何是佛？”师云：“汝是阿谁？”僧云：“某甲。”师云：“汝识某甲否？”僧云：“分明个。”师乃举起拂子云：“汝还见吗？”僧云：“见。”师乃不语。

因普请[10]镬地次，忽有一僧闻饭鼓鸣，举起镬头，大笑便归。师云：“俊哉！此是观音入理之门。”师归院，乃唤其僧问：“适来见什么道理，便恁么？”对云：“适来只闻鼓声动，归吃饭去来。”师乃笑。

问：“依经解义，三世[11]佛怨；离经一字，如同魔说如何？”师云：“固守动用[12]，三世佛怨；此外别求，即同魔说。”

因僧问西堂云：“有问有答，不问不答时如何？”西堂云：“怕烂却作么？”师闻举，乃云：“从来疑这个老兄。”僧云：“请和尚道。”师云：“一合相[13]不可得。”

师谓众云：“有一人长不吃饭不道饥，有一人终日吃饭不道饱。”众皆无对。云岩问：“和尚每日区区为阿谁？”师云：“有一人要。”岩云：“因什么不教伊自作？”师云：“他无家活。”

僧问：“如何是大乘顿悟法门？”

师曰：“汝等先歇诸缘，休息万事。善与不善，世出世间，一切诸法，莫记忆，莫缘念。放舍身心，令其自在。心如木石，无所辩别。心无所行，心地若空，慧日自现，如云开日出相似。俱歇一切攀缘、贪嗔爱取，垢净情尽。对五欲八风[14]，不被见闻觉知所缚，不被诸境所惑，自然具足神通妙用，是解脱人。对一切境，心无静乱，不摄不散，透一切声色无有滞碍，名为道人。但不被一切善恶垢净，有为世间福智拘系，即名为佛慧。是非好丑，是理非理，诸知见总尽，不被系缚，处心自在，名初发心菩萨，便登佛地。

“一切诸法，本不自空，不自言色，亦不言是非垢净，亦无心系缚人。但人自虚妄计着，作若干种解，起若干种知见。若垢净心尽，不住系缚，不住解脱，无一切有为无为，解平等心量，处于生死其心自在，毕竟不与虚幻、尘劳、蕴界、生死诸入和合。佛是无求人，求之即乖理。是无求理，求之即失。若取于无求，复同于有求。此法无实无虚，若能一生心如木石相似，不为阴界五欲八风之所漂溺，即生死因断，去住自由。”

僧问：“如今受戒，身口清净，已具诸善，得解脱否？”答：“少分解脱，未得心解脱，未得一切解脱。”问云：“何是心解脱？”答：“不求佛，不求知解，垢净情尽，亦不守此无求为是，亦不住尽处，亦不畏地狱缚，不爱天堂乐，一切法不拘，始名为解脱无碍，即身心及一切皆名解脱。汝莫言有少分戒善将为便了，有河沙无漏戒定慧门，都未涉一毫在。努力猛作早与，莫待耳聋眼暗，头白面皱，老苦及身，眼中流泪，心中憧惶，未有去处。到恁么时，整理脚手不得也。纵有福智多闻，都不相救。为心眼未开，唯缘念诸境，不知返照，复不见佛道。”

问：“如何得自由？”答：“如今对五欲八风，情无取舍，垢净俱亡，如日月在空，不缘而照，心如木石⑮。亦如香象截流而过，更无疑滞。此人天堂地狱所不能摄也。又不读经看教，语言皆须宛转，归就自己。但是一切言教，只明如今觉性自己。俱不被一切有无诸法境转，是导师；能照破一切有无境法，是金刚，即有自由独立分。若不能恁么得，纵令诵得十二韦陀经⑯，只成增上慢⑰，却是谤佛，不是修行。读经看教，若准世间，是好善事，若向明理人边数，此是壅塞人。但不用求觅知解语义句，知解属贪，贪变成病。只如今但离一切有无诸法，透过三句外⑱，自然与佛无差。既自是佛，何虑佛不解语？只恐不是佛，被有无诸法转，不得自由。”

师有时说法竟，大众下堂，乃召之。大众回首，师云：“是什么？”

唐元和九年正月十七日归寂，寿九十五。长庆元年，敕谥大智禅师，塔曰大宝胜轮。

禅门规式

百丈大智禅师，以禅宗肇自少室，至曹溪以来，多居律寺，虽别院，然于说法、住持未合规度，故常尔介怀，乃曰："祖之道欲诞布化元，冀来际不泯者，岂当与诸部阿笈摩教为随行耶？"或曰："《瑜伽论》《璎珞经》是大乘戒律，胡不依随哉？"师曰："吾所宗非局大小乘，非异大小乘，当博约折中，设于制范，务其宜也。"于是创意别立禅居。

禅门独行，由百丈之始。今略叙大要遍示后代学者，令不忘本也。其诸轨度，山门备焉。

注释

①**三学**：佛教把戒学（戒律）、定学（禅定）、慧学（智慧）统称为三学。这是凡学佛的人都可以通学的。晋道安说这三者是"至道之由户，泥洹（涅槃）的关要。戒乃断三恶之干将，禅乃绝分散的利器，慧乃济药病的妙医"。

②**角立**：两角并立，不相上下。

③**法塔**：犹言法身，形容其说法如塔般矗立。另有一说，指马祖的住处、修禅的地方。

④**果**：因果之果，前事之因得后来之果。

⑤**檀信**：檀即檀越，译称施主。指施主的信仰或信众的布施。

⑥**玄参之宾**：参悟禅的玄妙的人。

⑦**麕**：通群，蜂拥而至。

⑧**某甲**：禅林中多用来代指本人。

⑨**如虫蚀木**：语出《涅槃经》，其中说："如虫食木有成字者，此虫不知是字非字，智人见之终不唱言是虫解字，亦不惊怪。"意思是说，虫子啃木头偶尔形成字，此虫并不知道它是不是字，智者见了并不认为此虫了解字。此处百丈禅师用来说明他对沩山解禅的看法。

⑩**普请**：禅林中集众作务（劳动）称为普请，亦称出坡。本章《禅门规式》说"行普请之法，上下均力也"。禅门实行普请制自百丈始，百丈有"一日不作，一日不食"的名言。普请制对禅宗维持自身的生存提供物质的保障，对禅僧的修行亦具有很大的意义。

⑪**三世**：指过去、未来、现在三世。

⑫**动用**：即动法之显用。欲界之法，无常而迅速，称为动法。

⑬**一合相**：世界为微尘之集合，故称世界为一合相。

⑭**五欲八风**：五欲，色、声、香、味、触这五境能引起人的欲心，所以称为五欲。八风：指利、衰、毁、

誉、称、讥、苦、乐，这些都是人世间的爱憎，能煽动人心。五欲八风，在佛教看来，妨碍真理的获得。

⑮**心如木石：**与前面说的“兀兀如愚如聋相似”意同，并非指向枯坐用功，而是强调一种在泯除了所有贪执、有无之后的境界。

⑯**十二韦陀经：**即十二佛陀经，佛经分为十二种类，用以指佛教的一切经。

⑰**增上慢：**意思是说以慢心得增上之法，不能有助于佛道的增长和精进。如没有得圣道却以为已得，这就是一种增上慢。

⑱**透过三句外：**这是百丈怀海在否认知解的基础上建立的一种独特的禅法，主要目的是消除学人的执着经教言句以及一切执着。“三句”语出自马祖道一，即所谓的“即心即佛”“非心非佛”“不是物”，百丈禅师用来作为他的三句教语。透过三句外，就是要教禅僧直接体会大道，离开那些肯定、否定的语句，摆脱了义、不了义的教学。

译文

洪州百丈山怀海禅师，是福州长乐（今福建）人。童年即离弃尘俗，出家为僧，修习戒、定、慧三学。马祖道一在南康（今江西赣县）开法传禅时，怀海即前往参学，倾心相随。其时，怀海与西堂智藏同为马祖入室弟子，在马祖门下如两角争锋，号称“二大士”。一天晚上，二大士陪伴马祖赏月，马祖问：“如此美景良宵，学道人该当如何？”西堂说：“正好供养佛祖。”百丈说：“正好坐禅修行。”马祖说：“经入藏（智藏），禅归海（怀海）。”

有一次，马祖要上禅堂说法，禅众都云集座下。可等马祖刚一升座，怀海却卷起面前的蒲团就走，马祖于是亦就随着下禅堂去了。

怀海有一天去马祖那里参禅，马祖就在禅床角处拿起拂子开示他。怀海说：“除了这个，还有别的吗？”马祖就把拂子放回原处，却问：“你以后将用什么法门开示人？”怀海并不答话，却去取马祖的拂子。马祖说：“除了这个，还有别的吗？”怀海便把拂子挂回原处，并不走开。马祖见他仍侍立一旁，便对他大声叱喝。这一声叱喝犹如滚滚的雷音，深深震撼了怀海的心灵。怀海由此得了马祖的大机大用。怀海后来受信众的邀请，住在洪州新吴（今江西奉新县）境内的大雄山。因此山岩峦峻极，所以又称百丈山。怀海住百丈山不到一个月，四方参禅学人就奔涌而来。其中有沩山灵祐、黄檗希运当居其上首。

有一天，百丈怀海禅师对徒众说：“不要以为学佛参禅是很容易的一桩小事。老僧昔日在马（祖）大师处参禅，被他一声大喝，直弄得我整整三天耳聋眼黑。”黄檗听了百丈之言，不觉吐了吐舌头，说：“我不认识什么马祖，而且亦不需要见识什么马祖。”百丈说：“你以后当嗣法马祖。”黄檗说：“我不愿嗣法马祖。”（不炒马祖的冷饭）百丈问：“为什么呢？”黄檗说：“如果这样（毫无创见），以后会断送我法子法孙的。”百丈很快点头认可：“是这样，是这样。”（百丈的意思是，弟子的见解如果跟老师差不多，那就等于把老师的功德减去了一半；只有见地独到，超过老师的人，才足以担当传授佛法的大任。百丈以为黄檗就具备胜师之才、超师之见）

一天，有位僧人哭着进入法堂，百丈问：“有什么事吗？”那僧人说：“父母双亡，来请师父为我挑选一个黄道吉日，超度亡灵。”百丈说：“明天你某个时候来，把他们一起埋掉算了。”

百丈禅师有一天上堂，出了一道难题，考验徒弟们参禅的情况如何。百丈说：“不由咽喉，闭起嘴巴，快快说来。”沩山说：“这样我不会说，不妨请和尚先说说看。”百丈见他从容沉稳，锋芒不露，便说：“不是我不肯给你说，我只是怕说白了，以后丧我法子法孙。”这时五峰说：“和尚亦必须抿住咽喉，闭住嘴巴，说说看。”百丈则对他说：“你的机锋让人不敢近前，只好在远无人处，以手遮额观望你。”最后，云岩说：“我是有一些说法，请和尚不妨问问看。”百丈说：“闭起你的嘴巴不说话，喉咙里不发出声音，你快说说看。”云岩说：“师父你不已经像这样说了吗？”百丈开示：“你丧了我的法子法孙。”

百丈对禅众说：“我想要一个人传话给西堂，谁能去得呢？”五峰说：“我可以去。”百丈说：“你怎么传话给西堂呢？”五峰说：“待见到了西堂再说。”百丈说：“说什么呢？”五峰说：“等来了之后再说给和尚听。”

百丈禅师与弟子沩山在一起劳动，百丈问沩山：“有火没有呀？”沩山说：“有的。”百丈问：“在哪里呢？”沩山把一根木柴吹了两三口气，就递给百丈。百丈说：“像虫子啃木头呢。”

有僧来问：“什么是佛？”百丈反问：“你是谁呢？”那僧回答说：“我就是我。”百丈说：“你认识你这个‘我’吗？”那僧感到奇怪，说：“这还用问，不是很分明吗？”百丈就举起拂子问他：“你还见这个吗？”那僧说：“见。”百丈便不再理他。

有一次普请锄地，忽有一僧听见饭鼓声响，便扛起锄头，大笑而归。百丈说：“妙啊！这是观音入理之门。”百丈回去后，把那僧人唤来问：“刚才你悟见什么道理了？”那僧人说：“刚才只是听了饭鼓声响，便回来吃饭了。”百丈呵呵大笑。

有僧问："依着经教，拘守义理，三世诸佛会埋怨和责难，可离开经教一字，又会有堕入魔道之危险，该怎么办呢？"百丈答："固守欲界之法，或者摄心看净，会招来诸佛的埋怨和呵责；不悟自心，此外别求，那才是真正的魔说。"

有僧问西堂说："有问有答，不问不答，禅师对此有什么看法？"西堂对这个问题，说了这么一句："是不是怕烂掉呢？"百丈禅师听说这事后，说："从来就怀疑这个老兄。"僧说："请和尚说。"百丈说："由微尘聚合的这个世界，没有一法可得。"

百丈对禅众说："有一人长久不吃饭而不知饥，有一人整天吃饭则不道饱。"禅众都不知所对。云岩问："和尚每天这样忙忙碌碌，为谁呀？"百丈说："为了那一个人。"云岩说："为什么不叫他自己去做呢？"百丈说："他现在还没有自家的活计。"

有僧问："什么是大乘顿悟法门？"

百丈说："你们先要断绝各种尘缘，把世上万事抛开。对善与不善、世出世间，一切诸法，都不攀缘不妄想。如此放弃了身心的一切贪求和执着，使其处在一种放松而自在的状态，以至心如木石，对一切都无所辨别。心既无所牵挂，心地便空净明朗，但见佛光普照，慧日自现，犹如乌云散去，阳光照耀天下万物。一切颠倒妄想、贪嗔爱取、净与不净，在这种佛慧透视下，都灰飞烟灭，荡涤无余。这样，面对尘世的虚名浮利、是非得失，以及种种烦恼之物，既能透过见闻觉知而与大道相接，又不被其境相所迷惑，便自然具足神通妙用，这就是所谓解脱的人。对心上生起的种种境相，心能平静如常，不被其所扰乱，既不收摄，亦不放纵，能穿透一切声色而没有任何滞碍，超然物外，这就是所谓得道的人。不拘限于垢净、善恶等两边，不系着于有为世间的福和智，这就称为佛慧。不被尘世的是非好丑所系缚，超脱种种是理非理的知见，处心于自在之境，这就是所谓可登佛地的初发心菩萨。

“一切诸法，本无色空之分别，亦无是非垢净之差异，亦无心系缚人，只是人自己起虚妄心、计着心，作分别知解、分别知见。假若能抛开这种相互对立的垢净心理，既不烦什么系缚，亦不求什么解脱，亦不谈有为和无为，一切都平等无二，这样，人虽处生死苦海，而其心自在无碍，终不会受那虚妄知解和生死烦恼所累。所以说，佛是无求的人，一有所求就与佛理相悖。这种无求之理，若有所求，亦即失去。若执着于无求，无求即转成一种变相的有求。此法无实无虚，只要能一生心如木石，不被尘俗的虚名浮利和荣辱成败所漂溺，那么就解脱生死之锁链，获得自由自在的境界。”

僧问：“受具戒后，身口清净，诸恶不作，众善奉行，如此能得解脱吗？”百丈说：“只能得部分解脱，不能彻底解脱，因为其心未解脱。”问：“如何才能得心解脱？”答：“不刻意求佛，不妄求知解，超越垢净等的二元对立，乃至不守此无求，连无求的念头亦消除，才可得心解脱。既不畏惧地狱之苦，亦不爱悦天堂之乐，不拘于一切法，才可称作解脱无碍。那是人的身心及一切的完完全全的大解脱、大自由。你不要以为少分戒善就能得解脱，有人具备了恒河沙数般的无漏戒定慧门，都不曾自恃得了解脱的一丝一毫。要趁年轻及早努力！不要待耳朵聋了，眼睛花了，头上有了斑斑白发，面孔刻上累累皱纹，那时再来修炼自己的身心，就为时已晚了。当老苦及身，眼中流泪，心中慞惶，没有去处的时候再来努力，即使有福智多闻，亦救不了你。只因为你的心眼未开，只因为你缘念诸境而不知返照自心，因此不能见诸佛道。”

问：“如何修行才能实现禅师所说的这种自由？”百丈答：“就目今而言，大致有两点：其一，对世俗的功名利禄、是非成败等五欲八风，能具有一种超然和淡泊的心情。所谓情无取舍，垢净俱亡，打个比方，就如日月在空，并不因为物的好坏、人的美丑而有所偏向，它们无心地把光辉洒向人间，普照万物。这亦就是说，在名利面前，人要做到心如木石，心如死灰。这亦如香象渡河，截流而过，不容有丝毫疑惑和停滞。能够这样的人，天堂地狱都容纳不了他。他超越了一切。其二，不读经看教而悟自心。语言要从自心的活泉中汩汩流出，一切言教都是为了明了当下的灵觉性。能不被一切对立的有无诸法的境相所迷惑（转），就称得上导师；能用智慧照破一切有无境法，就是无坚不摧的金刚。如此就能获得自由和独立。如果不能那样，那么即使诵得佛教的一切经典，亦无助于佛道的精进，反而是谤佛，不是真正的修行。读经看教，如果不脱离世间，那是好善之事；如果空洞地执着教理，则违背了佛的真义。实际上，禅的奥秘不在言语，用不着去求觅知解语义。知解属贪，学人一旦落入贪执的迷宫，就找不着诸佛解脱的大道。如今只要超越一切有无诸法及一切贪求和执着，透过‘三句’外，直接体会大道，就自然与佛没有差异。既然自（心）是佛，还怕佛不解语？只恐不是佛，被有无诸法转而不得自由。”

百丈禅师有时说法完毕，大众纷纷下堂去，他却又召唤大众。大众回首时，他问：“是什么？”

唐元和九年（公元八一四年）正月十七日，百丈怀海禅师圆寂，世寿九十五。长庆元年（公元八二一年），谥为大智禅师，塔名叫大宝胜轮。

禅门规式

百丈大智禅师以为禅众自少林达磨至曹溪惠能以来，多寄居律寺，虽别院分住，然而在说法、住持等方面多有不便，因而常常耿耿于怀，叹说："祖师禅道，若欲广为流布，继化未来，岂能没有自己的规章，与小乘之教同行不分呢？"有人问："《瑜伽论》《璎珞经》是大乘戒律，为何亦不依随呢？"百丈说："我所宗奉的，当不能局限于大小乘，可又不超出大小乘，我按照博中求约、但取中道的原则来设定规范，适合时宜。"百丈于是独创丛林，别立禅居。

禅门独行，由百丈肇始。今略叙大要遍示后代学禅者，令其不忘本。禅门从此有了清规。

第二世南泉普愿

原典

池州南泉普愿禅师者，郑州新郑人也，姓王氏。唐至德二年，依大隗山大慧禅师受业。三十诣嵩岳受戒。初习相部旧章[①]，究毗尼篇聚[②]。次游诸讲肆，历听《楞伽》《华严》，入中、百、门观，精练玄义。后扣大寂之室，顿然忘筌[3]，得游戏三昧[4]。

一日，为僧行粥次，马大师问："桶里是什么？"师云："这老汉合取口，作恁么语话！"自余同参之流，无敢征诘。

贞元十一年，憩锡[5]于池阳，自构禅斋[6]。不下南泉，三十余载。大和初，宣城廉使陆公亘向师道风，遂与监军同请下山，伸弟子之礼，大振玄纲。自此学徒不下数百，言满诸方，目为"郢匠"[7]。

一日，师示众云："道个如如，早是变也。今时师僧须向异类中行[8]。"归宗云："虽行畜生行，不得畜生报。"

师有时云："文殊、普贤昨夜三更，每人与二十棒趁出院也。"赵州云："和尚棒教谁吃？"师云："且道王老师[9]过在什么处？"赵州礼拜而出。

师拟取明日游庄舍，其夜土地神先报庄主，庄主乃预为备。师到问庄主："争知老僧来，排办如此？"庄主云："昨夜土地报道和尚今日来。"师云："王老师修行无力，被鬼神觑见。"有僧便问："和尚既是善知识，为什么被鬼神觑见？"师云："土地前更下一分饭。"

师有时云："江西马祖说'即心即佛'，王老师不恁么道。不是心，不是佛，不是物，恁么道还有过吗？"赵州礼拜而出。时有一僧随问赵州云："上座礼拜了便出，意作么生？"赵州云："汝却问取和尚。"僧上问曰："适来谂上座[10]意作么生？”师云：“他却领得老僧意旨。”

师一日捧钵上堂，黄檗和尚居第一座，见师不起。师问云：“长老[11]什么年中行道？”黄檗云：“空王佛[12]时。”师云：“犹是王老师孙在。下去！”

师一日问黄檗：“黄金为世界，白银为壁落，此是什么人居处？”黄檗云：“是圣人居处。”师云：“更有一人居何国土？”黄檗乃叉手立。师云：“道不得，何不问王老师？”黄檗却问：“更有一人居何国土？”师云：“可惜许。”

师又别时问黄檗：“定慧等学，此理如何？”黄檗云：“十二时中不依倚一物。”师云：“莫是长老见处么？”黄檗云：“不敢。”师云：“浆水价且置，草鞋钱教阿谁还？”

师见僧斫木，师乃击木三下。僧放下斧子归僧堂，师归法堂[13]。良久，却入僧堂[14]，见前僧在衣钵下坐。师云：“赚杀人[15]。”僧问：“师归丈室，将何指南？”师云：“昨夜三更失却牛，天明失却火。”

师因东西两堂各争猫儿，师遇之白众曰：“道得即救取猫儿，道不得即斩却也。”众无对，师便斩之。赵州自外归，师举前语示之。赵州乃脱履，安头上而出。师曰：“汝适来若在，即救得猫儿也。”

有僧问讯，叉手而立。师云：“太俗生。”其僧便合掌。师云：“太僧生。”僧无对。

一僧洗钵次，师乃夺却钵，其僧即空手而立。师云：

“钵在我手里，汝口喃喃作么？”僧无对。

师因入菜园见一僧，师乃将瓦子打之。其僧回顾，师乃翘足。僧无语，师便归方丈。僧随后入，问讯云：“和尚适来掷瓦子打某甲，岂不是警觉某甲？”师云：“翘足又作么生？”僧无对。

师示众云：“王老师要卖身，阿谁要买？”一僧出云：“某甲买。”师云：“他不作贵价，不作贱价，汝作么生买？”僧无对。

师与归宗、麻谷同去参礼南阳国师。师先于路上画一圆相云：“道得即去。”归宗便于圆相中坐，麻谷作女人拜。师云：“恁么即不去也。”归宗云：“是什么心行？”师乃相唤回，不去礼国师。

一日，有大德问师曰：“即心是佛又不得，非心非佛又不得，师意如何？”师云：“大德，且信即心是佛便了，更说什么得与不得？只如大德吃饭了，从东廊上西廊下，不可总问人得与不得也。”

师住庵时，有一僧到庵，师向其僧道：“某甲上山，待到斋时[16]，做饭自吃了，送一分来山上。”少时，其僧自吃了，却一时打破家事就床卧。师待不见来，便归庵。见僧卧，师亦去一边而卧，僧便起去。师住后云：“我往前住庵时，有个灵利道者，直至如今不见。”师拈起球子问僧云：“那个何似这个？”对云：“不似。”师云：“什么处见那个，便道不似？”僧云：“若问某甲见处，和尚放下手中物。”师云：“许尔具一只眼。”

陆亘大夫向师道：“肇法师甚奇怪，道：‘万物同根，是非一体。’”师指庭前牡丹华云：“大夫，时人见此一株华，如梦相似。”陆罔测。

陆又问：“天王居何地位？”师云：“若是天王，即非地位。”陆云：“弟子闻说天王是居初地。”师云：“应以天王身得度者，即现天王身而为说法。”陆辞归宣城治所。师问：“大夫去彼，将何治民？”陆云：“以智慧治民。”师云：“恁么即彼处生灵尽遭涂炭去也。”

师入宣州，陆大夫出迎接，指城门云：“人人尽唤作瓮门，未审和尚唤作什么门？”师云：“老僧若道，恐辱大夫风化。”陆云：“忽然贼来时作么生？”师云：“王老师罪过。”陆又问：“大悲菩萨用如许多手眼作什么？”师云：“只如国家又用大夫作什么？”

师为马大师设斋，问众云：“马大师来否？”众无对。洞山云：“待有伴即来。”师云：“子虽后生，甚堪雕琢。”洞山云：“和尚莫压良为贱。”

师问僧良钦：“空劫中还有佛否？”对云：“有。”师云：“是阿谁？”对云：“良钦。”师云：“居何国土？”无语。

僧问：“祖祖相传，合传何事？”师云：“一二三四五。”问：“如何是古人底？”师云：“待有即道。”僧云：“和尚为什么妄语？”师云：“我不妄语，卢行者却妄语。”问：“十二时中以何为境？”师云：“何不问王老师？”僧云：“问了也。”师云：“还曾与汝为境么？”僧问：“青莲不随风火散时是什么？”师云：“无风火不随是什么？”僧无对。师却问：“不思善，不思恶，思总不生时，还我本来面目来。”僧云：“无容止可露。”

师问座主云：“尔与我讲经得么？”对云：“某甲与和尚讲经，和尚须与某甲说禅始得。”师云：“不可将金弹子博银弹子去。”座主云：“某甲不会。”师云：“汝道空中一片云，为复钉钉住，为复藤缆着？”

问：“空中有一珠，如何取得？”师云：“斫竹布梯空中取。”僧云：“空中如何布梯？”师云：“汝拟作么生取？”僧辞问云：“学人到诸方，有人问和尚近日作么生，未审如何祇对？”师云：“但向道，近日解相扑。”僧云：“作么生？”师云：“一拍双泯。”

问：“父母未生时，鼻孔在什么处？”师云：“父母已生了，鼻孔在什么处？”

师将顺世，第一座问：“和尚百年后向什么处去？”师云：“山下作一头水牯牛去。”僧云：“某甲随和尚去，还得也无？”师云：“汝若随我，即须衔取一茎草来。”师乃示疾。

大和八年甲寅十二月二十五日凌晨，告门人曰：

“星翳灯幻亦久矣，勿谓吾有去来也。”言讫而谢。寿八十七，腊五十八。明年春入塔。

注释

①**相部旧章**：指相部律，佛教四分律三派之一。相部是法砺的号，相部法砺相对南山道宣、东塔怀素而立一派，称为相部律。

②**毗尼篇聚**：毗尼指律藏经典。篇聚，类似比丘、比丘尼所受的具足戒的名称，是根据破戒的程度和性质而定的罪名的分类和区别的总汇，分篇门和聚门，有五篇、六聚、七聚、八聚、九聚。

③**忘筌**：语出《庄子》“得鱼忘筌”，这里形容开悟。

④**游戏三昧**：诸佛、菩萨游于神通，化人以娱乐，故称游戏；三昧是梵语，指一种定境，意译专心。诸佛、菩萨以专心救度众生为游戏。这里又有自在无碍的意思。

⑤**憩锡**：锡即锡杖，是僧人行走时必持的用具。这里用来指称栖息在某处教化。

⑥**禅斋**：禅室。斋是肃静的意思，好比儒家把静室作为书斋，禅僧把修行的静室称为禅斋。

⑦**郢匠**：典源出自《庄子·徐无鬼》，其中说郢地人抹灰泥在鼻尖上，如蝇翅那样薄，石匠运斤（斧）生风，

应手削去而不伤鼻，郢人站着面不改色。后来形容技艺、才能卓越，得心应手。这里说明南泉禅师是传禅的能匠。

⑧**向异类中行**：指菩萨为了普度众生，自己入畜生道，应现成畜生来说法，这是菩萨的一种“下座”精神。后文赵州秉承乃师的宗旨，把踩在脚下、沾满灰泥的草鞋顶在头上，“度驴度马”的石桥等都质朴地再现了这种佛家的情怀，默默显示着禅僧的大悲之心。

⑨**王老师**：是南泉的自称。

⑩**上座**：《僧史略》说：“首座之名，即上座也。居席之端，处僧之上，故名。”

⑪**长老**：佛教通称道高腊长的比丘为长老。禅家又称住持之僧为长老。

⑫**空王佛**：即空劫时期出现的佛，古佛名。空劫指此时的世界已经坏灭。

⑬**法堂**：寺院中演说佛法的地方，他宗叫讲堂，禅家称法堂。

⑭**僧堂**：禅寺里禅僧坐禅的处所称为僧堂，亦称禅堂、云堂（众集如云）等。又称斋堂，在僧堂之外另设斋堂是后世的事，古来僧堂兼禅与斋。

⑮**赚杀人**：赚，欺骗。这里指自作聪明、骗人的鬼把戏。

⑯**斋时**：僧家之食称为斋，一般过中不食，是正午

以前所作的食时。学佛的人以素食为主。

译文

池州南泉普愿禅师，是郑州新郑（今河南）人，俗姓王。唐至德二年（公元七五七年），依从大隗山大慧禅师受业，修学佛道。三十岁去嵩山受戒。初先研习相部律（四分律三流派之一），探究律藏蕴奥。然后遍游各处讲经场所，历听《楞伽》《华严》等经论，精炼玄义，进入大乘境界。后来参禅于大寂禅师（马祖道一）之室，得鱼忘筌，顿然开悟，通达了自在无碍的禅理（得游戏三昧）。

有一天，普愿拎着饭桶分粥给僧众，马祖问了一声："这桶里是什么？"普愿就说："这老汉生了一张口，难道就只说得这种话语吗？"其他同参之流，都不敢再询问。

唐贞元十一年（公元七九五年），普愿憩锡于池阳（今安徽贵池），在南泉山自构禅房，静心修禅。从此三十多年，足迹没有下过南泉山。至大和初（公元八二七年），宣城廉使陆亘仰慕南泉禅师道风，便与监军一同力请禅师下山。陆亘等伸弟子之礼，南泉禅师因此而大振玄纲。自此前来参禅的学徒，有数百人之多。南泉禅师的言论传遍四方，四方学徒把他视为一代传禅的能匠。

有一天，南泉禅师开示禅众说："禅道如如，因时而变化，现今禅门师生须向异类中行，一片禅心悲众生。"归宗禅师说："虽然入了畜生道行事，却没有畜生的果报。"

南泉有时说："昨夜三更天，我打文殊、普贤二位菩萨每人二十棒，并把他们赶出了禅院。"赵州说："和尚给谁吃棒了？"南泉说："你且说说王老师（南泉自称）有什么地方不对？"赵州向南泉施礼之后便出去了。

南泉打算明天去游某庄舍，当天夜里土地神把这消息先报告了庄主，庄主就做好预备。第二天，南泉到庄后，感到奇怪，问庄主："怎知老僧来此，事前排办如此？"庄主说："昨夜土地神预先报告说今天禅师要来敝庄。"南泉说："王老师修行无力，被鬼神觑见，惭愧。"当时有僧问道："和尚既是积德行善给人教化的善知识，怎么还能被鬼神觑见呢？"南泉对庄主说："替我在土地神面前再添一份饭。"

南泉有时说："江西马祖教人即心即佛，王老师却不这样。不是心，不是佛，不是其他任何东西，这样说有什么不妥之处呢？"赵州听了，并不答话，还是向南泉行个礼便出去了。当时有一位僧人问赵州说："上座向南泉和尚行了礼便出来，是什么意思呢？"赵州说："你问和尚去。”那僧便上来问南泉说：“刚才谂上座（赵州从谂）行礼便出是什么意思？”南泉说：“他已经领悟了老僧的禅旨。”

南泉有一天捧着钵盂来到法堂，黄檗和尚居第一座，看到南泉进来并不起身行礼。南泉问道：“长老什么年月中开始行道的？”黄檗答：“空王佛时代就开始了。”南泉说：“那还是王老师的孙辈呢！”

南泉有一天又问黄檗：“黄金为世界，白银为壁落，这是什么人居住的地方呢？”黄檗说：“这是圣人居住的地方。”南泉问：“还有一人居住在什么地方呢？”黄檗乃叉手而立。南泉说：“既然说不出来，为什么不问王老师呢？”黄檗就问：“还有一人居住什么地方？”南泉说：“真可惜啊。”

另外某时，南泉又问黄檗：“定慧等学，此理如何？”黄檗说：“十二时辰中，心中超然独立，不依倚一物。”南泉说：“莫非这就是长老的高见吗？”黄檗说：“不敢。”南泉说：“浆水钱就不用提了，草鞋钱该教谁还呢？”

南泉见一僧劈木柴，便上前击木三下，反手而去。那僧立即放下斧子，回归僧堂。南泉回法堂后，良久，却入僧堂来，只见那僧正在衣钵下坐着呢。南泉说：“自己骗自己啊。”（赚杀人）那僧问：“师父归丈室，用什么来指教弟子？”南泉说：“昨夜三更失去牛，天亮之后又失火。”

南泉禅院东西两堂的僧人为一只猫发生了争执，南泉禅师见到后，当即把那只猫抓在手中，对僧众说：“你们谁若能说出一句悟道的话，我就不杀它；若说不出得体的话，就不要怪我手下无情把它斩了。”然而，僧众中谁亦没有应声，于是南泉把猫斩了。这时高徒赵州从外面归来，南泉向他讲述了刚才发生的事，并拿前面问僧众的话来问他。赵州便脱下草鞋，顶在头上出去了。南泉说：“要是赵州当时在场的话，那只猫就有救了。”

有僧来参南泉，先是双手叉腰立在南泉面前，南泉说了声：“太俗气了。”那僧赶紧双掌合十，南泉又说：“太僧气了。”那僧此时却不知所措。

一僧在洗钵，南泉走过去夺下他的钵，那僧即空手而立。南泉说：“钵在我手里，你口中喃喃作语，说什么呢？”那僧不知所对。

南泉进入菜园看见一僧，便用瓦块打他。那僧回过头来，南泉便翘起一足。那僧没有言语，南泉便回归方丈。那僧随后亦进丈室，问：“和尚刚才掷瓦块打我，是不是警觉我（执迷不悟）呀？”南泉说：“翘足又意味着什么呢？”那僧对答不出。

南泉开示僧众：“王老师要卖身，谁要买呢？”有一僧出来说：“我买。”南泉说：“他既不作贵价，亦不作贱价，你怎么买呢？”那僧不知所对。

南泉与归宗、麻谷二位禅师一同去拜访南阳慧忠国师。途中，南泉和尚用禅杖在地上画了一个大圆相，对两位同伴说：“你们若说得出什么，就让你们过去。”（南泉这是预先考验归宗和麻谷，因为慧忠国师最善用圆相示禅）归宗二话不说，跨入圆相正中，端坐不动；麻谷则对圆相做了一个女人式的礼拜。南泉说：“看样子，我们没有必要去参慧忠国师了。”归宗说：“这是什么心行？”于是相唤回，不再去礼国师。

一天，有位大德来问南泉禅师：“说‘即心是佛’吧，不行；说‘非心非佛’吧，亦不行。禅师意下如何呢？”南泉说：“大德啊，你就相信‘即心是佛’不就行了吗？说什么行与不行呢？这就像你去斋堂吃饭，从东廊上去，西廊下来，不可老问人家行与不行吧。”

南泉住庵堂的时候，有一僧人来到此庵，南泉就向那僧说：“老僧上山去，待到斋时，你做饭自己吃过之后，再送一份饭到山上给我。”不久，那僧自己吃了饭，却一时忘了南泉的嘱托，解开衣服就床上卧。南泉等了很久，老不见那僧上山送饭来，就去庵堂看看到底怎么回事。结果发现那僧在床上睡得正香着呢，南泉见此情景不由得亦到床的另一边睡起来，那僧于是起来。南泉后来说：“我从前住庵时，有一个伶俐道人，如今却再亦见不到了。”南泉拈起球子问僧：“那个是不是像这个呀？”僧说：“不像。”南泉说：“你什么地方见过那个，便说不像呢？”僧说：“若要问我什么地方见过，和尚你就放下手中物。”南泉说：“看来你还长了一只眼。”

陆亘大夫对南泉说：“僧肇法师持论甚是奇特，他说‘万物同根，是非一体’，和尚对此有什么看法呢？”南泉手指庭院中的一株牡丹花，说：“大夫，如今世上的人，就是看到了这株花，亦只像是做梦一样。”陆亘惘然莫测南泉的玄旨。

又问：“天王居何地位？”南泉说：“如果是天王，就根本不论什么地位。”陆亘说：“弟子听说天王居的是初地。”南泉说：“那是以天王身得道成佛后，又现了天王身在初地说法。”陆亘于是回归宣城治所。南泉问：“大夫回去后将用什么治理民众？”陆亘说：“以智慧治民。”南泉说：“那样的话，彼处生灵就要遭涂炭了。”

有一次南泉入宣州城，陆亘大夫出城迎接，指着城门说：“人人都称这个为瓮门，不知和尚叫它什么门？”南泉说：“老僧若说出来，恐怕辱没大夫的风化。”陆又问：“突然贼来偷袭时怎么办？”南泉说：“王老师罪过。”陆又问：“大悲菩萨用这么多手眼干什么？”南泉说：“这就好比国家用大夫做什么？”

南泉设斋祭奠马大师的亡灵，问僧众道：“不知马大师来不来？”僧众不知所对。洞山说：“如果有人做伴就会来的。”南泉说：“你虽是后生，可是如良玉，很可以雕琢一番的。”洞山说：“和尚请不要压良为贱。”

南泉问良钦：“世界坏灭的时候还有佛吗？”良钦说：“有。”南泉问：“是谁呢？”答说：“是良钦。”南泉说：“那时，整个世界都空了破灭了，你居何国土呢？”良钦没有再说。

僧问：“祖祖相传，到底传的什么？”南泉说：“一二三四五。”问：“古人所传的是什么事？”南泉说：“等你成为古人，你就知道了。”那僧气愤地说：“和尚为什么妄语？”南泉说：“我没有妄语，却是卢行者（惠能）妄语。”问：“十二时中以何为境？”南泉说：“为何不问王老师？”僧说：“问了呀。”南泉说：“还曾示你什么境呢？”僧问：“青莲不随风火散，此时如何？”南泉说：“无风火不随时又怎么样？”僧不知对答。南泉却问：“不思善，不思恶，甚至连思的念头亦不生时，还我本来面目来。”僧说：“无容止可露。”

南泉问讲经的座主：“你为我讲几遍经，可以吗？”座主说：“我给和尚讲经，和尚必须为我说禅才行。”南泉说：“不可以拿金弹子换银弹子。”座主说：“我不明白和尚的意思。”南泉说：“你看空中一片云，是被钉子钉住了呢，还是被藤缆缠住了？”

僧问：“空中有一颗明珠，怎样才能取得呢？”南泉说：“斫竹编成梯子从空中取。”问：“空中如何布梯呢？”南泉说：“那么，你打算怎么取？”僧辞行时问说：“学人到诸方禅林，若有人问和尚近来做什么了，我该如何对答呢？”南泉说：“你就告诉他们，我近来了解了两人如何相扑。”僧问：“什么意思呢？”南泉说：“一拍双泯。”

又有僧问：“父母未生时，鼻孔在什么地方？”南泉说：“父母生你之后，鼻孔在哪里呢？”

南泉将要谢世的时候，第一座问：“和尚打百年后，向什么地方去呢？”南泉说：“山下做一头水牯牛去。”第一座说：“我随和尚去，可以吗？”南泉说：“你若要随我去，须衔一茎草来。”南泉禅师此后即患病。

大和八年（公元八三四年）甲寅岁十二月二十五日凌晨，告诉门人说：“星为云翳，灯火幻灭，已经很久了，这不是对我说有来有去吗？”说完就谢世了。世寿八十七，僧腊五十八。南泉禅师的遗体在第二年春天入塔。

第二世庞蕴居士

原典

襄州居士庞蕴者，衡州衡阳县人也，字道玄。世以儒为业，而居士少悟尘劳[①]，志求真谛。唐贞元初，谒石头和尚，忘言会旨。复与丹霞禅师为友。

一日，石头问曰："子自见老僧已来，日用事作么生？"对曰："若问日用事，即无开口处。"复呈一偈云：

日用事无别，唯吾自偶谐。
头头非取舍，处处勿张乖。
朱紫谁为号，丘山绝点埃。
神通并妙用，运水及搬柴。

石头然之曰："子以缁耶，素耶[②]？"居士曰："愿从所慕。"遂不剃染。

后之江西参问马祖云："不与万法为侣者是什么人？"祖云："待汝一口吸尽西江水，即向汝道。"居士言下顿领玄要。乃留驻参承，经涉二载。有偈曰：

有男不婚，有女不嫁；
大家团栾头，共说无生话。

自尔机辩迅捷，诸方向之。尝游讲肆，随喜[3]《金刚经》，至“无我无人”处，致问曰：“座主，既无我无人，是谁讲谁听？”座主无对。居士曰：“某甲虽是俗人，粗[4]知信向。”座主曰：“只如居士意作么生？”居士乃示一偈云：

无我复无人，作么有疏亲？
劝君休历坐，不似直求真。
金刚般若性，外绝一纤尘。
我闻并信受，总是假名陈。

座主闻偈，欣然仰叹。

居士所至之处，老宿多往复，问酬皆随机应响，非格量轨辙之可拘也。

元和中，北游襄汉，随处而居，或凤岭鹿门，或鄽肆闾巷。初住东岩，后居郭西小舍。一女名灵照，常随制竹漉篱，令鬻之以供朝夕。有偈曰：

心如境亦如，无实亦无虚。
有亦不管，无亦不居。
不是贤圣，了事凡夫。
易复易，即此五蕴有真智。
十方世界一乘同，无相法身岂有二？
若舍烦恼入菩提，不知何方有佛地？

居士将入灭，令女灵照出视日早晚，及午以报。女遽报曰："日已中矣，而有蚀也。"居士出户观次，灵照即登父座，合掌⑤坐亡。居士笑曰："我女锋捷矣。"于是更延七日。

州牧于公问疾次，居士谓曰："但愿空诸所有，慎勿实诸所无。好住世间，皆如影响。"言讫，枕公膝而化。遗命焚弃江湖，缁白伤悼。谓禅门庞居士，即毗耶净名⑥矣。有诗偈三百余篇传于世。

注释

①**尘劳：**佛家所谓烦恼的异名。如贪、嗔、痴等诸烦恼染污真性，劳乱身心，故称尘劳。

②**缁耶，素耶：**缁素，僧俗的别称。同"缁白"。

③**随喜：**佛教术语。指见人做功德而乐意参加；亦指随着众人做某种表示。

④**粗：**略微。

⑤**合掌：**又作合十，即合两掌于胸前，集中心思而恭敬礼拜之意。本为印度自古所行的礼法，印度人认为右手为神圣之手，左手为不净之手，故有分别使用两手的习惯，然若两手合而为一，则为人类不净面与神圣面的合一。佛教沿用以示人类最真实的面目。

⑥**毗耶净名：**毗耶离城的维摩诘居士。

译文

襄州居士庞蕴，是衡州衡阳县（今湖南）人，字道玄。家世本以儒为业，少年庞蕴却悟破尘俗之烦恼，立志追求佛法真谛。唐贞元初（公元七八五年），在石头和尚处参禅，得意忘言，顿悟玄旨。此时正好丹霞亦在石头门下参禅，故又与丹霞禅师为道友。

有一天，石头和尚问居士：“你自从见了老僧以来，日常生活是怎么度过的？”居士说：“若问日常生活如何，无从开口回答。”但有一偈可呈和尚。偈说：

日用事无别，唯吾自偶谐。
头头非取舍，处处勿张乖。
朱紫谁为号，丘山绝点埃。
神通并妙用，运水及搬柴。

石头看偈之后，心下深以为然。但问庞蕴：“你这样度过日常生活，是出家和尚呢，还是世间俗士？”庞蕴说：“我过的是在家居士的生活。”石头和尚于是不再为其剃染。

庞蕴后来往江西参问马祖，说：“不与万法为侣者，那是什么人？”马祖说：“待你一口吸尽了西江水，我就告诉你。”居士于此言下即悟玄妙之旨。于是留驻江西，参承马祖，历经二年。这时有偈说：

有男不婚，有女不嫁；
大家团栾头，共说无生话。

从此，居士机锋敏捷，辩才无碍，四方禅者都很向往他的道风，争相与他砥砺禅机。居士曾至讲经场所随喜《金刚经》，当座主讲到“无我无人”处时，向座主提问：“座主既说无我无人，那么是谁在讲，又是谁在听？”那座主被问得哑口无言。居士说：“我虽是俗人，但略知一二。”座主说：“那么依居士看来怎么样呢？”居士于是出示一偈，说：

无我复无人，作么有疏亲？
劝君休历坐，不似直求真。
金刚般若性，外绝一纤尘。
我闻并信受，总是假名陈。

座主听说此偈，又是欣喜，又是仰叹。

居士所到之处，资深饱学之士多反复问难，居士从容自如，随机应答，绝不死守经义，为条条框框所拘限。

元和年间（公元八〇六—八二〇年），居士北游襄汉之地，随处而居，或凤岭鹿门，或小城里巷。起初住东岩之堂，后又居郭西小舍。有一爱女，名灵照，常随父编制一些竹漉篱，拿到集市去卖，用以供给日常生活。居士这时有偈说：

> 心如境亦如，无实亦无虚。
> 有亦不管，无亦不居。
> 不是贤圣，了事凡夫。
> 易复易，即此五蕴有真智。
> 十方世界一乘同，无相法身岂有二？
> 若舍烦恼入菩提，不知何方有佛地？

居士快要入灭的时候，吩咐爱女灵照去户外观看日头的早晚，到中午时报告他。灵照出去不久即来报告说：“日头已入中天，可好像被什么蚀了一块。”待居士出户观看，灵照立即登上父座，双手合掌，坐化了。居士回来见此情景，笑道：“我女机锋敏捷不亚于我。”居士于是把死期推延七日。

州官于公前来问疾，居士对他说：“但愿空诸所有，慎勿实诸所无。贪恋尘世间，就好比追逐人之影、声之响。”说完，居士头枕于公之膝而化。留下遗嘱，火化之后，把骨灰撒于江河湖泊。僧俗二界得到居士入灭的消息后，都深感悲痛，十分悼念。世称禅门庞居士就是当年毗耶离城的维摩诘啊。居士有诗偈三百多篇，流传世间。

第三世沩山灵祐

原典

潭州沩山灵祐禅师者，福州长溪人也。姓赵氏。年十五辞亲出家，依本郡建善寺法常律师剃发，于杭州龙兴寺受戒，究大小乘经律。二十三游江西，参百丈大智禅师。百丈一见，许之入室，遂居参学之首。

一日侍立，百丈问："谁？"师曰："灵祐。"百丈云："汝拨炉中有火否？"师拨云："无火。"百丈躬起，深拨得少火，举以示之云："此不是火？"师发悟礼谢，陈其所解。百丈曰："此乃暂时岐路耳。经云：'欲见佛性，当观时节因缘。'时节既至，如迷忽悟，如忘忽忆，方省己物，不从他得。故祖师云：'悟了同未悟，无心得无法。'只是无虚妄凡圣等心，本来心法元自备足。汝今既尔，善自护持。"

时司马头陀自湖南来，百丈谓之曰："老僧欲往沩山，可乎？"对云："沩山奇绝，可聚千五百众，然非和尚所住。"百丈云："何也？"对云："和尚是骨人，彼是肉山[1]，设居之徒不盈千。"百丈云："吾众中莫有人住得否？”对云：“待历观之。”百丈乃令侍者唤第一座来，问云：“此人如何？”头陀令謦欬一声，行数步，对云：“此人不可。”又令唤典座[②]来，头陀云：“此正是沩山主也。”

百丈是夜召师入室，嘱云：“吾化缘在此，沩山胜境，汝当居之，嗣续吾宗，广度后学。”时华林闻之曰：“某甲忝居上首，祐公何得住持[③]？”百丈云：“若能对众下得一语出格，当与住持。”即指净瓶问云：“不得唤作净瓶，汝唤作什么？”华林云：“不可唤作木楔也。”百丈不肯。乃问师，师趯倒净瓶。百丈笑云：“第一坐输却山子也。”遂遣师往沩山。

是山峭绝，敻无人烟。师猿猱为伍，橡栗充食，山下居民稍稍知之，帅众共营梵宇。连帅李景让奏号“同庆寺”，相国裴公休尝咨玄奥，繇是天下禅学若辐凑焉。

师上堂示众云：“夫道人之心，质直无伪，无背无面，无诈妄心行。一切时中，视听寻常，更无委曲，亦不闭眼塞耳，但情不附物即得。从上诸圣，只是说浊边过患，若无如许多恶觉情是想习之事，譬如秋水澄渟，清净无为，澹泞无碍。唤他作道人，亦名无事之人。”

时有僧问：“顿悟之人更有修否？”师云：“若真悟得本，他自知时，修与不修，是两头语。如今初心虽从缘得，一念顿悟自理，犹有无始旷劫习气未能顿净，须教渠净除现业流识，即是修也。不道别有法，教渠修行趣向。从闻入理，闻理深妙。心自圆明，不居惑地。纵有百千妙义抑扬当时，此乃得坐披衣，自解作活计。以要言之，则实际理地，不受一尘，万行门中，不舍一法。若也单刀趣入，则凡圣情尽，体露真常，理事不二，即如如佛。”

仰山问：“如何是西来意？”师云：“大好灯笼。”仰山云：“莫只这个便是么？”师云：“这个是什么？”仰山云：“大好灯笼。”师云：“果然不识。”

一日，师谓众云：“如许多人只得大机，不得大用。”仰山举此语，问山下庵主云：“和尚恁么道意旨何如？”庵主云：“更举看。”仰山拟再举，被庵主踏倒。归举似师，师大笑。

师在法堂坐，库头[④]击木鱼，火头[⑤]掷却火抄，拊掌大笑。师云：“众中也有恁么人？”唤来问：“作么生？”火头云：“某甲不吃粥，肚饥，所以喜欢。”师乃点头。

普请摘茶，师谓仰山曰：“终日摘茶，只闻子声，不见子形。请现本形相见。”仰山撼茶树。师云：“子只得其用，不得其体。”仰山云：“未审和尚如何？”师良久，仰山云：“和尚只得其体，不得其用。”师云：“放子二十棒。”

师谓仰山曰：“寂子速道，莫入阴界。”仰山云：“慧寂信亦不立。”师云：“子信了不立，不信不立？”仰山云：“只是慧寂更信阿谁？”师云：“若恁么即是定性声闻。”

仰山云："慧寂佛亦不见。"师问仰山："《涅槃经》四十卷，多少佛说？多少魔说？"仰山云："总是魔说。"师云："已后无人奈子何。"仰山云："慧寂即一期[⑥]之事，行履在什么处？"师云："只贵子眼正，不说子行履。"

仰山蹋衣次，提起问师云："正恁么时，和尚作么生？"师云："正恁么时，我这里无作么生。"仰山云："和尚有身而无用。"师良久，却拈起问："汝正恁么时，作么生？"仰山云："正恁么时，和尚还见伊否？"师云："汝有用而无身。"

师一日唤院主[⑦]，院主来。师云："我唤院主，汝来作什么？"院主无对。又令侍者唤第一座，第一座来，师云："我唤第一座，汝来作什么？"亦无对。

师问新到僧："名什么？"僧云："名月轮。"师作一圆相问："何似这个？"僧云："和尚恁么语话，诸方大有人不肯在。"师云："贫道即恁么，阇梨作么生？"僧云："还见月轮么？"师云："阇梨恁么道，此间大有人不肯诸方。"

师问云岩云："闻汝久在药山，是否？"岩云："是。"师云："药山大人相如何？"云岩云："涅槃后有。"师云："涅槃后有如何？"云岩云："水洒不着。"云岩却问师："百丈大人相如何？"师云："巍巍堂堂，炜炜煌煌。声前非声，色后非色。蚊子上铁牛，无汝下嘴处。"

师过净瓶与仰山，仰山拟接，师却缩手云："是什么？”仰山云：“和尚还见个什么？”师云：“若恁么，何用更就吾觅？”仰山云：“虽然如此，仁义道中，与和尚提瓶挈水亦是本分事。”师乃过净瓶与仰山。

师与仰山行次，指柏树子问云：“前面是什么？”仰山云：“只这个柏树子。”师却指背后田翁云：“这阿翁向后亦有五百众。”师问仰山：“从何处归？”仰山云：“田中归。”师云：“禾好刈也未？”仰山云：“好刈也。”师云：“作青见，作黄见，作不青不黄见？”仰山云：“和尚背后是什么？”师云：“子还见么？”仰山拈起禾穗云：“和尚何曾问这个？”师云：“此是鹅王择乳。”

冬月，师问仰山：“天寒，人寒？”仰山云：“大家在这里。”师云：“何不直说？”仰山云：“适来也不曲，和尚如何？”师云：“直须随流。”

有僧来礼拜，师作起势。僧云：“请和尚不起？”师云：“老僧未曾坐。”僧云：“某甲亦未曾礼。”师云：“何故无礼？”僧无对。

石霜会下有二禅客到，云：“此间无一人会禅。”后普请般柴，仰山见二禅客歇，将一橛柴问云：“还道得么？”俱无语。仰山云：“莫道无人会禅好。”归举似沩山云：“今日二禅客被慧寂勘破[⑧]。”师云：“什么处被子勘破？”仰山便举前话，师云：“寂子又被吾勘破。”

师睡次，仰山问讯，师便回而向壁。仰山云：“和尚何得如此？”师起云：“我适来得一梦，汝试为我原看。”仰山取一盆水与师洗面。少顷，香严亦来问讯，师云：“我适来得一梦，寂子原了。汝更与我原看。”香严乃点一碗茶来。师云：“二子见解过于鹜子。”

师上堂示众云：“老僧百年后，向山下作一头水牯牛，左胁书五字云‘沩山僧某甲’。此时唤作沩山僧，又是水牯牛；唤作水牯牛，又云沩山僧，唤作什么即得？”

师敷扬宗教，凡四十余年，达者不可胜数，入室弟子四十一人。唐大中七年正月九日，盥漱敷坐，怡然而寂。寿八十三，腊六十四。塔于本山，敕谥大圆禅师，塔曰清净。

注释

①**肉山：**佛教说比丘虚受信施，则死后为大肉山，以偿其债。这里指称可以容纳广大僧众的山林。

②**典座：**是禅林僧职，主办大众床座及斋粥等供养僧众的事务。

③**住持：**禅寺的主僧，一寺之主，一山之主。

④**库头：**僧职，司寺内库房的出纳。

⑤**火头：**禅院烧饭的僧人。

⑥**一期：**人之一生。

⑦**院主**：是监寺的旧译，一种僧职。禅林有四主事，即监寺、维那、典座、直岁。监寺是主事四员之一，又名监院，俗称当家。

⑧**勘破**：禅林师家判别修行者的功力深浅，看破其机锋的用意和疏漏，就称为勘破。

译文

潭州（今湖南长沙）沩山灵祐禅师，是福州长溪（今福建）人。俗姓赵。十五岁那年辞别双亲，出家做了和尚，依本郡建善寺法常律师剃发，在杭州龙兴寺受戒，究习大小乘经律。二十三岁游学江西，参问百丈山大智禅师（怀海），百丈一见即许他为入室弟子。在百丈门下诸多参禅学人中，沩山灵祐占居首席。

有一天，灵祐侍立在百丈禅师的身旁，百丈问："是谁呀？"答说："是灵祐。"百丈对灵祐说："你去拨一下炉子，看看炉中还有没有火。"灵祐去拨了一下，说："已经没有火了。"百丈于是坐起，亲自去拨一下，从深处拨得一些火星，指给沩山看："这不是火吗？"灵祐由此若有所悟。礼谢百丈之后，陈述其所悟解。百丈则对他说："你刚才处在暂时的迷途歧路中，经人稍一点拨便豁然醒悟。经说：'欲见佛性，当观时节因缘。'既然时节来了，就会迷途知返，廓然开悟。就如同忽然想起久已忘却的往事，所谓直见佛性其实就是对沉睡的自身的醒悟，并不是从他而得的。所以祖师又说：‘悟了同未悟，无心得无法。’这‘无心’，自然是无虚妄心、无凡圣等二元对立的心。如此一颗心，就是人的本来心，它本自具足，圆融无碍。灵祐你今天已悟得本心佛性，望善自护持。”

其时，司马头陀（此人除参禅外，善看风水、鉴人物）从湖南来参百丈，百丈对他说：“老僧想去沩山定居，你以为如何？”司马说：“沩山奇绝，可聚一千五百僧众，然而并非和尚的道场。”百丈问：“为什么呢？”司马说：“和尚是骨人，会下之徒不超过一千，而彼是肉山，须有肉相者才能承当得起。”百丈问：“我门下有人住得此山吗？”司马说：“待我一一看来。”百丈于是吩咐侍者叫第一座（即华林和尚）来，问司马说：“此人如何？”司马让第一座咳嗽一声，走几步路，然后，司马说：“此人不适合居沩山。”百丈又叫侍者唤典座（即灵祐）来，司马头陀一见便说：“此人正是沩山之主。”

百丈于是当夜召唤灵祐进入方丈室，嘱告说：“我弘化禅法，缘只在此。沩山胜境，当你所居。望你嗣续我宗，广度后学。”当时第一座华林听说百丈禅师传心印给了灵祐，内心就有些不平，便去问师父：“某虽不才，毕竟忝居上首，祐公他如何就能得了沩山住持？”百丈说：

“谁若能当着大家的面下得一语，不同凡响，我就把沩山住持之职交付给谁。”百丈随手指一净瓶，问说：“不能叫它净瓶，你叫它什么？”华林说：“亦不可叫作木楔。”对华林的回答，百丈没有满意。于是问灵祐，但见灵祐并不答话，飞起一脚，踢倒净瓶。百丈朗声大笑：“第一座（华林）输给山子（灵祐）了。”灵祐于是受师之遣，去沩山（今湖南境内）另建丛林。

沩山山势险峻，峭壁林立，渺无人烟。灵祐禅师来此山时，与猿猱为伍，以橡栗充食，以后才渐渐地被山下居民所知晓。这里的山民民风淳朴，一起上山与灵祐禅师共建禅寺。连帅李景让奏闻天子，赐号同庆寺。相国公裴休亦曾前来，咨询禅理之玄奥。由此，沩山灵祐名闻天下，四方禅人云集座下。

沩山上堂开示禅众：“道人之心，质朴无华，纯直无伪，既无背面之分，更无诈妄心行。我们参禅学人的修行，在任何时候，只要像平常一样视听，而心不加以歪曲，亦即不须闭眼塞耳，但是情不附物，心中超然就可以了。自古圣贤都只说污浊的害处，志在消灭那些层出不穷的恶知恶觉和迷情妄念。我今说清净无为，平常无事，恰似那秋水澄澈，澹泞无碍，我把这称作得道的人，亦称作无事的人。”

这时，有僧问：“顿悟的人，还要不要修道呢？”沩山说："若真悟得本心，他自知道，修与不修，这是两码事。对初心顿悟者而言，他的初心因某种因缘而一念顿悟，但无始以来旷劫之中积聚的一些习气却未能顿净，须教他在现世的行业和流动的思想意识中逐渐净除。从这一点看，初心顿悟后，仍不能放弃修行。这倒不是说别有法门教他去修行、去趣向和证悟。只是说，从闻入理，闻理深妙，不能浅尝辄止；由心悟道，心自圆明，当不居惑地。纵然有百千妙义，抑扬于一时，亦都是为了让学人自心悟解，自己坐起披衣做活计。简要地说，要悟入真如实相，则容不得一丝纤尘，而在具体的修行中，又须不舍一法。亦就是说，若单刀趣入自心，则虽超凡越圣，真性流露，而日常行事仍须理事不二，这样才可称作如如佛。"

仰山慧寂问沩山禅师："达磨祖师从西天来东土，传扬了什么意旨？"沩山说："大好的灯笼。"仰山说："莫非这个便是吗？"沩山说："'这个'是指什么？"仰山说："大好的灯笼。"沩山说："果然不识。"

有一天，沩山对禅众说："如今有很多人只得大机，却未得大用。"仰山不明白沩山的意旨，拿这话去问山下庵主，说："和尚这样说，是什么意思呢？"庵主说："你再说说看。"仰山想再说时，被庵主一脚踏倒。仰山回山后，又把这事告诉了沩山，沩山听了，呵呵大笑。

沩山在法堂端坐，耳边传来库头敲击木鱼的声音，忽又见火头掷掉火叉，然后拊掌大笑。沩山诧异：“僧众中居然有这等人物？”便把火头叫过来，问：“刚才怎么回事？”火头说：“我没有吃粥，肚中饥饿难忍，因此发笑。”沩山听后点头无语。

有一次，普请采茶，沩山对仰山说：“整天采茶，只闻你声，不见你形，请现出本形，让我见见。”仰山于是摇撼茶树。沩山说：“你只得其用，不得其体。”仰山说：“不知和尚怎么样？”沩山默默片刻，仰山说：“和尚只得其体，未得其用。”沩山喝道：“我打你二十棒。”

又有一次，沩山对仰山说：“寂子（慧寂）快说，莫入阴界。”仰山说：“慧寂信根未立。”沩山说：“你是信了未立，还是不信未立？”仰山说：“我除了慧寂，还需要信谁？”沩山说：“如果这样，你至多只是定性声闻。”仰山说：“慧寂根本不见什么佛。”沩山又问仰山：“《涅槃经》四十卷，其中有多少佛说，有多少魔说？”仰山说：“都是魔说。”沩山印可说：“以后恐怕无人能奈何你。”仰山说：“慧寂乃一时之过客，且问我当在什么处行化？”沩山说：“我只关心你法眼正与否，不管你行化在何处。”

仰山洗衣服的时候，提起正洗的衣服问沩山：“正在这个时候，和尚做什么？”沩山说：“正在这个时候，我不做什么。”仰山说：“和尚有身而无用。”过了一会儿，沩山问仰山："正在这个时候，你做什么呢？"仰山说："正在这个时候，和尚有没有见到那个呢？"沩山说："你有用而无身。"

沩山有一天唤院主，院主来之后，沩山却说："我唤院主，你来干什么？"院主感到莫明其妙。沩山又派侍者去唤第一座，第一座来之后，沩山亦同样说："我唤的是第一座，你来干什么？"第一座亦不知所对。

沩山问新来的僧人："什么名号？"那僧答说："名月轮。"沩山画一圆相，问他："是不是像这个？"那僧说："和尚这样说法，诸方禅人大多不会称许。"沩山说："贫道就那样说，不知阇梨怎么说？"那僧说："见到月轮没有呢？"沩山说："阇梨那样说，此间人亦大多不会称许诸方。"

沩山问云岩说："听说你久住在药山，是不是？"云岩说："是的。"沩山说："药山大人相如何？"云岩说："涅槃后有。"沩山问："什么是涅槃后有？"云岩说："水洒不着。"云岩又问沩山："百丈大人相如何？"沩山说："巍巍堂堂（高大方正），炜炜煌煌（光辉明亮）。声前非声，色后非色。蚊子上铁牛，无你下嘴之处。"（云岩得法于药山禅师，沩山得法于百丈禅师。这里云岩、沩山都分别评议其师）

有一次，沩山把净瓶递给仰山，仰山准备伸手接时，沩山却缩回手。沩山问：“你见到什么了？”仰山说：“和尚见到什么了？”沩山说：“如果我告诉你，我又何必问你？”仰山说：“虽然如此，在仁义道中，弟子为师父提瓶携水，这是本分内事。”沩山于是把净瓶递给了仰山。

沩山与仰山去野外散步，沩山指着前面的柏树子问：“前面是什么？”仰山说：“是柏树子。”沩山却指背后的田翁说：“这田翁日后亦会有五百徒众。”沩山问仰山：“从什么地方回去呀？”仰山说：“就从田中回去。”沩山问：“田中禾好刈了吗？”仰山说：“好刈了。”沩山问：“你刚才见田中禾是青是黄，还是不青不黄？”仰山说：“和尚背后是什么？”沩山说：“你看见什么了？”仰山拾起一根禾穗，说：“和尚是不是问的这个？”沩山说：“这是鹅王择乳。”

寒冬腊月的一天，沩山问仰山：“是天寒，还是人寒？”仰山说：“大家都在这里。”沩山说：“为什么不直说？”仰山说：“刚才亦没有绕弯子。”沩山说：“直须随流。”

有僧来礼拜沩山，沩山想起身还礼。僧说：“什么和尚不需起来？”沩山说：“老僧不曾坐。”僧说：“我亦不曾施礼。”沩山说：“你为什么无礼？”那僧张口无言。

石霜禅师会下有二位禅客，来到沩山，目中无人地说：“此间没有一人会禅的。”后来普请搬柴，仰山见二禅客在一旁歇息，便指着一捆柴说：“二位禅客对此能发表什么高见呢？”二位禅客面红耳赤，哑口无言。仰山说：“从此不要再说这里无人会禅了。”仰山回去后，把这事说给沩山听，有得意之色：“今日二禅客，被慧寂难倒了。”沩山问他：“他们什么地方被你难倒了呢？”仰山便重复前面说过的话，沩山大笑：“寂子又被我难倒了。”

沩山在床上睡卧，仰山进来问安，沩山便掉过脸去，面向墙壁而睡。仰山说：“和尚怎么如此对待我？”沩山起身说：“我刚才做一梦，你且为我圆梦。”仰山去端来一盆水，请和尚洗脸。不多久，香严亦前来问候，沩山说：“我刚才做一梦，寂子为我圆了，你亦再为我圆圆看。”香严就去捧一杯茶来，请和尚吃茶。沩山说：“你们二位，神通胜过鹫子（指舍利弗，佛陀弟子，智慧第一）。”

沩山上堂开示禅众：“老僧打百年后，便向山下做一头水牯牛，在牛的左胁书写五字‘沩山僧某某’。此时若称作水牯牛，却是沩山僧，若称作沩山僧，却又是水牯牛。到底该称作什么好呢？”

沩山禅师灭世时，留下此“沩山水牯牛”的公案。

沩山禅师弘扬禅宗四十几年，会下通达禅理的人不可胜数，入室弟子共有四十一人。唐大中七年（公元八五三年）正月九日沐浴敷坐，怡然圆寂。世寿八十三，僧腊六十四。谥为大圆禅师，塔名曰清净。

第三世黄檗希运

原典

洪州黄檗希运禅师，闽人也。幼于本州黄檗山出家。额间隆起如肉珠，音辞朗润，志意冲澹。后游天台逢一僧，与之言笑如旧相识。熟视之，目光射人。乃偕行。属涧水暴涨，乃捐笠植杖而止。其僧率师同渡，师曰："兄要渡自渡。"彼即褰衣蹑波，若履平地。回顾云："渡来，渡来。"师曰："咄！这自了汉[①]。吾早知，当斫汝胫。"其僧叹曰："真大乘法器！我所不及。"言讫不见。

师后游京师，因人启发，乃往参百丈。问曰："从上宗承，如何指示？"百丈良久，师云："不可教后人断绝去也。"百丈云："将谓汝是个人。"乃起，入方丈[②]。师随后入云："某甲特来。"百丈云："若尔，则他后不得孤负吾。"

百丈一日问师："什么处去来？"曰："大雄山下采菌子来。"百丈曰："还见大虫么？"师便作虎声，百丈拈斧作斫势；师即打百丈一掴，百丈吟吟大笑，便归。上堂谓众曰："大雄山下，有一大虫，汝等诸人也须好看，百丈老汉今日亲遭一口。"

师在南泉时，普请择菜，南泉问："什么处去？"曰："择菜去。"南泉曰："将什么择？"师举起刀子。南泉曰："大家择菜去。"

一日，南泉谓师曰："老僧偶述牧牛歌，请长老和。"师云："某甲自有师在。"师辞南泉，门送，提起师笠子云："长老身材勿量大，笠子太小生。"师云："虽然如此，大千世界总在里许。"南泉曰："王老师聻[3]？"师便戴笠子而去。

后居洪州大安寺，海众奔凑。裴相国休镇宛陵，建大禅苑，请师说法。以师酷爱旧山，还以"黄檗"名之。又请师至郡，以所解一编示师。师接置于坐，略不披阅，良久，云："会么？"公云："未测。"师云："若便恁么会得，犹较些子[4]。若也形于纸墨，何有吾宗？"裴乃赠诗一章曰：

自从大士传心印，额有圆珠七尺身；
挂锡十年栖蜀水，浮杯今日渡章滨。
一千龙象随高步，万里香华结胜因；
拟欲事师为弟子，不知将法付何人？

师亦无喜色，自尔黄檗门风盛于江表[5]矣。

一日上堂，大众云集，乃曰："汝等诸人，欲何所求？"因以棒趁散云："尽是吃酒糟汉，恁么行脚，取笑于人。但见八百一千人处便去，不可只图热闹也。老汉行脚时，或遇草根下有一个汉，便从顶上一锥，看他若知痛痒，可以布袋盛米供养。可中总似汝如此容易，何处更有今日事也？汝等既称行脚，亦须着些精神好。还知道大唐国内无禅师么？”

时有一僧出，问云：“诸方尊宿尽聚众开化，为什么道无禅师？”

师云：“不道无禅，只道无师。阇梨不见，马大师下有八十八人坐道场[6]，得马师正眼者，止三两人，庐山和尚是其一人。夫出家人，须知有从上来事分。且如四祖下牛头融大师横说竖说，犹未知向上关棙子[7]。有此眼脑，方辨得邪正宗党。且当人事宜，不能体会得。但知学言语，念向皮袋里安着，到处称我会禅。还替得汝生死么？轻忽老宿，入地狱如箭。我才见入门来，便识得汝了也。还知么？急须努力，莫容易事，持片衣口食，容过一生。明眼人笑汝，久后总被俗汉算将去在。宜自看远近，是阿谁面上事，若会即便会，若不会即散去。”

问：“如何是西来意？”师便打。

自余施设，皆被上机。中下之流，莫窥涯涘。唐大中年，终于本山。敕谥断际禅师，塔曰广业。

注释

①**自了汉**：是信奉大乘教的人斥骂信奉只顾自救的小乘信徒的一种叫法。小乘教只讲究自身解脱生死烦恼，大乘教却要自度度人，普度众生出离生死苦海。

②**方丈**：指禅林的正寝所在，住持的卧室。因此又称寺主为方丈。古来说维摩诘居士的石室，一丈见方，丈室的名称，始基于此。

③**聻**：俗称鬼死为聻，或书此字贴在门上，以避邪祟，称为避邪符。亦可读作“呢”，疑问词。此处指后者。

④**犹较些子**：方言，相当于“还差不多”。

⑤**江表**：古地区名，指长江以南之地。在中原人看来，此地在长江以外，故称江表。南北朝庾信《哀江南赋》：“五十年中，江表无事。”

⑥**坐道场**：指分头去主持一方的传禅和教化工作。

⑦**向上关棙子**：向上的关键。自末位进入本位，称之为向上。指开悟至极处。

译文

洪州黄檗希运禅师，是闽（今福建）人。幼年在本州黄檗山出家。额头上隆起高高的一块，像挂着的一颗肉珠。讲话音声爽朗，吐辞圆润。志向冲远，心意淡泊。后来云游天台山，逢一奇僧，黄檗与之谈笑，如旧相识。仔细端详，此僧目有精光，夺人心魄。黄檗遂与他结伴同行。行至一巨涧前，但见洪水暴涨，不能涉渡。黄檗摘笠拄杖，立在岸边，望水兴叹。这时，那僧却要牵着黄檗的手过涧去，黄檗说："道兄要渡自渡。"只见那僧手提衣履，脚踩清波，如履平地。又回过头来喊："渡来，渡来。"黄檗骂道："咄！你这自了汉，我若早知你只顾自救，定然砍断你的小腿。"奇僧赞叹道："真乃大乘法器！我所不能及（自愧弗如）。"说完，便销声匿迹。

黄檗后来又远游京师，因人启发，而往洪州参百丈禅师。才一见面，他就请求百丈开示："自古以来佛佛相传、灯灯相续的禅法如何？"百丈过了许久都没回答他的话，黄檗有些急不过，便说："慧命延续乃是大事，不可教后人断绝吧。"百丈这时才说："就看你是不是那个（足以承当大事的）人。"百丈说完，起身进了方丈，黄檗随后跟来，说："我特来承受宗旨。"百丈说："既如此，以后千万不能辜负了我。"

百丈有一天问黄檗："从什么地方来？"黄檗说："从大雄山下采菌子来。"百丈说："有没有见到大老虎？"黄檗便做虎声啸吼，百丈则随手操起一把斧头做砍虎的样子。黄檗上前打百丈一巴掌，百丈非但没有生气，反而哈哈大笑起来，满意地回去了。百丈来到禅堂对僧众说：

“大雄山下有一大虎，正在伺机噬人，在座诸位可要好生提防啊。百丈老汉今日就亲遭它咬了一口。”

黄檗在南泉山时，普请择菜，南泉问：“什么地方去？”黄檗说：“去择菜。”南泉问：“用什么择呢？”黄檗便举起刀子晃晃。南泉说：“大家都择菜去。”

另一天，南泉对黄檗说：“老僧闲时随兴作了一首牧牛歌，请长老帮我和一下。”黄檗说：“我自有我师。”黄檗于是向南泉辞行，南泉禅师出门相送。走至门边，提起黄檗所戴顶笠，说：“长老身材如此之大，笠子恐怕太小了吧。”黄檗说：“我顶笠虽小，但能囊括大千世界。”南泉说：“王老师呢？”黄檗便戴上笠子，飘然离去。

黄檗后来居住在洪州大安寺，四海禅众奔凑而来。相国裴休当时镇守宛陵，兴建了大禅苑，延请黄檗禅师去说法。因为禅师酷爱原来住的黄檗山，裴休把新修禅苑亦称作黄檗禅苑。裴休又请禅师至其郡府，把自己所作的一篇体会禅道的文章拿出来请教禅师。黄檗接过文章之后置于一旁，更不翻阅。过了一会儿，问裴休：“你会吗？”裴休说：“深不可测。”黄檗说：“如果这样轻易就会，那禅道岂不太肤浅了？如果禅道能形于纸墨，又哪里会有我今天的禅宗？”裴休于是赠诗一首，以资纪念。诗曰：

自从大士传心印，额有圆珠七尺身；
挂锡十年栖蜀水，浮杯今日渡章滨。
一千龙象随高步，万里香华结胜因；
拟欲事师为弟子，不知将法付何人？

从此，黄檗禅风，盛行于江表一带。

一天，黄檗上堂说法，大众云集座下。黄檗问："你们诸位到这里来寻求什么呢？"黄檗说着，就用棒子把他们赶散，骂道："尽是一些吃酒的糟汉，似你们这样行脚求道，那是要被人取笑的。只要看到哪里有千儿八百人便去凑热闹，这样子参禅问道是不行的，不能只贪图热闹。老汉行脚时，有时遇到草根下躺着一个汉子，便从头顶上给他来一锥子，看他知不知道痛痒。若知痛痒者，老僧便把袋里盛的米供养他。如果行脚都像各位想象的那样容易，怎么会有我老汉今天这种事情呢？你们既然都称行脚，亦须打起精神才好。你们还知道我大唐国内无禅师吗？"

这时，有位僧人出来问道："诸方禅宗尊宿都聚众山林，弘法绍化，为什么说无禅师呢？"

黄檗说："我不是说无禅，只是说无师。你难道不见马大师会下有八十八人坐道场，开禅一方，而得马大师正法眼藏的，却只有两三个人？庐山和尚是其中一人。

作为出家人，须知往贤圣哲之用心，须知我禅门向来都是心心相传，心外无佛，除此心外更无他事。就拿四祖（道信）下牛头法融禅师来说，他虽横说竖说一大堆，却亦未能知晓这向上关键。只有明了正法眼藏，才能辨得法之邪正和禅之宗派。不要光顾了学别人的言语，而不体会自身心性，就到处称我会禅了，这样能解脱了你们的生死烦恼吗？不要轻忽我老汉的话，不然入地狱如射箭那般快。但亦不要持了别人的片言只语而空过一生，那样明眼人会取笑的，你亦终逃脱不了俗汉的命运。诸位不妨远近看看，这到底是谁面上的事情？你们若会即便会，若不会便散去吧。”

这时还有僧上来询问：“什么是西来意？”黄檗举手便打。

黄檗禅师示禅接引学人大致如此，其余门庭施设亦都是针对具有上等根机之人，中下之流不能窥其底蕴。唐大中年间（约公元八五九年），黄檗禅师圆寂于黄檗山。敕谥断际禅师，塔名曰广业。

第三世赵州从谂

原典

赵州观音院从谂禅师，曹州郝乡人也。姓郝氏。童稚于本州扈通院，从师披剃①，未纳戒。便抵池阳，参南泉。值南泉偃息，而问曰："近离什么处？"师曰："近离瑞像院。"曰："还见瑞像吗？"师曰："不见瑞像，只见卧如来。"曰："汝是有主沙弥，无主沙弥？"师曰："有主沙弥。"曰："主在什么处？"师曰："仲冬严寒，伏惟和尚尊体万福。"南泉器之，而许入室。

异日，问南泉："如何是道？"南泉曰："平常心是道。"师曰："还可趣向否？"南泉曰："拟向即乖。"师曰："不拟时，如何知是道？"南泉曰："道不属知不知。知是妄觉，不知是无记②。若是真达不疑之道，犹如太虚，廓然虚豁，岂可强是非邪？"师言下悟理。乃往嵩岳琉璃坛纳戒，却返南泉。

异日，问南泉："知有底人向什么处休歇？"南泉云："山下作牛去。"师云："谢指示。"南泉云："昨夜三更月到窗。"

师作火头，一日闭却门，烧满屋烟，叫云："救火！救火！"时大众俱到，师云："道得即开门。"众皆无对。

南泉将锁匙于窗间过与师，师便开门。

又到黄檗，黄檗见来，便闭方丈门。师乃把火于法堂内，叫云："救火！救火！"黄檗开门，捉住云："道，道。"师云："贼过后张弓。"

又到宝寿，宝寿见来，即于禅床上背面坐。师展坐具礼拜，宝寿下禅床，师便出。

又到盐官，云："看箭。"盐官云："过也。"师云："中也。"

又到夹山，将拄杖入法堂，夹山曰："作什么？"曰："探水。"夹山曰："一滴也无，探什么？"师倚杖而出。

师将游五台山次，有大德作偈留云：

何处青山不道场？何须策杖礼清凉？

云中纵有金毛现，正眼观时非吉祥。

师云："作么生是正眼？"大德无对。

师自此，道化被于北地，众请住赵州观音。上堂示众云："如明珠在掌，胡来胡现，汉来汉现。老僧把一枝草为丈六金身[③]用，把丈六金身为一枝草用。佛是烦恼，烦恼是佛。"时有僧问："未审佛是谁家烦恼？"师云："与一切人烦恼。"僧云："如何免得？"师云："用免作么？"

师扫地，有人问云："和尚是善知识，为什么有尘？"师云："外来。"又僧问："清净伽蓝为什么有尘？"

师曰："又一点也。"又有人与师游园，见兔子惊走，问云："和尚是大善知识，为什么兔子见惊？"师云："为老僧好杀。"

师院有石幢子被风吹折。僧问："陀罗尼幢子作凡去，作圣去？"师云："也不作凡，亦不作圣。"僧云："毕竟作什么？"师云："落地去也。"

师问一坐主："讲什么经？"对云："讲《涅槃经》。"师云："问一段义，得否？"云："得。"师以脚踢空，吹一吹，云："是什么义？"坐主云："经中无此义。"师云："五百力士揭石义，便道无。"

大众晚参，师云："今夜答话去也，有解问者出来。"时有一僧便出礼拜，师云："比来抛砖引玉，却引得个墼子。"

有僧游五台，问一婆子云："台山路向什么处去？"婆子云："蓦直恁么去。"僧便去。婆子云："又恁么去也。"其僧举似师，师云："待我去勘破这婆子。"师至明日，便去问："台山路向什么处去？"婆子云："蓦直恁么去也。"师便去。婆子云："又恁么去也。"师归院，谓僧云："我为汝勘破这婆子了也。"

僧问："恁么来底人师还接否？"师云："接。"僧云："不恁么来底师还接否？"师云："接。"僧云："恁么来者从师接，不恁么来者如何接？"师云："止止不须说，我法妙难思。”

师出院，路逢一婆子，问：“和尚住什么处？”师云：“赵州东院西。”婆子无语。师归院问众僧：“合使那个‘西’字，或言‘东西’字，或言‘栖泊’字？”师曰：“汝等总作得盐铁判官。”僧曰：“和尚为什么恁么道？”师曰：“为汝总识字。”

有新到僧，谓师曰：“某甲从长安来，横担一条拄杖，不曾拨着一人。”师曰：“自是大德拄杖短。”僧无对。

有僧写得师真呈师，师曰：“且道似我不似我，若似我即打杀老僧，不似我即烧却真。”僧无对。

师敲火问僧云：“老僧唤作火，汝唤作什么？”僧无语。师云：“不识玄旨，徒劳念静。”

新到僧参，师问：“什么处来？”僧云：“南方来。”师云：“佛法尽在南方，汝来这里作什么？”僧云：“佛法岂有南北邪？”师云：“饶汝从雪峰、云居来，只是个担板汉④。”

僧问：“如何是佛？”师云：“殿里底。”僧云：“殿里者岂不是泥龛塑像？”师云：“是。”僧云：“如何是佛？”师云：“殿里底。”僧问：“学人迷昧，乞师指示。”师云：“吃粥也未？”僧云：“吃粥也。”师云：“洗钵去。”其僧忽然省悟。

师上堂，云：“才有是非，纷然失心。还有答话分也无？”后有僧举示洛浦，洛浦扣齿。又举示云居，云居云：“何必？”僧回举示师，师云：“南方大有人丧身失命。”

僧问：“久向赵州石桥，到来只见掠彴[⑤]。”师云：“汝只见掠彴，不见赵州桥。”僧云：“如何是赵州桥？”师云：“过来。”

又有僧同前问，师亦如前答。僧云：“如何是赵州桥？”师云：“度驴度马。”僧云：“如何是掠彴？”师云：“个个度人。”

师闻沙弥喝参，向侍者云“教伊去”。侍者乃教去，沙弥便珍重去。师云：“沙弥得入门，侍者在门外。”

师问新到僧：“什么处来？”僧云：“从南来。”师云：“还知有赵州关否？”僧云：“须知有不涉关者。”师云：“这贩私盐汉。”僧问：“如何是西来意？”师下禅床立。僧云：“莫即这个便是否？”师云：“老僧未有语在。”

师问菜头[⑥]：“今日吃生菜熟菜？”菜头拈起菜呈之。师云：“知恩者少，负恩者多。”

僧问：“空劫中还有人修行也无？”师云：“汝唤什么作空劫？”僧云：“无一物是。”师云：“这个始称得修行，唤什么作空劫？”僧无语。

僧问：“如何是玄中玄？”师云：“汝玄来多少时邪？”僧云：“玄之久矣。”师云：“阇梨[⑦]若不遇老僧，几被玄杀。”僧问：“万法归一，一归何所？”师云：“老僧在青州作得一领布衫重七斤。”

僧问：“夜离兜率，昼降阎浮，于其中间摩尼为什么不现？”师云：“道什么？”其僧再问，师云：“毗婆尸佛早留心，直至如今不得妙。”

师问院主：“什么处来？”对云：“送生来。”师云：“鸦为什么飞去？”院主云：“怕某甲。”师云：“汝十年知事，作恁么语话？”院主却问：“鸦为什么飞去？”师云：“院主无杀心在。”

师托起钵云：“三十年后若见老僧，留取供养，若不见即扑破。”一僧出云：“三十年后敢道见和尚。”师乃扑破。

有僧辞，师问：“什么处去？”僧云：“雪峰去。”师云：“雪峰忽若问汝，云和尚有何言句，汝作么生祇对？”僧云：“某甲道不得，请和尚道。”师云：“冬即言寒，夏即道热。”又云：“雪峰更问，汝毕竟事作么生？”其僧又云：“道不得。”师云：“但道亲从赵州来，不是传语人。”

其僧到雪峰，一依前语举似雪峰。雪峰云：“也须是赵州始得。”玄沙闻云：“大小赵州败阙也不知。”

僧问：“如何是赵州一句？”师云：“老僧半句也无。”僧云：“岂无和尚在？”师云：“老僧不是一句。”

僧问：“如何是出家？”师云：“不履高名，不求苟得。”

僧问：“如何是祖师意？”师乃敲床脚。僧云：“只这莫便是否？”师云：“云即脱取去。”

人问：“和尚还入地狱否？”师云：“老僧末上入。”曰：“大善知识为什么入地狱？”师云：“若不入，阿谁教化汝？”

一日，真定帅王公携诸子入院。师坐而问曰：“大王会么？”王云：“不会。”师云：“自小持斋身已老，见人无力下禅床。”王公尤加礼重。

翌日，令客将传语，师下禅床受之。少间侍者问：“和尚见大王来，不下禅床。今日军将来，为什么却下禅床？”师云：“非汝所知。第一等人来，禅床上接。中等人来，下禅床接。末等人来，三门外接。”师寄拂子与王公曰：“若问何处得来，但道老僧平生用不尽者。”

师之玄言布于天下，时谓“赵州门风”，皆悚然信伏矣。唐乾宁四年十一月二日，右胁而寂，寿一百二十。后谥真际大师。

注释

①**披剃：**指剃发出家。

②**无记：**指事物的性体和实相不能以是非善恶来记别。禅家认为道不属于知解的范围，知解则是妄觉，不知分别知解才是无记，可至极之道根本就超越了知解与不知解。

③**丈六金身：**据载，西方有佛，其形一丈六尺而黄金色。《北史》说："时蜀沙门法成，率僧数千人，铸丈六金身。"

④**担板汉：**古时人夫负板，只见前方，不能见左右。这里用来譬喻修禅的一些人偏于一方之见，狭而不广，局而不通。

⑤**掠彴：**摇摇晃晃的独木桥。

⑥**菜头：**禅林中管理菜园耕作以供给僧众菜吃的僧人。

⑦**阇梨：**阿阇梨之略称，教给僧徒行为规范方面的师僧。意译正行，即纠正僧徒的品行。

译文

赵州观音院（亦叫东院）从谂禅师，是曹州郝乡（今山东曹县西北，临界河北省）人。俗姓郝。童稚之时，在本州扈通院削发出家，但没有受戒。之后，往池阳参南泉禅师，正遇上南泉卧床休息，南泉问："才从什么地方来呀？"赵州说："刚离开瑞像院。"南泉说："有没有见到瑞像呢？"赵州说："没有见到瑞像，但是见到一具卧如来。"南泉又问："你是有主的沙弥，还是无主的沙弥？"赵州说："是有主的沙弥。"南泉问："你主在什么地方呢？”赵州说：“值此仲冬严寒，我愿和尚尊体安康。”由此，南泉十分器重赵州，而许其为入室弟子。

另一天，赵州问南泉：“什么是道？”南泉说：“平常心是道。”赵州说：“学人还可把此道作为目标来趣向和修证吗？”南泉说：“一旦思量趣向，起心修心，就背离此道了。”赵州说：“既不可拟向，又怎知此道是道？”南泉说：“道不属于知解或不知解的范畴。知解是妄觉，不知解则是虚无。若是真正通达了平常心的道，你就会感到心像太空一样，洞彻明朗，无遮无碍，哪里还用得着去强分是非呢？”赵州于言下顿悟玄理。于是往嵩岳琉璃坛受戒，之后又返回南泉山。

另一天，赵州又问南泉：“悟了的人，该怎么去修行呢？”南泉说：“到山下面做牛去。”赵州说：“多谢师父指教。”南泉说：“昨夜三更天，月光洒落到我的窗子上。”

赵州在南泉充作火头。有一天，把门关闭，烧了满屋子的烟，叫喊道：“救火呀！救火呀！”当时僧众听到了呼救，都急忙赶来，赵州却在门里说：“道得即开门。”僧众都不知所对，只见南泉把门上钥匙从窗户里递给赵州，赵州便开了门。

赵州然后到四方去参禅。首先来到黄檗山，黄檗禅师见赵州来，便关闭方丈门。赵州就转身到法堂内放一把火，呼叫：“救火了！救火了！”黄檗开门捉住赵州说：

“说呀！再说呀！”赵州说：“贼人过后才张弓。”

赵州又来到宝寿处，宝寿见他来，即上禅床面向里坐，用背对着他。赵州展铺坐具，向宝寿礼拜。当宝寿下禅床时，赵州又向外走去了。

又来到盐官处，说：“看箭。”盐官说：“穿过去了。”赵州说：“射中了。”

又到夹山那里，拄着禅杖直入法堂，夹山说：“你来做什么？”赵州说：“探水之深浅。”夹山说：“我这里一滴水亦没有，你探什么呢？”赵州便倚着禅杖出去了。

赵州还要去云游五台山，有禅门大德作偈留他，偈说：

何处青山不道场？何须策杖礼清凉？
云中纵有金毛现，正眼观时非吉祥。

赵州问他：“什么是正眼？”那位大德没有作答。

从此，赵州禅风流行于北地。受信众的邀请，他住进赵州观音院（今河北赵县柏林禅寺）。有一天，上堂开示禅众：“如掌上明珠，胡人来映照胡人，汉人来映现汉人。老僧把一枝草作为丈六金身，把丈六金身又看作一枝草。佛是烦恼，烦恼是佛。”这时有僧出来问：“不知佛为谁烦恼？”赵州说：“为芸芸众生烦恼。”那僧问：“怎样消除这种烦恼？”赵州说：“用得着消除吗？”

赵州扫地的时候，有人问道："和尚既是善知识，为什么还有尘呢？"赵州说："尘是外来的。"又问："清净伽蓝为什么还有尘呢？"赵州说："噢，是有一点。"又有人与赵州游园，见兔子惊走，问说："和尚是菩萨心肠的大善知识，为什么兔子见了会被惊走呢？"赵州说："只因为老僧好杀。"

赵州观音院有陀罗尼石幢子，被大风吹折。僧问："陀罗尼幢子是做凡去了，还是做圣去了？"赵州说："既不做凡，亦不做圣。"僧问："究竟做什么去了？"赵州说："落地去了。"

赵州问一座主："讲什么经？"那座主说："讲《涅槃经》。"赵州说："问一段经义，可以吗？"座主说："可以。"赵州用脚向空踢一踢，又用嘴吹一吹气，说："这是什么义？"座主说："经中无此义。"赵州说："此乃五百力士揭石义，怎么便说是无？"

大众晚间参禅的时候，赵州说："今夜我回答你们的话，有要提问的人就站出来。"这时有一位僧人便出来礼拜，赵州说："刚才本想抛砖引玉，却引出一个墼子来。"

有僧去云游五台，路上问一位老婆婆："去五台山的路该怎么走？"老婆婆说："就那么一直往前走。"那僧这样去了。老婆婆自言自语："又那样去了。"那僧见赵州禅师后，把这事讲给赵州听，赵州说："待我去看看这老婆婆葫芦里卖的什么药。”第二天，赵州去问那老婆婆：“去五台山的路向什么方向走？”老婆婆仍说：“就那么一直往前去。”赵州去后，老婆婆又自说：“又那样去了。”赵州回观音院后对那僧说：“我为你识破这老婆婆究竟怎么回事了。”

僧问：“那样来的人，师父接引他吗？”赵州说：“接。”又问：“不那样来的人，师父还接引吗？”赵州说：“亦接。”那僧疑惑不解：“那样来的人，师父要接引，不那样来的人又如何接引呢？”赵州说：“止止不须说，我法妙难思。”

赵州出院，路逢一婆子，婆子问：“和尚住什么地方？”赵州说：“赵州东院西。”婆子无语。赵州回院后问众僧：“我对婆子说的那个‘西’字，该理解成‘东西’呢，还是‘栖泊’呢？”赵州说：“你们现在来做一回盐铁判官。”僧说：“和尚为什么那样说？”赵州说：“只因为你们识字。”

有新来的僧人说：“我从长安来，横担一条拄杖，不曾碰倒一个人。”赵州说：“那是因为你大德拄杖短。”僧人无语对答。

有位僧人给赵州禅师画了一幅像，呈给赵州看，赵州说：“且说说像不像我？像我的话就打杀老僧，不像我的话就把这幅真像烧掉。”那僧面对禅师的这道二难题目，说不出是像还是不像。

赵州有一次指着熊熊燃烧的火苗，问僧说：“老僧把这个叫作火，你叫它什么？”那僧无语。赵州说：“不识禅的玄旨，念静坐禅是徒劳的。”

有新到僧来参，赵州问：“什么地方来的呀？”那僧说：“从南方来的。”赵州说：“佛法尽在南方，你来这里（北方）干什么？”那僧说：“佛法岂有南北地域之分呢？”赵州说：“不管你是从雪峰那里，还是从云居那里来，你都只是一个担板汉。”

僧问：“什么是佛？”赵州说：“那殿里的就是。”僧说：“那殿里的不是泥龛塑像吗？”赵州说：“是的。”那僧再说：“我问的什么是佛？”赵州说：“那殿里的就是。”那僧说：“学人迷昧不悟，恳请禅师指点迷津。”赵州说：“你吃粥了吗？”僧说：“吃过了。”赵州说：“那么你就洗钵去吧。”那僧忽然醒悟。

赵州上堂开示：“一落入是非之境，就纷然失去自心，这个时候还容得你来答话吗？”后来有僧把从赵州这里听到的说给南方的洛浦禅师，洛浦听后，扣打他的牙齿。那僧又说给云居禅师，云居说：“何必多此一举呢？”那僧仍回赵州处，又把他在南方的所遇说给赵州禅师，赵州说：“南方大有人会丧身失命。”

有僧来到赵州处，说：“久闻赵州石桥的大名，可到此一看，却只是一座独木桥。”赵州说：“是啊，你见到的只是独木桥，却没见到真正的赵州桥。”那僧问：“什么是真正的赵州桥呢？”赵州说：“过来，过来。”

后来又有僧同前僧一样问这个问题，赵州亦如前面一样回答了他。僧问：“什么是赵州桥？”赵州说：“这座桥既过驴亦过马，默默承受着驴马的践踏。”又问：“什么是独木桥呢？”赵州说：“只能一个个地过人。”

赵州听到有一沙弥参禅用的是“喝”，赵州于是对侍者说：“教他去吧。”侍者便教那沙弥离开此地，沙弥亦就珍重地离开了。赵州说：“沙弥已经进了门，侍者还在门外面。”

赵州问新来的僧人：“从什么地方来？”僧说：“从南方来。”赵州说：“你知不知道有赵州关？”那僧说：“禅师须知有不涉关的人。”赵州骂说：“你这个偷贩私盐的汉子！”僧问：“什么是西来意？”赵州下禅床站立。僧说：“莫非这个便是西来意？”赵州说：“老僧并未说这样的话。”

赵州问僧人：“今天吃生菜，还是吃熟菜？”僧人拈起菜来对赵州说：“如今知恩报恩的人少，忘恩负义的人多。”

有僧问：“空劫之中还有没有人修行呢？”赵州说：“你称什么是空劫？”僧说：“空无一物时即是空劫。”赵州说：“这个‘空无一物’，始称得上是修行，你所谓的‘空劫’

是什么意思呢？”那僧无语对答。

僧问：“什么是玄中玄？”赵州说：“你这样参玄有多少时间了？”僧说：“我参玄已很久了。”赵州说：“你如果不遇老僧的话，差不多要被玄杀了。”僧问：“万法归于一，一归于何所呢？”赵州说：“老僧在青州时，做了一领布衫，有七斤重。”

僧问：“夜间离开兜率天宫，白昼降至阎浮大地，于其中间，摩尼宝珠为什么不闪现出光彩呢？”赵州说：“你刚才说什么？”那僧再说了一遍，赵州说：“毗婆尸佛（过去七佛之一。指释迦牟尼成佛前所出现的佛）早就留心这点了，可直至如今还不得其妙。”

赵州问院主：“什么地方来的呢？”院主说：“放生去了。”赵州说：“鸟儿为什么会飞去？”院主说：“怕我吧。”赵州说：“你在这里管事已有十年，怎么还说那样的话？”院主却问：“鸟儿为什么能飞走呢？”赵州说：“院主无杀生之心。”

赵州托起钵盂说：“三十年后若能见老僧，老僧就把此钵给他留取供养；若不能见老僧，就把它打破。”这时一僧出来说：“那要三十年之后才敢说能不能见到和尚。”赵州于是打破了此钵。

有僧来辞行，赵州问：“往什么地方去？”僧说：“参雪峰去。”赵州说：“雪峰如果问起你，说和尚有何言句，你拿什么来回答他？”僧说：“我不会说，请和尚赐教。”赵州说：“冬天就说寒冷，夏天就说炎热。”又说：“雪峰若问你，究竟做什么事，你如何对答？”那僧仍说不会，赵州说：“你只要说，我虽亲从赵州来，但不是传话人。”

那僧到了雪峰处，一依赵州之叮嘱跟雪峰说了。雪峰却说：“亦只有赵州才能说出这样的话。”玄沙听到此事后说：“大小赵州都败北，却还不知。”

僧问：“什么是赵州一句？”赵州说：“老僧半句亦没有，何来一句？”僧说：“和尚哪里能没有呢？”赵州说：“老僧不是一句。”

僧问：“什么是真正的出家？”赵州说：“不为高名，不求苟得。”

僧问：“什么是祖师意？”赵州敲打床脚。僧说：“莫非这个便是吗？”赵州说：“说出来就不是了。”

有人问：“和尚还入地狱吗？”赵州说：“老僧最后入。”那人说：“和尚是大善知识，为什么还要入地狱？”赵州说：“老僧若不入地狱，谁来教化你们呢？”

一天，真定帅王公率领诸子入观音院，赵州禅师端坐不动，问道：“大王会吗？”王公说：“不会。”赵州说：“自小持斋身已老，见人无力下禅床。”王公听了，对赵州尤加礼重。

第二天，派一将军来传话，赵州却下禅床来迎接。

过了一会儿，侍者问：“和尚见大王来不下禅床迎接，今天见其将军来却下禅床，是什么道理呢？”赵州说：“你有所不知，第一等人来自然是禅床上迎接，中等人来下禅床迎接，末等人来要到三门外迎接了。”赵州又托将军转呈拂子给王公，说：“若要问从哪里得来，就说是老僧平生用不尽的。”

赵州禅师的玄言流布天下，时人皆称之为“赵州门风”，都无不由衷信服。唐乾宁四年（公元八九七年）十一月二日圆寂，世寿一百二十。后谥真际大师。

第四世仰山慧寂

原典

袁州仰山慧寂禅师，韶州怀化人也。姓叶氏。年十五欲出家，父母不许。后二载，师断手二指，跪致父母前，誓求正法，以答劬劳。遂依南华寺通禅师落发，未登具①即游方②。初谒耽源，已悟玄旨。后参沩山，遂升堂奥③。

祐问曰：“汝是有主沙弥，无主沙弥？”师曰：“有主。”曰：“在什么处？”师从西过东立。祐知是异人，便垂开示。师问：“如何是真佛住处？”祐曰：“以思无思之妙，返思灵焰之无穷。思尽还源，性相常住。事理不二，真佛如如。”师于言下顿悟。自此执侍。寻往江陵受戒，住夏，探律藏。

后参岩头，岩头举起拂子，师展坐具[4]。岩拈拂子置背后，师将坐具搭肩上而出。岩云：“我不肯汝放，只肯汝收。”

又问石室：“佛之与道，相去几何？”石室云：“道如展手，佛似握拳。”乃辞石室，石室门送，召云：“子莫一向去，已后却来我边。”

韦宙就沩山请一伽陀[5]，沩山曰：“觌面相呈犹是钝汉，岂况形于纸笔？”乃就师请，师于纸上画一圆相，注云：“思而知之落第二头，不思而知落第三首。”

一日，随沩山开田，师问曰：“这头得恁么低，那头得恁么高。”祐曰：“水能平物，但以水平。”师曰：“水也无凭，和尚但高处高平，低处低平。”祐然之。

有施主送绢，师问：“和尚受施主如是供养，将何报答？”祐敲禅床示之。师曰：“和尚何得将众人物作自己用？”祐忽问师：“什么处去来？”师曰：“田中来。”祐曰：“田中多少人？”师插锹而立。祐曰：“今日南山大有人刈茅在。”师举锹而去。

师在沩山牧牛时，第一座曰：“百亿毛头，百亿师子现。”师不答，归侍立。第一座上问讯，师举前语问云：

“适来道：‘百亿毛头⑥，百亿师子现。’岂不是？”上座曰：“是。”师曰：“正当现时，毛前现，毛后现？”上座曰：“现时不说前后。”师乃出。祐曰：“师子⑦腰折也。”

沩山上座举起拂子曰：“若人作得道理即与之。”师曰：“某甲作得道理，还得否？”上座曰：“但作得道理便得。”师乃掣拂子将去。

一日雨下，上座曰：“好雨，寂阇梨。”师曰：“好在什么处？”上座无语。师曰：“某甲却道得。”上座曰：“好在什么处？”师指雨。

沩山与师游行次，乌衔一红柿落前。祐将与师，师接得，以水洗了却与祐。祐曰：“子什么处得来？”师曰：“此是和尚道德所感。”祐曰：“汝也不得空。”然即分半与师。

师盘桓沩山，前后十五载。凡有语句学众，无不弭伏。暨受沩山密印，领众住王莽山。化缘未契，迁止仰山，学徒臻萃。

师上堂，示众云：“汝等诸人各自回光返顾，莫记吾言。汝无始劫来背明投暗，妄想根深，卒难顿拔。所以假设方便夺汝粗识，亦如人将百种货物与金宝作一铺，货卖只拟轻重来机。所以道：石头是真金铺，我这里是杂货铺。有人来觅鼠粪我亦拈与，他来觅真金我亦拈与他。”时，有僧问：“鼠粪即不要，请和尚真金。”师云：“啮镞拟开口，驴年[8]亦不会。”僧无对。

师云：“如今且要识心达本，但得其本，不愁其末，他时后日自具去在。若未得本，纵饶将情学他亦不得。汝岂不见沩山和尚云‘凡圣情尽，体露真常，事理不二，即如如佛’？”

问：“如何是祖师意？”师以手于空作圆相，相中书“佛”字，僧无语。师谓第一座曰：“不思善不思恶，正恁么时作么生？”对曰：“正恁么时，是某甲放身命处。”师曰：“何不问老僧？”对曰：“正恁么时，不见有和尚。”师曰：“扶吾教不起。”

师因归沩山省觐，祐问：“子既称善知识，争辨得诸方来者，知有不知有？有师承无师承？是义学是玄学？子试说看。”师曰：“慧寂有验处。但见诸方僧来，便竖起拂子，问伊诸方还说这个不说？又云：这个且置，诸方老宿意作么生？”祐叹曰：“此是从上宗门中牙爪。”

祐问：“大地众生，业识[9]茫茫，无本可据，子作么生知他有之与无？”师曰：“慧寂有验处。”时有一僧从面前过，师召云：“阇梨。”其僧回头。师曰：“和尚，这个便是业识茫茫，无本可据。”祐曰：“此是师子一滴乳，迸散六斛驴乳。”

郑愚相公问：“不断烦恼而入涅槃时如何？”师竖起拂子。公曰：“入之一字不要亦得。”师曰：“入之一字不为相公。”

师问僧：“什么处来？”曰：“幽州。”师曰：“我恰要个幽州信米作么价？”曰：“某甲来时无端从市中过，蹋折他桥梁。”师便休。

师见僧来，竖起拂子，其僧便喝。师曰：“喝即不无，且道老僧过在什么处？”僧曰：“和尚不合将境示人。”师乃打之。

师问香严：“师弟近日见处如何？”严曰：“某甲卒说不得。乃有偈曰：‘去年贫未是贫，今年贫始是贫。去年无卓锥之地，今年锥也无。’”师曰：“汝只得如来禅，未得祖师禅。”

沩山封一面镜寄师，师上堂提起云：“且道是沩山镜，仰山镜？有人道得，即不扑破。”众无对，师乃扑破。

师问双峰：“师弟近日见处如何？”对曰：“据某甲见处，实无一法可当情。”师曰：“汝解犹在境。”双峰曰：“某甲只如此，师兄如何？”师曰：“汝岂无能知无一法可当情者？”沩山闻云：“寂子一句，疑杀天下人。”

僧问：“法身还解说法也无？”师曰：“我说不得，别有一人说得。”曰：“说得底人在什么处？”师推出枕子。沩山闻云：“寂子用剑刃上事。”

师闭目坐次，有僧潜来身边立，师开目，于地上作一圆相，相中书“水”字，顾视其僧，僧无语。师携一杖子，僧问："什么处得？"师便拈向背后，僧无语。

师问一僧："汝会什么？"僧曰："会卜。"师提起拂子曰："这个六十四卦中阿那卦收？"无对。师自代云："适来是雷天大壮，如今变为地火明夷。"

僧问："古人道：见色便见心，禅床是色。请和尚离色指学人心。"师云："那个是禅床？指出来。"僧无语。

师共一僧语，傍有僧曰："语底是文殊，默底是维摩。"师曰："不语不默底，莫是汝否？"僧默之。师曰："何不现神通？"僧曰："不辞现神通，只恐和尚收入教。"师曰："鉴汝来处，未有教外底眼。"问："天堂地狱相去几何？"师将拄杖画地一画。

师住观音时，出榜云："看经次，不得问事。"后有僧来问讯，见师看经，傍立而待。师卷却经问："会么？"僧曰："某甲不看经争得会？"师曰："汝已后会去在。"

僧问："禅宗顿悟，毕竟入门的意如何？"师曰："此意极难。若是祖宗门下上根上智，一闻千悟，得大总持，此根人难得。其有根微智劣，所以古德道，若不安禅静虑，到这里总须茫然。"僧曰："除此格外，还别有方便，令学人得入也无？"师曰："别有别无，令汝心不安。汝是什么处人？"曰："幽州人。"师曰："汝还思彼处否？"曰："常思。"师曰："彼处楼台林苑、人马骈阗，汝返思底还有许多般也无？"僧曰："某甲到这里，一切不见有。"师曰：“汝解犹在境。信位即是，人位即不是。据汝所解，只得一玄。得坐披衣，向后自看。”其僧礼谢而去。

师始自仰山，后迁观音。接机利物，为禅宗标准。迁化前数年有偈曰：

年满七十七，老去是今日。
任性自浮沉，两手攀屈膝。

于韶州东平山示灭，年七十七，抱膝而逝。敕谥智通大师，妙光之塔。后迁塔于仰山。

注释

①**登具**：即受具足戒。

②**游方**：云游四方，参禅问道。

③**堂奥**：比喻深奥的道理或境界。

④**坐具**：是禅僧用来礼拜的席子或坐垫。行礼时可展铺膝下，之后可卷起搭于肩上。

⑤**伽陀**：梵文 Gatha，旧曰偈，是偈陀之略。唐时译为颂，故禅文献中经常偈、颂连用。

⑥**毛头**：又称毛道，凡夫的异名。凡夫心行不定犹如轻毛之随风飘荡，或东或西。

⑦**师子**：又作狮子，兽中之王。经中用来譬喻佛之勇猛。

⑧**驴年**：十二生肖纪年中无驴名之年，故用来譬喻遥遥无会期。

⑨**业识**：佛教认为人生的烦恼就是由于根本的无明，业识就是指这无明所引起的思想意识。

译文

袁州（今江西宜春）仰山慧寂禅师，是韶州怀化（今广东韶关）人。俗姓叶。十五岁那年，他想出家而父母不允许。过了两年，慧寂切断手上二指，跪在父母面前立誓，要求得佛法真谛，以报答养育之恩，终于得到了父母的同意。慧寂于是在南华寺依通禅师落发，没有受戒即外出游方。初先拜谒耽源禅师，悟得玄旨，后来参问沩山灵祐禅师，登堂入室。

灵祐禅师问慧寂："你是有主的沙弥，还是无主的沙弥？"慧寂说："是有主的沙弥。"灵祐说："你主在什么地方？"慧寂从西面走到东面，卓然而立。灵祐禅师由此知道慧寂不是等闲之辈，便决定给他教示。慧寂问："如何才能获得真正的禅悟？"灵祐说："真正的禅悟并非建立在思量或无思量的基础上，它根本就超越了思量或无思量，而以思量或无思量的妙义，任运自在地表现自心佛性的无穷生机。真正的禅者杜绝思量或不思量，而把握生命中的活泼的实在，一方面在现实生活中广济众生而不失已开悟的慧境，另一方面又不执着这种开悟的境界而过一种平常心的生活。只有这样，才能获得真佛如如的境界。”慧寂于言下顿悟。自此，执弟子之礼，侍奉灵祐禅师。不久，往江陵（今湖北）受戒，在那里度过夏安居，并研习律藏。

慧寂后来去参见岩头禅师，岩头举起拂子，慧寂则放下坐具展铺地上。岩头把拂子放置背后，慧寂则收起坐具，搭在肩上，出去了。岩头说：“我不印可你放下，只印可你收起。”

慧寂又去参问石室禅师：“佛之与道，相去几何？”石室说：“道如展开手掌，佛似握紧拳头。”慧寂于是向石室辞行，石室到门口相送。石室说：“你莫要一去不复返，以后还请来我这边。”

韦宙参见沩山，想请他作一法偈，沩山说：“佛在你面前，你尚且是钝根阿汉，更何况形于纸笔？那就离佛更远了。”韦宙转而请教仰山慧寂，慧寂在纸上给他画了一个圆相，并在其下作注说：“思量而知之落第二头，不思量而知之落第三头。”

一天，仰山随沩山去开田，仰山问：“为什么田这头这么高，田那头又那么低？”沩山说：“水能平物，只是因为水性是平的。”仰山说：“水若无依凭就谈不上平。应该说水在高处高平，水在低处低平。”

有施主送绢来给沩山，仰山问：“和尚受施主这种供养，将用什么作为回报？”沩山敲着禅床暗示他。仰山说：“和尚怎么能将众人之物变作个人独享？”沩山忽然问仰山：“从什么地方来？”仰山说：“从田中来。”沩山问：“田中有多少人？”仰山并不答话，只是插锹而立。沩山说：“今天看来有不少人在南山刈茅草。”仰山举锹而去。

仰山在沩山牧牛的时候，第一座来对他说：“百亿毛头（凡夫）可变现为百亿师子。”仰山并未答话，却回禅堂侍立。这时第一座来参问沩山，仰山问他：“刚才你跟我说‘百亿毛头可变现为百亿师子’，是不是？”第一座说：“是的。”仰山说：“正当变现的时候，是在毛头之前，还是毛头之后？”第一座说：“变现的时候没有前后。”仰山于是出来。沩山说：“师子（指仰山）腰折了。”

另一次，第一座举起拂子说：“如果有谁说出一些道理来，我就把这个给他。”仰山说：“我如果能说出道理来，你能把它给我吗？”第一座说：“只要能说出道理来，便可以得。”仰山于是一把将拂子掣了过来。

还有一天，天正下雨，第一座说：“好雨啊，寂阇梨。”仰山说：“好在什么地方呢？”第一座说不出好在什么地方，仰山却说：“我可以说出雨好在什么地方。”第一座说：“好在什么地方呢？”仰山只是用手指指雨。

有一次，沩山与仰山去游山，忽然有鸟衔一红柿落在他们面前，沩山拾起红柿给了仰山。仰山接过来又用水洗干净了，仍然交给沩山。沩山问：“你从什么地方得此红柿来？”仰山说：“这是和尚道德感化的结果。”沩山说：“你不枉我教育一场。”然后把红柿分为两半，一半给仰山。

慧寂盘桓沩山，前前后后达十五年。凡有执着语句言教的禅人，无不被其所折服。及至沩山密传心印，便往王莽山另辟道场，因教化机缘未契，故又迁往仰山。自此，学徒渐多，禅会渐盛。

仰山上堂开示禅众说：“诸位都要向内反省而醒悟自心，莫要执着我语句言教。你们无始以来，执迷不悟，妄想根深，难以顿除。所以开设方便法门，那是为了夺你粗识，扫除积垢。这如有人将真金与百货混在一起合成杂货铺，卖货的时候只是根据轻重根机，而不管你要的是鼠粪还是真金。石头大师那边是真金铺，我这里却是杂货铺。有人来要鼠粪我拈给他，他来要真金我亦找给他。”这时有僧出来说：“鼠粪我不要，只请和尚赐真金。”仰山说：“啮着箭锋拟开口，永远不会见真佛。”僧无言以对。

仰山接着又说：“如今你们要识见自心，通达本体。若未悟自心本体，不管如何参学都无济于事。你们难道没见沩山和尚说过‘超越凡圣，真性流露；理事不二，即如如佛’？”

有人问：“什么是祖师意旨？”仰山用手在空中画了一个圆相，圆相中写“佛”字，僧无语。仰山对第一座说：“不思善不思恶，正在这个时候做什么？”第一座说：“这个时候正是我安放身心性命之处。”仰山说：“为什么不问老僧呢？”第一座说：“那个时候不见有和尚。”仰山说：“你不能使我禅教发扬光大。”

仰山有一次回沩山看望师父灵祐，灵祐问他：“你现在亦称得上是善知识了，可是你能不能告诉我，你是怎样辨别诸方参禅学人的道行？他们是真悟是假悟？有师承无师承？以及是义学是玄学？”仰山说：“慧寂有办法验证，比如见诸方僧来参禅，我便竖起拂子，问他们：诸方大德说不说这个呀？或者不这样，我问：诸方老宿宣扬什么意旨呀？”灵祐叹道：“这些都是过去宗门中的牙爪。”

灵祐又问：“芸芸众生，业识茫茫，无本可据，你怎知他有本无本？”仰山说：“慧寂自有办法。”这时有一僧从仰山面前经过，仰山便喊一声：“阇梨。”那僧回头。仰山即对灵祐说：“这便是业识茫茫，无本可据。”灵祐说：“你这是以师子（狮子）一滴乳，迸散六斛驴子乳。”

郑愚相公问仰山：“不断烦恼而入涅槃时如何？”仰

山竖起拂子。相公说:“这个‘人’字不要亦可以。”仰山说:“这个‘人’字，不是对相公说的。”

仰山问僧:“什么地方来？”那僧说:“从幽州来。”仰山说：“我正好要问你，幽州的大米是什么价？”那僧说：“我来的时候，无端从市中经过，不小心踏断了桥梁。”仰山没有再说什么。

仰山见僧来，竖起手中的拂子，那僧便喝一声。仰山说：“喝并不是不可以，且说老僧什么地方不妥？”那僧说:“和尚不该将境相示人。”仰山便打。

仰山问香严：“师弟近日有什么高见？”香严说：“我没什么高见，却有一法偈：去年贫未是贫，今年贫始是贫；去年无卓锥之地，今年锥亦无。”仰山说:“你只得如来禅（落阶次），未得祖师禅（不落阶次）。”

沩山把一面镜子封好寄给仰山，仰山上堂提起镜子，说：“且说说这是沩山镜，还是仰山镜？若有人说得出，我就不摔破。”僧众都说不出，仰山便摔破此镜。

仰山问双峰：“师弟近日有何高见？”双峰说：“依我之见，大千世界没有一法存在的。”仰山说:“你的见解还执着在境相上。”（境与心相对）双峰说：“我只能如此，不知师兄如何？”仰山说：“你岂不知道那个知道大千世界没有一法存在的人？”沩山听到后说：“寂子（仰山）一句话，疑杀天下人。”

有僧问："法身懂不懂说法呀？"仰山说："我不能说法身懂不懂，却有一人能说。"僧问："那个能说的人在什么地方呢？"仰山推出一个枕头。沩山听到后说："寂子的禅机像剑刃那么锋利。"

仰山闭目而坐，有僧悄悄来至他的身边侍立，仰山又忽然睁开眼睛，然后在地上画一圆相，在圆相中写一个"水"字，回头看那僧，僧无语。仰山携一根禅杖，僧问："从哪里得到的？"仰山便把禅杖藏在后面，僧无语。

仰山问一僧："你会什么？"僧说："会卜卦。"仰山提起拂子说："这个在六十四卦中哪一卦收？"僧不能回答。仰山就自说："刚才是雷天大壮，如今又变为地火明夷。"

僧问："古人说'见色便见心'，禅床是色，请和尚离色指出学人之心。"仰山说："哪个是禅床？请指出来。"僧无言以对。

仰山与一僧说话，旁边有僧说："说话的是文殊，沉默的是维摩。"仰山说："既不说话亦不沉默的人莫非是你吗？"那僧默然无语。仰山说："为什么不显出神通？"那僧说："不是我不肯显出神通，只恐怕被和尚收入教。"仰山说："鉴于你来处，许你没有教外的眼。"问："天堂与地狱相去几何？"仰山则用拄杖在地上画了一画（一步之遥）。

仰山住观音（山）的时候，出了一个通告：“看经的时候，不得问事。”后有僧来参问，见仰山正在看经，便在一旁侍立，等他看完。仰山卷起经本问那僧：“会吗？”那僧说：“我不看经怎么能会？”仰山说：“那你以后去会吧。”

有僧问：“禅宗标榜顿悟，究竟如何入门？”仰山说：“这一点我要跟你讲清极难。对具有上等根性、上等智慧的人而言，一语便彻悟，得大解脱。至于那根性暗钝、智慧低劣的人，过去的禅宗大德说，若不安心坐禅，清静思虑，到这里总是一片茫然。”那僧说：“除此外，还有别的方便法门教学人悟入禅理吗？”仰山说：“另外有还是没有，只会使你心更加不安。你是什么地方人呀？”那僧说：“是幽州人。”仰山问：“你还思念幽州吗？”那僧说：“经常思念。”仰山再问：“那里的亭台楼阁、林苑画廊，以及人欢马嘶、熙熙攘攘的热闹景象，你如今还想得见吗？”那僧说：“我到这里之后，那里的一切不复存在了。”仰山说：“你的悟解还滞留在境上，你没有醒悟人的自心佛性。”那僧礼谢而去。

慧寂禅师始住仰山，后迁观音山（今广东省城的粤秀山）。他接引学人，利济众生，后世禅宗视为标准。他迁化前几年就作偈说：

年满七十七，老去是今日。

任性自浮沉，两手攀屈膝。

后在韶州东平入灭，俗寿七十七，抱膝而逝。敕谥为智通大师，塔名叫妙光。后来有人把塔迁至仰山。

第四世临济义玄

原典

镇州临济义玄禅师，曹州南华人也。姓邢氏。幼负出尘之志，及落发进具，便慕禅宗。初在黄檗，随众参侍，时堂中第一座勉令问话。师乃问："如何是祖师西来的的意？"黄檗便打。如是三问三遭打，遂告辞第一座云："早承激劝问话，唯蒙和尚赐棒。所恨愚鲁，且往诸方行脚去。"上座遂告黄檗云："义玄虽是后生，却甚奇特，来辞时，愿和尚更垂提诱。"

来日，师辞黄檗，黄檗指往大愚。师遂参大愚，愚问曰："什么处来？"曰："黄檗来。"愚曰："黄檗有何言教？"曰："义玄亲问西来的的意，蒙和尚便打。如是三问三转被打，不知过在什么处？"愚曰："黄檗恁么老婆，为汝得彻困，犹觅过在。"师于是大悟，云："佛法也无多子。"愚乃搊师衣领云："适来道我不会，而今又道无多子。是多少来？是多少来？”师向愚肋下打一拳，愚托开云：“汝师黄檗，非干我事。”

师却返黄檗。黄檗问云：“汝回太速生。”师云：“只为老婆心切[1]。”黄檗云：“这大愚，老汉待见与打一顿。”师云：“说什么待见，即今便打。”遂鼓黄檗一掌，黄檗哈哈大笑。

黄檗一日普请锄薏谷次，师在后行，黄檗回头见师空手，乃问：“镢头在什么处？”师云：“有人将去了也。”黄檗云：“近前来共汝商量。”师近前叉手。黄檗竖起镢头云：“只这个天下人拈掇不起，还有人拈掇得起么？”师就手掣得，竖起云：“为什么却在义玄手里？”黄檗云：“今日自有人。”普请便归院。

黄檗一日普请锄茶园，黄檗后至。师问讯，按镢而立。黄檗曰：“莫是困邪？”曰：“才镢地，何言困？”黄檗举拄杖便打，师接杖推倒和尚。黄檗呼：“维那[2]，维那，拽起我来。”维那拽起曰：“和尚争容得这风汉？”黄檗却打维那。师自镢地云：“诸方即火葬，我这里活埋。”

师一日在黄檗僧堂里睡，黄檗入来，以拄杖于床边敲三下，师举首见是和尚却睡，黄檗打席三下去上间，见第一座，黄檗曰：“这醉汉岂不如下间禅客坐禅？汝只管膜睡。”上座曰：“这老和尚患风邪？”黄檗打之。

师与黄檗栽衫，黄檗曰：“深山里栽许多树作么？”

师曰："与后人作古记。"乃将锹拍地两下。黄檗拈起拄杖曰："汝吃我棒了也。"师作嘘嘘声。黄檗曰："吾宗到汝此记方出。"

师因半夏[③]上黄檗山，见和尚看经，师曰："我将谓是个人，元来是唵黑豆老和尚。"住数日，乃辞去。黄檗曰："汝破夏来，不终夏去。"曰："某甲暂来，礼拜和尚。"黄檗遂打趁令去。师行数里，疑此事，却回终夏。

师一日辞黄檗，黄檗曰："什么处去？"曰："不是河南，即河北去。"黄檗拈起拄杖便打。师捉住拄杖曰："这老汉莫盲枷瞎棒，已后错打人。"黄檗唤侍者："把将几案禅板来。"师曰："侍者把将火来。"黄檗曰："不然，子但将去，已后坐断天下人舌头在。"师即便发去。

师到熊耳塔头，塔主问："先礼佛？先礼祖？"师曰："祖佛俱不礼。"塔主曰："祖佛与长老有什么冤家，俱不礼？"师无对。

师后还乡党，俯徇赵人之请，住子城南临济禅苑，学侣奔凑。一日，上堂曰："汝等诸人赤肉团上有一无位真人，常向诸人面门出入，汝若不识，但问老僧。"时有僧问："如何是无位真人？"师便打云："无位真人是什么干屎橛！"

师问乐普云："从上来一人行棒一人行喝，阿那个亲？"对曰："总不亲。"师曰："亲处作么生？"普便喝，师乃打。

师问木口和尚："如何是露地白牛？"木口曰："吽。"师曰："哑。"木口曰："老兄作么生？"师曰："这畜生。"

大觉到参，师举拂子，大觉敷坐具。师掷下拂子，大觉收坐具入僧堂。众僧曰："这僧莫是和尚亲故，不礼拜又不吃棒。"师闻令唤新到僧，大觉遂出，师曰："大众道汝未参长老。"大觉云："不审。"便自归众。

麻谷到参，敷坐具问："十二面观音阿那面正？"师下绳床，一手收坐具，一手搊麻谷云："十二面观音向什么处去也？"麻谷转身，拟坐绳床，师拈拄杖打，麻谷接却，相捉入方丈。

师上堂云："大众夫为法者，不避丧身失命。我于黄檗和尚处，三度吃棒，如蒿枝拂相似。如今更思一顿吃，谁为我下得手？"时有僧曰："某甲下得手，和尚合吃多少？"师与拄杖，其僧拟接，师便打。

僧问："如何是第一句？"师曰："三要印开朱点窄，未容拟议主宾分。"曰："如何是第二句？"师曰："妙解岂容无着问，沤和争负截流机。"曰："如何是第三句？"师曰："看取棚头弄傀儡，抽牵全借里头人。"师又曰："夫一句语须具三玄[④]门，一玄门须具三要，有权有用。汝等诸人作么生会？"

师唐咸通七年丙戌四月十日，将示灭，乃说传法偈曰：

沿流不止问如何，真照无边说似他；

离相离名如不禀，吹毛[5]用了急须磨。

偈毕，坐逝。敕谥慧照大师，塔曰澄灵。

注释

①**老婆心切**：指禅林中老师教弟子的那种亲切叮咛的作风、谆谆诱导的情态。

②**维那**：梵语译作羯摩陀那，寺中统理僧众杂事之僧职。于禅宗，维那为六知事之一，为掌理众僧进退威仪之重要职称。为寺中“三纲”之一。三纲即上座、维那、典座。“维”取汉语纲维之义，“那”是羯摩陀那之略。故又称“纲维”“知事”等。

③**半夏**：指夏安居的一半。禅宗丛林制度实施后，每年都遵照印度风俗夏安居，安居期间禁止外出，致力于坐禅修学。安居一般有两期，从四月十五日开始至七月十五日结束，称前安居；或者从五月十五日开始至八月十五日结束，称后安居。安居开始称为结夏，安居结束称为解夏。破夏即是不守安居禁足之制，出法界而外游。

④**三玄**：这是临济义玄接引学人的门庭施设。三玄

指体中玄、句中玄、玄中玄。主意图是破除禅僧对法、我的迷执。截断其正常的逻辑思维活动，顿悟自己的本来面目，达到一种绝对自由的境界。

⑤**吹毛**：利剑名。《碧岩录》评唱说："剑刃上吹毛试之，其毛自断乃利剑，称为吹毛。"

译文

镇州（今河北正定）临济义玄禅师，是曹州南华（今山东、河北交界处）人。俗姓邢。自幼超尘脱俗，志向高迈。及至落发受戒后，便心慕禅宗。起初来到黄檗会下，随众参禅。当时禅堂中第一座见他气宇不凡，就勉励他去参问黄檗和尚。临济去问说："达磨祖师从西天来中土传扬了什么宗旨？"黄檗便打他。如此，三次问话，三次遭打。临济有些气馁，遂来向第一座告辞，说："早先承蒙厚爱，激励我去问话，不曾想我三次问话，都遭到和尚的赐棒。只恨我资性愚鲁，我现在行脚四方去了。"第一座遂来对黄檗说："义玄虽是后生，却很奇特，他来辞行时，望和尚方便给他提携。"

第二天，义玄来向黄檗辞行，黄檗指点他去参大愚禅师。义玄不久来到大愚处，大愚问："从什么地方来？"义玄说："从黄檗那里来。"大愚说："黄檗禅师怎样教你？”义玄说：“我曾问达磨祖师从西天来的意旨，黄檗和尚便打我，像这样问了三次被打了三次，不知我错在什么地方？”大愚说：“黄檗真是老婆婆的心肠。他如此为你彻除困顿，你居然还在觅找过错，而不知谢恩。”义玄至此，恍然大悟，说：“佛法原来亦不过如此。”大愚闻听此话，抓住义玄的衣领说：“刚才还说我不会佛法，而今又说不过如此，你懂得了多少呢？你悟解了多少呢？”义玄毫不示弱，挥拳向大愚肋下打一拳头。大愚托开来拳，说：“你师是黄檗，与我不相干。”

临济义玄又返回黄檗山。黄檗问：“怎么这样快就回来了？”临济说：“只为了黄檗老婆婆的心肠。”黄檗说：“这个死大愚，待老汉见了，非打他一顿不可。”临济说：“说什么待见了再打，我现在便打你。”临济猛地上去给黄檗一掌，黄檗却哈哈大笑。

黄檗和尚有一天普请锄薏谷草，临济跟在黄檗身后。黄檗回头看见临济双手空空，便问：“你的镢头呢？”临济说：“有人拿去了。”黄檗说：“你近前来，我跟你商量个事情。”临济上前，叉腰而立。黄檗把镢头竖在地上，说：“就只这个，天下无人扛得起。”临济顺手一把将镢头抢过来，竖立在自己面前，说：“你说无人扛得起，怎么现在到了义玄手里？”黄檗点头说：“今日自有人了。”于是普请回寺院。

黄檗还有一天普请锄茶园。黄檗自己来晚了些，临济跟他问讯过后，便按镢而立。黄檗问："是不是累了？"临济说："才开始锄地怎么就说累？"黄檗举起手中禅杖便打，临济接住禅杖一使劲，推倒了黄檗。黄檗呼喊维那："拉我起来。"维那过来，扶起黄檗说："和尚怎容得这疯癫狂汉在此撒野？"黄檗没有责骂临济，却打了维那一顿。临济自顾自地锄地，说："诸方和尚焚火烧身，我这里却是活埋。"

临济有一天在僧堂里呼呼大睡，黄檗悄悄进来用拄杖在床边敲了三下。临济睁开眼，抬头见是黄檗和尚，便又呼呼大睡。黄檗用拄杖在席子上打了三下，便去了。黄檗来至上间房，见首座正在坐禅。黄檗说："你这醉汉还不如下间房里的禅客，他是真坐禅，你却在昏昏欲睡。"首座说："这和尚今天中了疯邪啦？"黄檗便打他。

临济与黄檗一道栽杉树。黄檗说："深山里栽这么多树干吗？"临济说："给后人留作预记。"于是用锹在地上拍了两下。黄檗拈起拄杖说："你吃了我棒了吧。"临济发出嘘嘘声。黄檗说："我禅宗到你，这预记才应验。"

有一年夏安居（雨季时和尚有三个月左右的时间禁止云游而在寺内修行），临济修到一半，就打破禁例，上黄檗看望师父。当他见到黄檗和尚正在看经，便说："我原以为师父在丛林中算得上是个人物，却原来亦是一个只晓得看经念佛的唵黑豆老和尚。”因此，临济住了几天，便要下山。黄檗说：“你违反夏安居禁例半途上山，如今又要半途下山吗？”临济说：“我这次来只是向师父问好，没打算久留的。”黄檗即用杖赶他下山。临济走出几里路，心中忐忑不安，疑惑此事有些不妥，便又转回去过完了夏安居。

某天又向黄檗辞行，黄檗问：“你打算往什么地方去？”临济说：“不去河南，就往河北。”黄檗又用拄杖打他，这一次临济用手捉住拄杖，说：“你这老汉，不要乱施枷棒，错打了人。”黄檗呼唤侍者：“拿几块禅板来。”临济亦跟着喊道：“侍者举几把火来。”黄檗说：“不要这样，你只管去吧，以后你会坐断天下人的舌头的。”临济于是离去。

临济来到熊耳塔头，塔主问：“你是先礼拜佛，还是先礼拜祖？”临济说：“我祖佛都不礼拜。”塔主问：“祖佛与你是什么冤家，你都不礼拜？”临济拂袖而去。

临济后来回到故乡，应赵人之请，住城南临济禅苑，参禅学侣奔凑而来。一天，临济上堂说：“各位，在人的肉体中有一无位真人，常通过诸人的面门（眼、耳、鼻、舌等）进进出出，你们有谁还不知晓，就来问我老僧。”这时有僧出来问：“什么是无位真人？”临济便向这僧打去，说：“你这无位真人是什么干屎橛！”

临济问乐普说：“长期以来，我禅门有人行棒，有人呼喝，你觉得哪个更亲切？”乐普说：“都不太亲切。”临济问：“什么才算亲切？”乐普便喝，临济就打。

临济问木口和尚：“什么是露地白牛？”木口发出“吽吽”声，临济跟着发出“哑哑”声。木口问：“老兄你在做什么？”临济说：“这畜生。”

大觉来参临济，临济举起拂子，大觉铺开坐具。临济掷下拂子，大觉收起坐具，进入僧堂。众僧问：“这僧莫非是和尚亲友，既不礼拜和尚，又不遭和尚棒打。”临济听说后，派人去喊大觉出来，问：“大家说你没有参见长老。”大觉说：“不知道。”便自回到僧众中。

麻谷来参见临济，铺开坐具后，问道：“十二面观音，哪面是正面？”临济跳下绳床，一手收起麻谷的坐具，一手抓住麻谷说：“十二面观音向什么地方去了？”麻谷转身想坐到禅床上去，临济就用拄杖打他，麻谷接住拄杖，两人扭打着进了方丈。

临济上堂说：“各位，求法的人，当置生死于度外，不避丧身失命。我在黄檗和尚处，曾三次遭棒打，如蒿枝拂那样。想当初黄檗和尚棒打的亲切，如今还想吃他一顿棒打，谁人能下手能给我吃一棒呢？”这时有僧说：“我来下手，和尚要吃多少棒打呢？”临济给他拄杖，那僧伸手来接，临济顺手打他一杖。

临济接引人有三句，僧问：“什么是第一句？”临济说：“三要印开朱点窄，未容拟议主宾分。”(分清主、客)僧问：“什么是第二句？”临济说：“妙解岂容无着问，沤和争负截流机。”(排除无谓之问，截住外觅之机)僧问：“什么是第三句？”临济说：“看取棚头弄傀儡，抽牵全借里头人。”(看取其纯心)临济又说：“一句话须具三玄门，三玄门须具三要，有权有实，有照有用，你们各位要怎么理会？”

临济义玄禅师在唐咸通七年(公元八六六年)丙戌四月十日将灭世时传法偈说：

沿流不止问如何，真照无边说似他；
离相离名如不禀，吹毛用了急须磨。

偈毕，坐逝。谥为慧照禅师，塔曰澄灵。

5 青原系法嗣

第一世石头希迁

原典

石头希迁大师，端州高要人也，姓陈氏。母初怀妊，不喜荤茹。师虽在孩提，不烦保母。既冠，然诺自许。乡洞獠民畏鬼神，多淫祀，杀牛釃酒，习以为常。师辄往，毁丛祠，夺牛而归。岁盈数十，乡老不能禁。后直造曹溪，六祖大师度为弟子。未具戒，属祖师圆寂①，禀遗命谒于庐陵青原山思禅师，乃褶衣从之。

一日，思问师曰："有人道岭南有消息。"师曰："有人不云云。"曰："若恁么，大藏小藏②从何而来？"师曰："尽从这里去，终不少他事。"思甚然之。师于唐天宝初，荐之衡山南寺。寺之东有石，状如台，乃结庵其上，时号“石头和尚”。

师一日上堂曰：“吾之法门，先佛传授。不论禅定精进，达佛之知见，即心即佛。心佛众生，菩提烦恼，名异体一。汝等当知，自己心灵，体离断常，性非垢净，湛然圆满，凡圣齐同，应用无方，离心意识。三界六道[③]，唯自心现。水月镜像，岂有生灭？汝能知之，无所不备。”时门人道悟问：“曹溪意旨谁人得？”师曰：“会佛法人得。”曰：“师还得否？”师曰：“我不会佛法。”

僧问：“如何是解脱？”师曰：“谁缚汝？”又问：“如何是净土？”师曰：“谁垢汝？”问：“如何是涅槃？”师曰：“谁将生死与汝？”

师问新到僧：“从什么处来？”僧曰：“江西来。”师曰：“见马大师否？”僧曰：“见。”师乃指一橛柴曰：“马师何似这个？”僧无对。却回，举似马大师。马曰：“汝见橛柴大小？”僧曰：“勿量大。”马曰：“汝甚有力。”僧曰：“何也？”马曰：“汝从南岳负一橛柴来，岂不是有力？”

问：“如何是西来意？”师曰：“问取露柱。”曰：“学人不会。”师曰：“我更不会。”

大颠问师：“古人云，道有道无是二谤，请师除。”师曰：“一物亦无，除个什么？”师却问：“并却咽喉唇吻，道将来。”颠曰：“无这个。”师曰：“若恁么，即汝得入门。”

道悟问："如何是佛法大意？"师曰："不得，不知。"悟曰："向上更有转处也无？"师曰："长空不碍白云飞。"问："如何是禅？"师曰："碌砖。"又问："如何是道？"师曰："木头。"自余门属领旨，所有问答，各于本章出焉。

师著《参同契》④一篇，辞旨幽浚，颇有注解，大行于世。南岳鬼神多显迹听法，师皆与授戒。广德二年，门人请下于梁端，广阐玄化。江西主大寂，湖南主石头，往来憧憧，并凑二大士之门矣。贞元六年庚午十二月二十五日顺世⑤，寿九十一，腊六十三。门人建塔于东岭。长庆中，谥无际大师，塔曰见相。

注释

①**圆寂：**佛教术语，指僧人的死亡。

②**大藏小藏：**藏是佛教言论的总汇。这里根据上下文的意思，指诸方执滞于岭南六祖言教的修禅者及其所开示的法门，实际上此类禅者不悟自心，故希迁说："尽从这里去，终不少他事。"

③**三界六道：**三界指凡夫生死往来的世界，包括欲界、色界、无色界三者。三界中又有六道，是众生生死轮回的六途，即地狱、饿鬼、畜生、阿修罗、人间、天上。这里泛指整个世界。

④**《参同契》：**五言偈颂体，全文仅二百二十字，收于本书原典卷三十。据传，希迁因读僧肇《涅槃无名论》，至“会万物以成己者，其唯圣人乎”句时，受到启发，而作《参同契》。事实上，《参同契》借用了东汉末年炼丹方士魏伯阳所撰《周易参同契》的名字，展开各种思想的会通。《参同契》从理事、心物、内外关系诸方面立论，把理事圆融看作认识的至极、成佛的关键。此种思想后来为曹洞宗所重视，成为该宗成立的哲学背景。《参同契》是一篇稀世奇作，它能在如此少的文字里，阐述理事关系这样重大的佛学问题，融涵了那么丰富的思想内容，实在具有《老子》五千言的古风和优美。

⑤**顺世：**又称顺化，指僧人的死亡。随顺世法而示死，凡人总有一死，因此称为顺世。

译文

石头希迁大师，是端州高要（今广东肇庆）人，俗姓陈。他似乎天生与佛有缘。他母亲当初怀妊的时候，就不喜吃荤。孩提时代，性情安静，亦不怎么麻烦保姆。成年后，沉毅果断，清高自许。乡洞土民因敬畏鬼神而多淫祀，杀牛祭酒习以为常，他就前去毁掉祭祀，夺牛而归。其态度之坚决，性格之勇猛，令乡民见而生畏，以致制止不了他这种极端行径。后来径赴曹溪参禅，被六祖惠能大师度为弟子，然而尚未受具足戒，六祖就圆寂了。不过，遵照六祖遗命，往庐陵青原山依止行思禅师。

一天，行思禅师问希迁："有人说岭南是禅的发祥地，是吗？"希迁说："有人不那么说。"行思说："如果不那么说的话，诸方修禅者从何而来呢？"希迁说："如果悟得了自心，终究什么亦不会少。"行思深以为然。希迁得法后，离开青原山，往南岳，在唐玄宗天宝初年（公元七四二年），因受人推荐而住衡山南寺。在南寺东面有一块大石，平坦如台，希迁就在此石上结庵而居，时人因此多称他为石头和尚。

石头禅师有一天上堂说："我的法门是先佛祖师次第传授，并不谈论禅定精进，只求通达佛之知见，而说即心即佛。心佛与众生，烦恼与菩提，名相虽异而本体同一。你们应当觉悟自己心灵，知其本体离断常之分，心性无垢净之别。就本体说，清澈圆满，超凡越圣；从事相而言，应用随机而不受拘限，任运自在。一切存在（三界六道），都是自心佛性的体现；离却自心佛性，一切都似水中月、镜中花，虚幻不实，哪里还有生灭可言呢？你们若能懂得此中的道理，就无须在这里参禅了。"当时有门人道悟问："曹溪六祖的意旨给什么人得去了？"石头说：“给会佛法的人得去了。”道悟问：“师父有没有得到呢？”石头说：“我不会佛法。”

有僧问：“怎样修行才得解脱呢？”石头说：“谁缚住你了？”僧问：“怎样修行才得净土呢？”石头说：“谁垢污你了？”僧问：“怎样修行才得涅槃呢？”石头说：“谁将生死给你了？”

石头问新来的僧人：“从什么地方来？”那僧说：“从江西来的。”石头说：“有没有见到马大师呀？”那僧说：“见到了。”石头乃指一捆柴禾问：“马大师是不是像这个呀？”那僧不知如何回答。却又回至江西，把这事说给马大师听。马祖说：“你见那捆柴大小了吗？”那僧说：“很大的。”马祖说：“你很有力气呀。”那僧说：“什么？”马祖说：“你从南岳背负一捆柴到江西，岂不是很有力气？”

有人问：“达磨祖师从西天来中土传扬什么意旨？”石头说：“去问大厅上的柱子。”那人说：“学人不明白光光的柱子怎么会回答我的问题。”石头说：“那我就更不明白了。”

大颠问石头：“古人云，说有说无，都是谤佛知见，与佛理不合。对此，我有些疑惑不解，请师父为我消除心头疑惑。”石头说：“本来无一物，你消除什么呢？”石头却问大颠：“不由咽喉，闭起嘴巴，你说说看。”大颠说：“没法说。”石头说：“若如此，你就入门了。”

道悟问："什么是佛法大意？"石头说："既不得，亦不知。"道悟问："悟入之后怎么样呢？"石头说："长空不碍白云飞。"（悟入之后，机境可以无限开拓，自在运用）又问："什么是禅？"石头答："碌砖。"又问："什么是道？"石头答："木头。"（道无所不在，即事能见理）另外还有其他一些门徒来参禅问道，所问所答无非上述这些，各于本章见。

石头希迁大师著有《参同契》一篇，辞旨幽深隐微，颇有注解，大行于世。以至南岳鬼神亦显迹听法，石头给其一一授戒，劝其向善。广德二年（公元七六四年）有门人请石头下山，到梁端（今湖南长沙）开禅传法，影响颇广。这时江西以大寂（马祖）为主，湖南以石头为主，各地参禅学人往来憧憧，都归附到二位大士门下。贞元六年（公元七九〇年）庚午十二月二十五日，石头大士圆寂，世寿九十一，僧腊六十三。门人在东岭建塔。长庆年间（公元八二一—八二四年）追谥为无际大师，塔名叫见相。

第二世天皇道悟

原典

荆州天皇道悟禅师，婺州东阳人也，姓张氏。神仪挺异，幼而生知，长而神俊。年十四，恳求出家，父母不听。遂誓志，损减饮膳，日才一食，形体羸悴。父母不得已而许之，依明州大德披削。二十五，杭州竹林寺具戒，精修梵行[①]，推为勇猛。或风雨昏夜，宴坐[②]丘冢，身心安静，离诸怖畏。一日，游余杭，首谒径山国一禅师，受心法，服勤五载。

唐大历中，抵钟陵造马大师，重印前解，法无异说。复住二夏[③]。乃谒石头迁大师，而致问曰："离却定慧，以何法示人？"石头曰："我这里无奴婢[④]，离个什么？"曰："如何明得？"石头曰："汝还撮得空么？"曰："恁么，即不从今日去也。"石头曰："未审汝早晚[⑤]从那边来？"曰："道悟不是那边人。"石头曰："我早知汝来处。"曰："师何以赃诬于人？"石头曰："汝身见在。"曰："虽如是，毕竟如何示于后人？"石头曰："汝道阿谁是后人？"师从此顿悟。于前二哲匠言下，有所得心，罄殚其迹。

后卜于荆州当阳柴紫山。学徒依附，驾肩接迹。都人士女，向风而至。时崇业寺上首以状闻于连帅，迎入郡。城之左有天皇寺，乃名蓝[⑥]也，因火而废。主寺僧灵鉴将谋修复，乃曰："苟得悟禅师为化主，必能福我。"乃中宵潜往哀请，肩舆[⑦]而至。遂居天皇。

时江陵尹右仆射裴公，稽首问法，致礼勤至。师素不迎送，客无贵贱，皆坐而揖之。裴公愈加归向。由是石头法道盛于此席。

僧问："如何是玄妙之说？"师曰："莫道我解佛法。"僧曰："争奈学人疑滞何？"师曰："何不问老僧？"僧曰："问了也。"师曰："去，不是汝存泊处。"

师元和丁亥四月示疾，命弟子先期告终。至晦日[⑧]，大众问疾。师蓦召典座，典座近前，师曰："会么？"对曰："不会。"师乃拈枕子抛于地上，即便告寂。寿六十，腊三十五。以其年八月五日，塔于郡东。

注释

①**梵行：**指修证涅槃的各种活动，亦指清净断除淫欲的修行。佛教认为这种修行可使人升入梵天，故称梵行。

②**宴坐：**指坐禅。宴同晏，安然、默然。

③**二夏：**即两个夏安居，代指两年。

④**奴婢：**本是为人使役的男女奴隶的称呼，禅师有

时却用来指称像“定慧”这样的法门。又如本书药山禅师答李翱：“什么是戒定慧？”他说：“贫道这里没有这种闲家具。”其中“闲家具”与此处“奴婢”之意相近。

⑤**早晚**：时间不定，代指什么时候。

⑥**名蓝**：有名伽蓝的简称，伽蓝指寺庙。

⑦**肩舆**：轿子。李绅《入扬州郭》诗：“自缘多病喜肩舆。”

⑧**晦日**：农历每月的最末一天。

译文

荆州天皇道悟禅师，是婺州东阳（今浙江）人，俗姓张。幼而聪慧，长而神俊。十四岁时恳求出家，父母不听。遂誓志向佛，损减饮食，一天才吃一餐，饿得形容憔悴，体质羸弱，父母不得已而允许了他的请求。他于是依明州大德削发出家。二十五岁在杭州竹林寺受具足戒，精修清净身心的梵行，推为勇猛。他有时在风雨交加的昏沉沉的夜晚，宴坐在荒丘枯冢间，心中毫无恐怖畏惧之感。一天，云游余杭（今杭州），首次参谒径山国一禅师，受其心法而服勤五年。

唐大历年间（公元七六六—七七九年）抵达钟陵（今江西）造访马大师，得马大师点化，道法更加精进，于是又在这里过了两个夏安居。后来参谒石头大师，向他致问：“离却了定慧，用什么法门示人呢？”石头说：“我这里没有可使唤的奴婢，你离个什么呢？”道悟又问：“如何悟得呢？”石头说：“你能捉住空吗？”道悟说：“如果那样的话，我今天就不会来和尚这边参禅了。”石头说：“不知你什么时候从那边来？”道悟说：“道悟不是那边人。”石头说：“我早知道你的来处。”道悟说：“大师为什么栽赃诬陷人？”石头说：“因为你还没忘了自身。”道悟说：“尽管如此，大师毕竟如何开示后人？”石头说：“你以为谁是后人？”道悟从此顿悟。在前面马祖、石头二位哲匠的共同熏陶下，道悟对禅宗宗旨深有所得，道悟藏迹匿形。

后来卜居于荆州当阳柴紫山，学徒摩肩接踵来依附。都人士女向往其道风，亦都衷心仰慕他。当时崇业寺上首把这种盛况禀告了于连帅，于公把道悟禅师迎入郡城东面的天皇寺。此寺是古时有名的伽蓝，当年因一场大火而化为一片废墟。而今主寺僧灵鉴谋划着要修复它，想重现其昔日的壮观的景象。灵鉴说：“如果能请来道悟禅师为此寺住持，必定能福荫我等。”于是静静的深夜里，他悄悄地来到道悟的住所，经过苦苦地恳求，终于用轿子把道悟抬了来，道悟遂居天皇寺。

那时江陵尹右仆射裴公休经常来此向道悟禅师问法致礼，十分殷勤和诚恳。可道悟禅师对来客素不迎送，亦不分贵贱，一概让座施礼。裴休由此对道悟愈加钦敬和向往。从此石头的禅法兴盛于此间。

有僧问：“什么是玄妙的禅理？”道悟说：“不要说我懂佛法。”僧说：“对于学人的疑惑和执滞，禅师有什么办法呢？”道悟说：“为什么不问老僧？”僧说：“问了呀。”道悟说：“去吧，这里不是你栖息的地方。”

元和丁亥岁（公元八〇七年）四月，道悟生病，跟弟子们说要先走一步了。本月的最末一天，大家都来看望禅师的病情。道悟蓦然召唤典座，典座近前，道悟说：“会么？”典座说：“不会。”道悟于是把枕头抛在地上，就这样圆寂了。世寿六十，僧腊三十五。那一年的八月五日在郡城的东面建塔。

第二世丹霞天然

原典

邓州丹霞山天然禅师，不知何许人也。初习儒学，将入长安应举。方宿于逆旅[1]，忽梦见白光满室。占者曰：“解空之祥也。”偶一禅客问曰：“仁者何往？”曰：“选官去。”禅客曰：“选官何如选佛？”曰：“选佛当往何所？”禅客曰：“今江西马大师出世，是选佛之场，仁者可往。”

遂直造江西。

才见马大师，以手托幞头额[②]。马顾视良久曰："南岳石头是汝师也。"据抵南岳，还以前意投之。石头曰："着槽厂去。"师礼谢，入行者房。随次，执爨役，凡三年。

忽一日，石头告众曰："来日刬佛殿前草。"至来日，大众诸童行各备锹钁刬草，独师以盆盛水净头，于和尚前胡跪。石头见而笑之，便与剃发。又为说戒法，师乃掩耳而出。便往江西，再谒马师。未参礼，便入僧堂内，骑圣僧颈而坐。时大众惊愕，遽报马师。马躬入堂，视之曰："我子天然！"师即下地礼拜曰："谢师赐法号。"因名天然。马师问："从什么处来？"师云："石头。"马云："石头路滑，还跶倒汝么？"师曰："若跶倒，即不来。"

乃杖锡观方[③]。居天台华顶峰三年，往余杭径山礼国一禅师。唐元和中，至洛京龙门香山，与伏牛和尚为莫逆之友。后于慧林寺，遇天大寒，师取木佛焚之。人或讥之，师曰："吾烧取舍利。"人曰："木头何有？"师曰："若尔者，何责我乎？"

师一日谒忠国师，先问侍者[④]："国师在否？"曰："在即在，不见客。"师曰："太深远生。"曰："佛眼亦觑不见。"师曰："龙生龙子，凤生凤儿。"国师睡起，侍者以告，国师乃鞭侍者二十棒，遣出。后丹霞闻之，乃云："不谬为南阳国师。"

至明日，却往礼拜，见国师便展坐具，国师云：“不用，不用。”师退步，国师云：“如是，如是。”师却进前，国师云：“不是，不是。”师绕国师一匝便出。国师云：“去圣时遥，人多懈怠，三十年后觅此汉也还难得。”

师访庞居士，见女子取菜次。师云：“居士在否？”女子放下篮子，敛手而立。师又云：“居士在否？”女子便提篮子去。

元和三年，师于天津桥横卧，会留守郑公出，呵之不起。吏问其故，师徐曰：“无事僧。”留守异之。奉束素及衣两袭，日给米面。洛下翕然归信[⑤]。

至十五年春，告门人言：“吾思林泉终老之所。”时门人令齐静方卜南阳丹霞山，结庵以奉事。三年间玄学者至，盈三百，众构成大院。

师上堂曰：“阿尔浑家[⑥]，切须保护一灵之物，不是尔造作名貌得，更说什么荐与不荐？吾往日见石头和尚，亦只教切须自保护，此事不是尔谭话得。阿尔浑家各有一坐具地，更疑什么？禅可是尔解底物？岂有佛可成？佛之一字，永不喜闻。”

有僧到参，于山下见师，乃问：“丹霞山向什么处去？”师指山曰：“青黯黯地。”僧曰：“莫只这个便是吗？”师曰：“真师子儿，一拨便转。”师问僧：“什么处宿？”云：“山下宿。”师曰：“什么处吃饭？”曰：“山下吃饭。”师曰：

“将饭与阇梨吃底人，还具眼也无？”僧无对。

师以长庆四年六月二十三日，告门人曰：“备汤沐，吾欲行矣。”乃戴笠，策杖，受履，垂一足，未及地而化。寿八十六。门人斫石为塔。敕谥智通禅师，塔号妙觉。

注释

①**逆旅**：寄宿的地方。旅店、客栈。

②**幞头额**：古代系于额上的一种头巾。

③**杖锡观方**：持着锡杖去寻师访友，云游四方。

④**侍者**：禅林中为住持服务的弟子辈僧人。

⑤**翕然归信**：翕然，指言论和行为一致。衷心仰慕其禅风。

⑥**阿尔浑家**：方言，相当于今说“糊涂虫”。

译文

邓州（今河南邓县）丹霞山天然禅师，其籍贯和俗家姓氏不详。只知他当初修习儒学，本来要去长安应试举人。可是寄宿旅店时，忽梦见白光满室。占梦的人为他解释说：“这是悟解空理的祥兆。”正好事有凑巧，遇一禅客问他：“施主，这是要去哪里？”他说：“到长安考试做官去。”禅客说：“考试做官何如参禅做佛？”他便问：“要参禅做佛，当去哪里？”禅客说：“如今马大师出现于世，是参禅做佛的好道场，施主可往那里。”于是，这位年轻的儒生不去长安应举，径至江西参禅。

来到江西，当一见到马大师，就用手托着头巾，马祖端详良久说：“南岳石头是你师。”他于是马不停蹄，又很快抵达南岳，投石头门下。他向石头表明了来意，石头说：“打扫槽厂去。”他施礼道谢，退入行者房歇息。此后随大众干粗活儿，达三年。

忽然有一天，石头和尚告诉大众说：“明天要划佛殿前面的杂草。”第二天，大众都个个准备了锹、镬等工具去佛殿前划草，唯独丹霞天然盛来一盆水，把头洗干净，在石头和尚面前跪下。石头见此情景，爽然大笑，便给他剃了发。又要为他说戒法，他便捂着耳朵跑开了。他一下子又来到了江西，第二次拜谒马大师。然而这次他没有直接去参礼马大师，却进入僧堂内，骑坐在圣僧的颈脖上。众僧见了都惊愕不已，赶紧把这消息报告给马大师。马祖亲自来到僧堂，看见丹霞如此行状，脱口而出：“我子天然！”丹霞即下地礼拜说：“多谢师父赐我法号。”天然之名由此而来。马祖问：“从什么地方来呀？”天然说：“从石头和尚那里来的。”马祖说：“石头那里路滑得很，你摔倒没有？”天然说：“若摔倒就不会来了。”

丹霞天然于是携禅杖去四处游方（参禅问道，寻师访友）。先是在天台山华顶峰住了三年，接着往余杭参礼径山国一禅师。唐元和年间（公元八〇六一八二〇年），又来到洛阳龙门香山，与伏牛和尚结为莫逆之交。后来在慧林寺遇到天气大寒，他便取来木佛，烧火取暖。有人讥责他，他说："我烧取舍利。"那人说："木头里怎会有舍利？"他说："若既无舍利，那你又何必责骂我呢？"

天然有一天去参见南阳慧忠国师，先问侍者："国师在不在呀？"侍者说："在虽在，但不见客。"天然说："太见外了。"侍者说："连佛眼亦看不见。"天然说："龙生龙子，凤生凤儿。"待国师睡醒起身后，侍者把天然来过的事情告诉他，他却把侍者打了二十棒，并赶出山门。后来丹霞天然听说此事，不禁赞道："不愧为南阳国师！"

第二天，天然又去礼拜国师，见到国师便铺开坐具，国师说："不用了，不用了。"天然便退步告辞，国师说："是这样，是这样。"天然又往前进步，国师说："不是，不是。"天然于是围绕国师转了一圈便出去了。国师说："离佛世遥远的时代，人们大多懈怠于佛法，而像丹霞天然这样的人，三十年后亦还难得。"

天然又访庞居士，见一女子洗菜，便问："居士在不在？"那女子放下篮子敛手而立。天然又问："居士在不在？"那女子便提着篮子径自去了。

唐元和三年（公元八〇八年），天然禅师横卧在天津桥上，正碰上留守郑公出外巡访，开道的役吏呵之不起，便责问他："为何挡住留守去路？"天然慢吞吞地说："无事僧。"郑留守感到奇异，吩咐手下送给他一束白布、两件衣服，并供给他米面。由此，洛阳一带纷纷归信天然禅师。

唐元和十五年（公元八二〇年）春，天然禅师告诉门人说："我想找一块林泉作为终老的场所。"当时门人令齐静正卜居南阳丹霞山（今河南），听说师父有此心愿，便构建小庵，请师父来此传禅。三年间来此参禅的学徒超过三百，原来的小庵亦变成了大禅苑。

丹霞天然禅师上堂说："在座诸位，切须保护你们各自的一灵之物（自心佛性），知道它不是由语言、文字得来，更不要说再通过别人的口来说教了。我过去参见石头和尚，他亦只是教我切须保护自己的灵性，说此事不是从你我的谈话得来。试问在座诸位，既各有一席之地，那么还怀疑什么？禅可是你悟解的东西吗？佛可是求成的吗？在我看来，'佛'这一个字，永远不喜欢听。"

有僧来丹霞山参禅，在山下碰见丹霞天然，就问："去丹霞山向什么方向走？"天然禅师指着山说："那青黯黯一片就是。"僧说："莫非这个便是吗？"天然说："真是伶俐的徒儿，只要一拨便转。"天然问僧："到什么地方寄宿呀？”那僧说：“在丹霞山下寄宿。”又问僧：“到什么地方吃饭呢？”那僧说：“亦在丹霞山下吃饭。”又问僧：“将饭给你吃的人，有没有长眼睛呢？”僧不能答。

唐长庆四年（公元八二四年）六月二十三日，丹霞天然禅师告诉门人说：“备好汤水沐浴，我要去了。”于是戴上斗笠，拿过禅杖，穿起芒鞋，垂下一脚，那只脚还没着地就涅槃了。世寿八十六。门人凿石为塔。敕谥智通禅师，塔号妙觉。

第二世药山惟俨

原典

澧州药山惟俨禅师，绛州人，姓韩氏。年十七，依潮阳西山慧照禅师出家。唐大历八年，纳戒[①]于衡岳希操律师，乃曰：“大丈夫当离法自净，岂能屑屑事细行于布巾耶？”即谒石头，密领玄旨。

一日，师坐次，石头睹之，问曰：“汝在这里作么？”曰：“一切不为。”石头曰：“恁么即闲坐也。”曰：“若闲坐，即为也。”石头曰：“汝道不为，且不为个什么？”曰：“千圣亦不识。”石头以偈赞曰：

从来共住不知名，任运相将只么行。

自古上贤犹不识，造次凡流岂可明？

石头有时垂语曰："言语动用勿交涉。"师曰："不言语动用，亦勿交涉。"石头曰："这里针札不入。"师曰："这里如石上栽华。"石头然之。师后居澧州药山，海众云会。

院主报："打钟[②]也，请和尚上堂。"师曰："汝与我擎钵盂去。"曰："和尚无手来多少时？"师曰："汝只是枉披袈裟。"曰："某甲只恁么，和尚如何？"师曰："我无这个眷属。"

师见园头栽菜次，师曰："栽即不障汝栽，莫教根生。"曰："既不教根生，大众吃什么？"师曰："汝还有口么？"无对。

僧问："如何不被诸境惑？"师曰："听他何碍汝？"曰："不会。"师曰："何境惑汝？"僧问："如何是道中至宝？"师曰："莫谄曲。"曰："不谄曲时如何？"师曰："倾国不换。"

一日，院主请师上堂，大众才集，师良久，便归方丈闭门。院主逐后曰："和尚许某甲上堂，为什么却归方丈？"师曰："院主，经有经师，论有论师，律有律师，又争怪得老僧？"

师问云岩："作什么？"岩曰："担屎。"师曰："那个聻？"岩曰："在。"师曰："汝来去为谁？"曰："替他东西。"

师曰："何不教并行？"曰："和尚莫谤他。"师曰："不合恁么道。"曰："如何道？"师曰："还曾担么？"

师坐次，有僧问："兀兀地思量什么？"师曰："思量个不思量底。"曰："不思量底如何思量？"师曰："非思量。"

师问饭头："汝在此多少时也？"曰："三年。"师曰："我总不识汝。"饭头罔测，发愤而去。

僧问："身命急处如何？"师曰："莫种杂种。"曰："将何供养？"师曰："无物者。"

师令供养主钞化，甘行者问："什么处来？"僧曰："药山来。"甘曰："来怎么？"僧云："教化。"甘云："将得药来么？"曰："行者有什么病？"甘便舍银两锭曰："有人即送来，无人即休。"师怪僧归太急，僧曰："问佛法相当，得两锭银。"师令举其语，举已，师令僧速送还行者家。行者见僧回，云："僧来。"遂添银施之。

师书"佛"字，问道吾："是什么字？"吾云："佛字。"师云："多口阿师。"

僧问："已事未明，乞和尚指示。"师良久，曰："吾今为汝道一句亦不难，只宜汝言于下便见去犹较些子，若更入思量，却成吾罪过，不如且各合口免相累。"及大众夜参[③]，不点灯，师垂语[④]曰："我有一句子，待特牛生儿即向汝道。"时有僧曰："特牛生儿也，何以不道？"师曰："把灯来。"其僧抽退入众。

僧问：“祖师未到此土，此土还有祖师意否？”师曰：“有。”僧曰：“既有祖师意，又来作什么？”师曰：“只为有所以来。”

师看经，有僧问：“和尚寻常不许人看经，为什么却自看？”师曰：“我只图遮眼。”曰：“某甲学和尚还得也无？”师曰：“若是汝，牛皮也须看透。”

朗州刺史李翱向师玄化，屡请不起，乃躬入山谒之。师执经卷不顾，侍者白曰：“太守在此。”翱性褊急，乃言曰：“见面不如闻名。”师呼太守，翱应诺，师曰：“何得贵耳贱目？”翱拱手谢之。问曰：“如何是道？”师以手指上下曰：“会么？”翱曰：“不会。”师曰：“云在天，水在瓶。”翱乃欣惬作礼，而述一偈曰：

练得身形似鹤形，千株松下两函经；
我来问道无余说，云在青天水在瓶。

翱又问：“如何是戒定慧？”师曰：“贫道这里无此闲家具。”翱莫测玄旨。师曰：“太守欲得保任此事，直须向高高山顶坐，深深海底行。闺阁中物舍不得，便为渗漏。”

师一夜登山经行，忽云开见月，大笑一声，应澧阳东九十许里。居民尽谓东家，明晨迭相推问，直至药山。徒众云：“昨夜和尚山顶大笑。”李翱再赠诗曰：

选得幽居惬野情，终年无送亦无迎；

有时直上孤峰顶，月下披云笑一声。

师大和八年二月，临顺世，叫云："法堂倒！法堂倒！"众皆持柱撑之。师举手云："子不会我意。"乃告寂。寿八十有四，腊六十。入室弟子冲虚建塔于院东隅。敕谥弘道大师，塔曰化城。

注释

①**纳戒**：即受戒。

②**打钟**：丛林规制，凡集众上殿则僧堂鸣钟，长老升堂则法堂击鼓。普请则开梆、催板，新住持入院则钟鼓齐鸣。另外，凡禅堂坐禅、佛殿念诵、食堂斋粥、入浴送亡等一切行事都依钟鼓等号令进行。这样，从朝至暮，钟鼓交参，禅寺别有一番人间所无的意境。

③**夜参**：禅门集众坐禅，说法念诵，称为参。参是交参、参会的意思。清旦升堂是早参，日暮念诵为晚参，非时说法则是小参。一般禅师垂语之外多用参语，即参言外妙旨之意。

④**垂语**：禅门宗匠上堂为接引学人而垂示的言语。

译文

澧州（今湖南澧县）药山惟俨禅师，是绛州（今山西）人，俗姓韩。十七岁依潮阳西山慧照禅师出家。唐大历八年（公元七七三年），在衡岳希操律师处受戒。药山说：“大丈夫应当离开清规戒律的约束而自己清净身心，岂能像一个俗士事事循规蹈矩呢？”于是去参谒石头和尚，密受心印，顿悟玄旨。

一天，药山坐禅，被石头和尚看见，问：“你在这里做什么？”药山说：“什么亦不做。”石头说：“那样的话，你是闲坐吧？”药山说：“若闲坐，亦是一种作为。”石头又说：“你说你什么亦不做，到底不做什么呢？”药山说：“自古贤圣，没有哪个晓得的。”石头禅师以偈赞道：

> 从来共住不知名，任运相将只么行。
> 自古上贤犹不识，造次凡流岂可明？

石头和尚有时告诉药山说：“若要悟禅，就不要跟语言文字多交涉。”药山说：“我连这种不跟语言文字多交涉的想法亦没有。”石头说：“你这里倒是针亦扎不进去。”药山说：“这里如石头上栽花。”石头深以为然。药山惟俨禅师后来居住在澧州的药山，四海禅众云集会下。

院主来报药山：“打钟了，请和尚上堂。”药山说：“你给我擎着钵盂去。”院主说：“和尚什么时候没有手了？”药山说：“你人在僧门枉披袈裟。”院主说：“我既如此，和尚又如何呢？”药山回答：“我没有你这个眷属。”

药山看见园头栽菜，说：“菜不能教你不栽，但莫要教根生起。”园头说：“既不教菜根生，菜如何长？大众吃什么？”药山说：“你还有口吗？”园头不知所对。

有僧来问：“怎样修行才不被诸境迷惑？”药山说：“随它去，又有什么妨碍你？”那僧说：“我不明白你意思。”药山说：“试问什么境相迷惑你了？”那僧答不上来。僧问：“修道中最宝贵的是什么？”药山说：“不违背本心。”那僧说：“做到这一点后又如何呢？”药山说：“倾国的珍宝给你，你都不换的。”

一天，院主请药山上堂，大众才聚集起来，药山却不一会儿便归方丈把门关闭。院主随后跟来，问：“和尚答应了我上堂，为什么很快就回归方丈？”药山说：“院主，经有经师，论有论师，律有律师，怎怪得老僧？”

药山问云岩：“你在干什么呢？”云岩说：“担屎。”药山说：“那个还在吗？”云岩说：“在。”药山说：“你这样来来去去为谁呢？”云岩说：“就是为那个忙东忙西。”药山说：“为什么不把那个一起担来呢？”云岩说：“和尚莫乱点鸳鸯谱。”药山说：“刚才我不该那么说。”云岩问：“该怎么说呢？”药山说：“你还担屎吗？”

药山静坐沉思，有僧来问：“兀兀地思量什么？”药山说：“思量那不思量。”问：“不思量如何能思量呢？”药山说：“非思量（超越思量或不思量）。”

药山问管饭的僧人："你在此多少时候了？"答说："三年。"药山说："我怎么老不认识你（的本来面目）？"那僧人惘然莫测药山的深意，结果发愤而去。

僧问："身命危急的时候，如何处置？"药山说："莫种杂种。"僧问："用什么来供养呢？"药山说："无物。"

药山派供养主去甘行者那里化缘，甘行者问："从什么地方来？"僧说："从药山来。"甘说："来做什么？"僧说："教化。"甘说："你带药来了吗？"僧说："行者有什么病？"甘便施舍白银两锭说："有人就送来，没人就算了。"供养主回去之后，药山怪他回来太急了，僧说："甘行者问我佛法，我施以妙对，便得白银两锭。"药山问他具体怎么对答，之后，药山令他赶快把所得白银还送行者家，行者见僧回来，说："果然你还是回来了。"遂添加银两给僧。

药山书写一佛字，问道吾："是什么字？"道吾说："佛字。"药山说："真是多口阿师。"

僧问："己事未明，乞请和尚给予指示。"药山过了一会儿说："我今为你说一句亦不难，只是你于言下便悟还差不多，若更入思量拟议，起心外求，就是我的罪过了。与其这样，倒不如现在就不开口，以免害累你。"等到大众晚间都来参禅，禅堂里还没有点灯，药山说："我有一句话，待大牛生了小儿，我就说给你们。"这时有僧出来说："大牛已生儿，师父怎么还不说？"药山说："把灯拿来。"那僧便抽身退入僧众。

僧问："达磨祖师未到此土时，此土还有祖师意旨吗？"药山说："有的。"僧说："既有祖师意旨，那达磨又何必来呢？"药山说："正因为有，所以才来。"

药山在看经，有僧来问："和尚平常不许人看经，而今为什么自己却看起经来？"药山说："那是因为还有尘遮眼。"那僧说："我学和尚看经，还可以吗？"药山说："如果是你的话，看穿牛皮亦不为过。"

朗州刺史李翱仰慕药山禅师，屡次延请他都不下山。有一天，便亲自入山拜访。药山手执经卷，只顾看经，不理会李翱的到来。一旁的侍者提醒禅师："太守在此。"李翱性子褊急，见不被理会，便起身告退，说："见面不如闻名。"这时药山呼喊太守，李翱答应一声，药山说："怎么能贵耳贱目？"李翱拱手礼谢。问："什么是道？"药山用手指指上面，又指指下面，说："会么？"李翱说："不会。"药山说："云在青天水在瓶。"李翱豁然顿悟，欣然施礼，并述一偈说：

练得身形似鹤形，千株松下两函经；
我来问道无余说，云在青天水在瓶。

李翱又问："什么是戒定慧？"药山说："贫道这里没

有这种闲家具。”李翱莫测玄旨。药山则对他说：“太守想修行佛法，只须向高高山顶坐（上求菩提），深深海底行（下化众生）。如果连闺阁中的东西都舍不得，就别说什么消除烦恼，净心参佛了。”

药山禅师有一天夜间登山漫行，忽见乌云散去，明月呈现，他朗然大笑起来。这笑声据说远播到澧阳向东九十里之外。这一带的居民第二天清晨起来都迭相推问这笑声来自何处，一直传到药山。徒众告诉他们说：“是昨夜和尚在山顶大笑。”李翱听说此事后，再赋诗说：

选得幽居惬野情，终年无送亦无迎；
有时直上孤峰顶，月下披云笑一声。

药山惟俨禅师在大和八年（公元八三四年）二月，临入灭时叫道：“法堂倒！法堂倒！”徒众听到师父叫喊，都赶来持柱撑住法堂。药山摆摆手说：“你们不会我意。”于是圆寂。世寿八十四，僧腊六十。入室弟子冲虚在院东隅为师建塔。敕谥弘道大师，塔叫化城。

第三世龙潭崇信

原典

澧州龙潭崇信禅师，本渚宫卖饼家子也，未详姓氏。少而英异。初，悟和尚为灵鉴潜请居天皇寺，人莫之测。师家居于寺巷，常日以十饼馈之。悟受之，每食毕，常留一饼曰："吾惠汝以荫子孙。"师一日自念曰："饼是我持去，何以返遗我耶？其别有旨乎？"遂造而问焉，悟曰："是汝持来，复汝何咎？"师闻之，颇晓玄旨，因请出家。悟曰："汝昔崇福善，今信吾言，可名崇信。"由是服勤左右。

一日，问曰："某自到来，不蒙指示心要。"悟曰："自汝到来，吾未尝不指汝心要。"师曰："何处指示？"悟曰："汝擎茶来，吾为汝接。汝行食来，吾为汝受。汝和南时，吾便低首。何处不指示心要？"师低头良久，悟曰："见则直下便见，拟思即差。"师当下开解。乃复问："如何保任？"悟曰："任性逍遥，随缘放旷。但尽凡心，无别胜解①。"

师后诣澧阳龙潭栖止。僧问："髻中珠谁人得？"师曰："不赏玩者得。"僧曰："安着何处？"师曰："有处即道来。"

尼众问："如何得为僧去？"师曰："作尼来多少时也？"尼曰："还有为僧时也无？"师曰："汝即今是什么？"尼曰："现是尼身，何得不识？"师曰："谁识汝？"

李翱问："如何是真如般若？"师曰："我无真如般若。"翱曰："幸遇和尚。"师曰："此犹是分外之言。"

德山问："久向龙潭，到来潭又不见，龙亦不现。"师曰："子亲到龙潭。"德山即休。

注释

①**无别胜解：**与胜解没有分别。胜解是佛教七十五法中十大地法之一，百法中五别境之一，指对所缘之境决定印可而不可移转。

译文

澧州龙潭崇信禅师，原是渚宫（今湖北）卖饼人家的孩子，未详姓氏。少年即英才焕发。当初道悟和尚被灵鉴暗暗请来居住天皇寺，世人都莫知晓。崇信的家那时就在寺的巷子里，崇信每天早上都要送十个饼子给道悟和尚。和尚接受了崇信的馈赠，每每吃完又留下一饼还崇信，说："我嘉惠你，福荫你的子孙。"崇信有一天心中想道："饼是我持去的，为什么又还给我呢？莫非和尚别有深意吗？”于是造访和尚，询问是怎么一回事，道悟说：“是你持来，我又还你，这有什么可追究的呢？”崇信闻听，颇晓玄旨，于是请求出家为僧。道悟说：“你过去崇仰福善，而今又归信我言，可叫崇信。”从此崇信在道悟身边殷勤服侍，接受禅师的熏陶。

这样过了不知多少时候，有一天，崇信对道悟说：“自从我到来之后，不蒙和尚指示心要。”道悟说：“自从你到来之后，我有哪一天不指示你心要呢？”崇信说：“什么地方指示我了呢？”道悟说：“你捧茶来我接你的，你端饭来我受你的，你向我施礼时我低首还礼，我哪一处不指示你心要呢？”崇信听了道悟之言，低头沉思，道悟说：“见则直下便见，拟向思量就差了。”崇信当下开解。于是又问：“见后如何保任（修行）？”道悟说：“任性逍遥，随缘放旷。只要尽了凡心，就与佛法胜解没有分别。”

崇信后来栖止澧阳的龙潭（今湖南）。有僧问：“髻中宝珠，谁人能得？”崇信说：“不赏玩的人能得。”僧说：“得后安放在什么地方呢？”崇信说：“有地方就说出来。”

有不少比丘尼来问：“怎么样才能做和尚？”崇信问她们：“做比丘尼多长时间了？”比丘尼问：“有没有做和尚的时候呢？”崇信问：“你们现今是什么身？”比丘尼说：“现是比丘尼身，不是很分明么？”崇信说：“谁认识呢？”

李翱问：“什么是真如般若？”崇信说：“我没有真如

般若。”李翱说：“幸亏遇见了和尚。”崇信说：“这亦是多余的话。”

德山问：“早就向往龙潭，可到来之后，潭又不见，龙亦不现。”崇信说：“你已经亲自来到龙潭了。”德山于是罢休，没有再说。

第四世德山宣鉴

原典

朗州德山宣鉴禅师，剑南人也，姓周氏。丱岁出家，依年受具[①]。精究律藏，于性相诸经[②]贯通旨趣。常讲《金刚般若》，时谓之“周金刚”。厥后访寻禅宗，因谓同学曰：“一毛[③]吞海，海性无亏；纤芥投锋，锋利不动。学与无学，唯我知焉。”因造龙潭信禅师。

一夕，于室外默坐，龙问：“何不归来？”师对曰：“黑。”龙乃点烛与师，师拟接，龙便吹灭，师乃礼拜。龙曰：“见什么？”曰：“从今向去，不疑天下老和尚舌头也。”至明日便发。龙潭谓诸徒曰：“可中有一个汉，牙如剑树，口似血盆，一棒打不回头，他时向孤峰顶[④]上立吾道在。”

师抵于沩山，从法堂西过东，回视方丈。沩山无语，师曰："无也，无也。"便出。至僧堂前，乃曰："然虽如此，不得草草。"遂具威仪，上再参。才跨门，提起坐具，唤曰："和尚。"沩山拟取拂子，师喝之，扬袂而出。沩山晚间问大众："今日新到僧何在？"对曰："那僧见和尚了，更不顾僧堂，便去也。"沩山问众："还识这阿师也无？"众曰："不识。"沩曰："是伊将来有把茅盖头[5]，骂佛骂祖去在。"

师住澧阳三十年，属唐武宗废教[6]，避难于独浮山[7]之石室。大中初，武陵太守薛廷望再崇德山精舍，号古德禅院。将访求哲匠住持。聆师道行，屡请不下山。廷望乃设诡计，遣吏以茶盐诬之，言犯禁法。取师入州瞻礼，坚请居之，大阐宗风。

师上堂谓众曰："于己无事，则勿妄求，妄求而得，亦非得也。汝但无事于心，无心于事，则虚而灵，空而妙，若毛端许言之本末者，皆为自欺；毫厘系念，三涂[8]业因。瞥尔生情，万劫羁锁。圣名凡号，尽是虚声。殊相劣形，皆为幻色。汝欲求之，得无累乎？及其厌之，又成大患，终而无益。"

师上堂曰："今夜不得问话，问话者三十拄杖。"时有僧出，方礼拜，师乃打之。僧曰："某甲话也未问，和尚因什么打某甲？"师曰："汝是什么处人？"曰："新罗人。"师曰："汝未跨船舷时，便好与三十拄杖。"

龙牙问："学人仗莫邪剑拟取师头时如何？"师引颈。龙牙曰："头落也。"师微笑。龙牙后到洞山举前语，洞山曰："德山道什么？"云："德山无语。"洞山曰："莫道无语，且将德山落底头呈似老僧。"龙牙省过忏谢。有人举似师，师曰："洞山老人不识好恶，这个汉死来多少时，救得有什么用处？"

僧问："如何是菩萨？"师打曰："出去，莫向这里屙。"僧问："如何是佛？"师曰："佛即是西天老比丘。"

雪峰问："从上宗风以何法示人？"师曰："我宗无语句，实无一法与人。"岩头闻之曰："德山老人一条脊梁骨，硬似铁，拗不折。然虽如此，于唱教门中犹较些子。"

师寻常遇僧到参，多以拄杖打。临济闻之，遣侍者来参，教令："德山若打汝，但接取拄杖当胸一拄。"侍者到，方礼拜，师乃打。侍者接得拄杖，与一拄，师归方丈。侍者回举似临济，济云："后来疑这个汉。"

师上堂曰："问即有过，不问又乖。"有僧出礼拜，师便打。僧曰："某甲始礼拜，为什么便打？"师曰："待汝开口，堪作什么？"

师见僧来，乃闭门。其僧敲门，师曰："阿谁？"曰："师子儿。"师乃开门，僧礼拜。师便骑项曰："这畜生什么处去来？"

雪峰问："古人斩猫儿意如何？"师乃打趁，却唤师：

“会么？”峰曰：“不会。”师曰：“我恁么老婆也不会。”

僧问：“凡圣相去多少？”师便喝。

师因疾，有僧问：“还有不病者无？”师曰：“有。”曰：“如何是不病者？”师曰：“阿邪，阿邪。”

师复告诸徒曰：“扪空追响，劳汝心神。梦觉觉非，竟有何事？”言讫，安坐而化。即唐咸通六年乙酉十二月三日也。寿八十六，腊六十五。敕谥见性大师。

注释

①**依年受具：**在规定的年龄受具足戒，二十岁。

②**性相诸经：**指大小乘佛教各类经典。此种经典不外乎法性、法相二门，故名。

③**一毛：**一毛，极少。

④**孤峰顶：**形容德山禅师的机锋孤峻激烈，无人能及。

⑤**有把茅盖头：**有把茅草盖头以蔽风雨。譬喻在禅林有块立足之地。

⑥**唐武宗废教：**即会昌法难，在公元八四四年左右。

⑦**独浮山：**在今湖南境内。

⑧**三涂：**指火涂、血涂、刀涂三者。火涂有地狱猛火焚烧，血涂有畜生互相争食，刀涂有饿鬼、刀剑

的逼迫。

译文

朗州德山（今湖南常德）宣鉴禅师，是剑南（今四川成都）人，俗姓周。童年出家，二十岁受具足戒。先是精究律藏，同时对性相诸经亦能融会贯通。因常讲《金刚般若》，故而时人称之为“周金刚”。其后听说禅宗玄理深奥，便四处访寻禅师以试高低，他对同学说：“一毛吞大海，海性并不因此而亏阙；纤芥投利剑，剑锋不为其所动。禅宗有没有学问，我一试就知道了。”他于是来到龙潭（今湖南澧县）参见崇信禅师。

一天夜晚，在室外默坐，崇信禅师问：“为什么不进来呢？”德山说：“里面黑。”崇信于是点灯给他，他伸手来接，崇信又把它吹灭，德山便礼拜。崇信问他：“你悟见什么了？”他说：“从今后不再怀疑天下老和尚的舌头。”德山宣鉴于次日天明便离开了龙潭。龙潭禅师对徒众说：“我刚才遇见一个汉子，牙如剑树，口似血盆，一棒打下去不回头，将来必向孤峰顶上（向上求得妙悟之路）宣扬我的禅法。”

德山宣鉴又来到沩山，他从法堂的西面走到东面，又回过头来看望方丈。沩山和尚没有言语。他就说：“没有了，没有了。”便出去了。德山行至僧堂前自言自语：“虽然如此，不得草草了事。”于是重整仪容，再去参见沩山和尚。才跨进法堂门，提着坐具，便喊：“和尚。”沩山伸手想取拂子，德山则大喝一声，拂袖扬长而去。沩山到了晚间问大众：“今天新来的僧人还在吗？”回答说：“那僧见了和尚之后，没有再进僧堂便去了。”沩山问大众：“还认识这位僧人是谁吗？”大众说：“不认识。”沩山说：“这僧将来有把茅草盖头，惯于呵佛骂祖。”

德山宣鉴住在澧阳（今湖南）三十年，那时正当唐武宗会昌废佛，他避难于独浮山的石室。大中初年（公元八四七年），武陵太守薛廷望重修德山精舍，称为古德禅院，访求有道高僧住持。太守闻知德山宣鉴道行，屡请不下山，便巧设诡计，遣吏以茶盐诬陷，说他违犯禁法，把他捕入本州，然后去瞻礼，坚请他居住德山开禅传法。德山由此大阐宗风。

德山禅师上堂对大众说：“你们平常无事，切不可起心妄求。妄求而得的东西不是禅悟。你们只要无事于心，无心于事，就能获得虚而灵、空而妙的禅悟。如果有半句言语，便是自欺；有丝毫系念，便有堕落三涂（火涂、刀涂、血涂）之危险；有瞬间的迷情，便会使你的心灵受到万劫的羁锁。什么圣呀凡呀，统统都是虚假的；什么相呀形呀，亦都是空幻的。你想要有所求而不为其所累，可能吗？当你厌弃这一切的时候，又成大患，终而无益。”

德山上堂说：“今夜不可以问话，问话的人打三十拄杖。”这时有一位僧人出来向德山礼拜，德山便打他。那僧说：“我还没有问话呢，和尚为什么要打我？”德山问他：“你是什么地方人？”那僧说：“新罗（朝鲜）人。”德山说：“你上船出发的时候，便可以给你三十杖了。”

龙牙问：“学人手仗莫邪剑来取你头时你该怎么办？”德山引颈就戮。龙牙说：“头落了。”德山微微一笑。龙牙后来把这事说给洞山听，洞山问：“德山说什么了？”龙牙说：“德山没说什么。”洞山说：“你先不要说他无语，你且把他落的头拿来给老僧看看。”龙牙方省失言，惭愧不已。后来又有人把洞山、龙牙这事传给德山，德山说：“洞山老人不识好恶，这个汉子死了有多少时候了，救了他还有什么用处呢？”

有僧问：“什么是菩萨？”德山打他，说：“出去，不要在我这里屙屎。”又有僧问：“什么是佛？”德山说：“佛就是西天的老比丘。”

雪峰问：“自古以来禅宗宗风用何法开示学人？”德山说：“我宗从来没有语句言教，没有一法给人。”岩头听说后，说：“德山老人一条脊梁骨，坚硬似铁拗不折。虽然如此，在大乘教门人中还是有所欠缺（大乘教不但上求菩提，而且还须下化众生）。”

德山禅师平常凡遇新来僧人参禅，多用拄杖打人。临济听说后，派遣侍者来参禅，教他：“若是德山打你，只要接住他拄杖，当胸还他一拄杖。”侍者到后，正要礼拜，德山便打。侍者当真如临济所说，接住拄杖还他一杖，德山却归了方丈。侍者回去把这情况告诉了临济，临济说：“我以前错疑了这个汉子。”

德山上堂说：“问即不对，不问又不行。”有僧出来礼拜，德山便打。那僧说：“我才礼拜，和尚为什么便打？”德山说：“待你开口，那就晚了。”

德山见僧人来，便关上门。那僧敲门，德山说：“是谁？”僧答：“是徒儿。”德山便开门。那僧礼拜，德山便骑到他的颈项上，说：“这畜生什么地方跑来的？”

雪峰问：“古人斩猫有什么禅意？”德山便打他，赶他走，问道：“你会么？”雪峰说：“不会。”德山说：“我如此老婆心切，你还不会。”

僧问：“凡圣相去多少？”德山便喝。

德山生病后，有僧问：“还有不病的人吗？”德山说：“有。”那僧问：“什么是不病的人呢？”德山喊道：“阿哟，阿哟。”

德山临终时告诉诸徒：“追空逐响，徒劳心神；大梦觉醒，万事成非。”说罢，安坐而迁化。那是唐咸通六年

（公元八六五年）乙酉岁十二月三日。世寿八十六，僧腊六十五。谥为见性大师。

第四世洞山良价

原典

筠州洞山良价禅师，会稽人也。姓俞氏。幼岁从师，因念《般若心经》，以“无根尘”义问其师。其师骇异，曰：“吾非汝师。”即指往五泄山礼默禅师披剃。年二十一，嵩山具戒。游方，首谒南泉。值马祖讳，晨修斋次，南泉垂问众僧曰：“来日设马师斋，未审马师还来否？”众皆无对。师乃出，对曰：“待有是伴即来。”南泉闻已，赞曰：“此子虽后生，甚堪雕琢。”师曰：“和尚莫压良为贱。”

次参沩山，问曰：“顷闻忠国师有‘无情说法’，良价未究其微。”沩山曰：“我这里亦有，只是难得其人。”曰：“便请师道。”沩山曰：“父母所生，口终不敢道。”曰：“还有与师同时慕道者否？”沩山曰：“此去石室相连，有云岩道人。若能拨草瞻风[①]，必为子之所重。”

既到云岩，问：“无情说法，什么人得闻？”云岩曰：“无情说法，无情得闻。”师曰：“和尚闻否？”云岩曰：“我若闻，汝即不得闻吾说法也。”曰：“若恁么，即良价不闻和尚说法也。”云岩曰：“我说法汝尚不闻，何况无情说法也？”师乃述偈呈云岩曰：

也大奇，也大奇，无情解说不思议；
若将耳听声不现，眼处闻声方可知。

遂辞云岩。云岩曰：“什么处去？”师曰：“虽离和尚，未卜所止。”曰：“莫湖南去？”师曰：“无。”曰：“莫归乡去？”师曰：“无。”曰：“早晚却来？”师曰：“待和尚有住处即来。”曰：“自此一去，难得相见。”师曰：“难得不相见。”又问云岩：“和尚百年后，忽有人问，还貌得师真不？如何祇对？”云岩曰：“但向伊道，即这个是。”师良久，云岩曰：“承当这个事，大须审细。”师犹涉疑。后因过水睹影，大悟前旨。因有一偈曰：

切忌从他觅，迢迢与我疏。
我今独自往，处处得逢渠。
渠今正是我，我今不是渠。
应须恁么会，方得契如如。

他日，因供养云岩真，有僧问曰：“先师道只这是，莫便是否？”师曰：“是。”僧曰：“意旨如何？”师曰：“当时几错会先师语。”曰：“未审先师还知有也无？”师曰：“若不知有，争解恁么道？若知有，争肯恁么道？”

师在泐潭[2]，见初上座示众云：“也大奇，也大奇，佛界道界不思议。”师曰：“佛界道界即不问，且如说佛界道界是什么人？只请一言。”初良久无对。师曰：“何不急道？”初曰：“争即不得。”师曰：“道也未曾道，说什么争即不得？”初无对。师曰：“佛之与道，只是名字，何不引教？”初曰：“教道什么？”师曰：“得意忘言。”初曰：“犹将教意向心头作病在。”师曰：“说佛界道界病大小。”初因此迁化。

师至唐大中末，于新丰山接诱学徒，厥后盛化豫章高安之洞山。因为云岩讳日营斋，有僧问：“和尚于先师处得何指示？”师曰：“虽在彼中不蒙他指示。”僧曰：“既不蒙指示，又用设斋[3]作什么？”师曰：“然虽如此，焉敢违背于他？”僧问：“和尚初见南泉发迹，为什么与云岩设斋？”师曰：“我不重先师道德，亦不为佛法，只重不为我说破。”又因设忌斋，僧问：“和尚为先师设斋，还肯先师也无？”师曰：“半肯半不肯。”曰：“为什么不全肯？”师曰：“若全肯即孤负先师也。”

僧问：“欲见和尚本来师，如何得见？”曰：“年涯相似，即无阻矣。”僧再举所疑，师曰：“不蹑前踪，更请一问。”僧无对。云居代云：“恁么即某甲不见和尚本来师也。”师又曰：“还有不报四恩三有[4]者无？若不体此意，何超始终之患？直须心心不触物，步步无处所，常不间断，稍得相应。”

师问僧："什么处来？"曰："游山来。"师曰："还到顶否？"曰："到。"师曰："顶上还有人否？"曰："无人。"师曰："恁么即阇梨不到顶也。"曰："若不到顶，争知无人？"师曰："阇梨何不且住？"曰："某甲不辞住，西天有人不肯。"

师有时垂语曰："直道本来无一物，犹未消得他钵袋子[5]。"僧便问："什么人合得？"师曰："不入门者。"僧曰："只如不入门者还得也无？"师曰："虽然如此，不得不与他。"师又曰："直道本来无一物，犹未消得他衣钵，这里合下得一转语[6]，且道下得什么语？"有一上座下语九十六转，不惬师意。末后一转，始可师意。师曰："阇梨何不早恁么道？"

有一僧闻，请举，如是三年，执侍巾瓶[7]，终不为举。上座因有疾，其僧曰："某甲三年请举前话，不蒙慈悲。善取不得，恶取。"遂持刀向之曰："若不为某甲举，即便杀上座也。"上座悚然曰："阇梨且待，我为汝举。"乃曰："直饶[8]将来亦无处着。"其僧礼谢。

僧问："师寻常教学人行鸟道，未审如何是鸟道？"师曰："不逢一人。"曰："如何行？"师曰："直须足下无丝去。"曰："只如行鸟道，莫便是未来面目否？"师曰："阇梨因什么颠倒？”曰：“什么处是学人颠倒？”师曰：“若不颠倒，因什么认奴作郎[⑨]？”曰：“如何是本来面目？”师曰：“不行鸟道。”

师因看稻田次，朗上坐牵牛，师曰：“这个牛须好看，恐吃稻去。”朗曰：“若是好牛，应不吃稻。”

师问僧：“世间何物最苦？”僧曰：“地狱最苦。”师曰：“不然。”曰：“师意如何？”师曰：“在此衣线下不明大事，是名最苦。”

师问僧：“名什么？”僧曰：“某甲。”师曰：“阿那个是阇梨主人公？”僧曰：“见。”祇对次，师曰：“苦哉，苦哉！今时人例皆如此，只是认得驴前马后[⑩]将为自己。佛法平沉，此之是也。客中辨主尚未分，如何辨得主中主？”僧便问：“如何是主中主？”师曰：“阇梨自道取。”僧曰：“某甲道得即是客中主，如何是主中主？”师曰：“恁么道即易，相续也大难。”

师示疾，令沙弥去云居传语。又曰：“他忽问汝和尚有何言句，但道云岩路欲绝也。汝下此语，须远立，恐他打汝去。”沙弥领旨去。语未终，早被云居打一棒。沙弥无语。

师将圆寂，谓众曰：“吾有闲名在世，谁为吾除得？”众皆无对。时沙弥出曰：“请和尚法号。”师曰：“吾闲名已谢。”问：“和尚违和，还有不病者也无？”师曰：

“有。”僧曰：“不病者还看和尚否？”师曰：“老僧看他有分。”曰：“和尚争得看他？”师曰：“老僧看时，即不见有病。”师又曰：“离此壳漏子[11]，向什么处与吾相见？”众无对。

唐咸通十年三月，命剃发披衣，令击钟，俨然坐化。时大众号恸。移晷[12]，师忽开目而起曰：“夫出家之人，心不附物，是真修行。劳生息死，于悲何有？”乃召主事僧令办“愚痴斋”一中，盖责其恋情也。众犹恋慕不已，延至七日，食具方备，师亦随斋。毕曰：“僧家勿事大率，临行之际喧动如斯。”至八日，浴讫，端坐长往。寿六十有三，腊四十二。敕谥悟本大师，塔曰慧觉。

注释

①**拨草瞻风**：拨除无明之荒草，瞻望佛祖之玄风。又称拨草参玄，指涉险路瞻仰善知识的德风。

②**泐潭**：地名，在江西高安县洞山。

③**设斋**：素食曰斋。佛教在人死后三年，每年的忌辰要修佛事，设斋会，追荐其人，祭奠亡灵。

④**四恩三有**：四恩，《释氏要览》说：“一、父母恩；二、师长恩；三、国王恩；四、施主恩。”三有，三界的异名，生死之境界。

⑤**钵袋子**：亦叫钵囊，盛铁钵的袋子。

⑥**转语**：参禅参到进退维谷处，请人代下一语以为拨转，而得转身自在，乃至转迷开悟。

⑦**执侍巾瓶**：指充任巾瓶侍者。方丈有六侍者，一巾瓶侍者，二应客侍者，三书录侍者，四衣钵侍者，五茶饭侍者，六干办侍者。侍者即亲炙长老左右而任其使唤的弟子辈僧人。

⑧**直饶**：让步语，"就算是……"。

⑨**认奴作郎**：认自家的妄想为真正的悟见。

⑩**驴前马后**：随逐驴前马后的奴仆。用来指斥凡人的识情分别。

⑪**壳漏子**：人的躯壳。

⑫**移晷**：指日影，引申为时光。张华《游猎篇》："驰骋未及倦，曜灵俄移晷。"曜灵，太阳。

译文

筠州洞山（今江西高安）良价禅师，是会稽（今浙江绍兴）人。俗姓俞。幼年从师念《般若心经》，曾问"无根尘"是什么意思。其师十分骇异，说："看来我当不了你的老师了。"于是指点他往五泄山参礼灵默禅师，五泄灵默为他披剃。二十一岁在嵩山受具足戒。然后云游四方，参谒的第一位禅师是南泉普愿。那时正好是马祖的忌辰，众僧清晨修斋，南泉问：“明天为马祖设斋，不知马祖来不来？”众僧无言以对，良价却出来说：“如果有人与他做伴就会来的。”南泉称赞说：“这小子虽是后生，却是一块璞玉，很可以雕琢一番的。”良价说：“和尚请不要压良为贱。”

良价参谒的第二位禅师是沩山灵祐。良价问：“不久前听说南阳慧忠国师有无情说法之义，我不能穷究其中的微妙。”沩山说：“我这里其实亦有，只是难遇知音。”良价说：“请师父为我说说。”沩山说：“虽亦是父母所生，但终不敢开口说。”良价又问：“还有没有与师同时慕其道的？”沩山说：“此去不远，与我石室相连，住有云岩道人。你若能涉荒草之径，瞻仰他的德风，他必为你所推重。”

既而，良价来参云岩，问：“无情说法给什么人听？”云岩说：“无情说法只有无情能听。”良价问：“和尚能听吗？”云岩说：“我若能听无情说法，你就不能听我说法了。”良价说：“如果这样，那良价就不能听和尚说法了。”云岩说：“我所说法尚且不听，更何况无情说法呢？”良价于是作一偈呈示云岩，偈说：

也大奇，也大奇，无情解说不思议；

若将耳听声不现，眼处闻声方可知。

良价遂向云岩辞行，云岩问：“什么地方去呢？”良价说：“虽然来辞别和尚，却还没有选择处所。”云岩问：“去湖南吗？”良价说：“不。”云岩又问：“回故乡吗？”良价亦答：“不。”云岩说：“既这样，你随便什么时候还是到我这里来。”良价说：“待和尚有了自己的住处我就来。”云岩说：“从此一别，难得相见。”良价说：“难得不相见。”又问云岩：“和尚打百年后，如果有人问我还得师真传吗？我该如何回答？”云岩说：“你就向他说，即这个就是。”良价听了，沉吟不语，良久，云岩说：“直下承当这个事，很有必要仔细斟酌。”良价此刻仍是一团疑云。后来因过水溪而睹见水中倒影，这才恍然大悟。良价此时作偈说：

切忌从他觅，迢迢与我疏。
我今独自往，处处得逢渠。
渠今正是我，我今不是渠。
应须恁么会，方得契如如。

良价日后因此就以云岩为传授心印师。有僧问说：“先师说只这个就是，难道这就是他所传的大法？”良价说：“是。”僧问：“意旨如何呢？”良价说：“当时差一点错会了先师的话。”僧又问：“不知先师还知不知有？”

良价说："若不知有怎么会晓得那样说？若知有又怎么肯那样说？"

良价在泐潭（今江西高安）遇见初上座开示大众说："也大奇，也大奇，佛界道界不可思议。"良价说："什么是佛界道界我且不问你，我就问你佛界道界什么人能会？我就只请教这一句。"初上座思索良久，不知所对。良价说："为什么不快说？"初上座说："催我就说不出。"良价说："说了等于没说，还说什么催我说不出？"初上座还是找不到恰当的言辞来回答。良价说："佛之与道不过是名字罢了，为什么不问我禅教呢？"初上座说："禅教说什么了？"良价说："得意忘言。"初上座说："教意指向心头就没有毛病吗？"良价说："光说佛界道界，毛病相比而言更大。"初上座闻听此言而迁化。

唐大中末年（公元八五九年），良价在新丰山（今江西）广开禅门，接诱学徒。其后在高安洞山弘法阐化，法会甚盛。云岩讳日那天，洞山为师设斋祭奠。有僧来问："和尚在先师那里得到什么指示了？"洞山说："虽在那里侍奉先师，却不蒙他有什么指示。"僧说："既不蒙他指示，你今又设斋祭他做什么？"洞山说："虽然如此，又怎敢忘怀他？"僧说："和尚不是初见南泉而发迹的吗？为什么却给云岩设斋呢？"洞山说："我看重的不是先师的道德，亦不是他的佛法，我所注重的只是他不为我说破，因此今日为他设此忌斋。”僧说：“和尚既为先师设斋，还推崇先师的禅法吗？”洞山说：“既推崇又不推崇。”僧问：“为什么不全推崇呢？”洞山说：“若全推崇，那就辜负先师之教了（后人当有超师之见）。”

僧再问：“那么如何见得和尚本来师？”洞山说：“年纪阅历与我相似，自然就不难见我本来师。”那僧还想问心中所疑，洞山说：“不落窠臼，请从这方面再说一句。”那僧哑口无言。云居代他说：“如果那样，我就见不到和尚本来师了。”洞山又说：“生而为人，还有不报四恩三有的吗？若不体会此大意，终不能解脱生死之患。只须心心不触物，步步无滞着，或可与佛道相应。”

良价问僧：“什么地方来？”那僧说：“游山来。”良价说：“到达山顶了吗？”僧说：“到了。”良价说：“山顶还有人吗？”那僧说：“无人。”良价说：“那样的话，你是没到顶。”那僧说：“如果没到顶，怎知无人呢？”良价说：“你为何不住山顶呢？”僧说：“不是我不肯住，只是西天有人不肯。”

洞山良价禅师有时垂语：“就是说到本来无一物，还担当不起祖师的衣钵。”僧便问：“究竟什么人担得起呢？”洞山说：“不入门的人。”僧说：“不入门的人怎么能得祖师衣钵呢？”洞山说：“虽然如此，不得不给他。”洞山又说：“刚才说‘本来无一物’还不能承当祖师衣钵，这里可下一转语，你且说能下什么样的转语？”有一上座试着下了九十六种转语，都不能使洞山满意。最后又下一次转语，才差强人意。洞山说：“你为什么不早那样说？”

有一僧听到此事后，就请问上座下了什么转语才使洞山满意的，他以弟子之礼殷勤侍候了上座三年都不为说。上座这时生病了，那僧说：“我侍奉你三年，为的是你告诉我以前下的转语，却不蒙慈悲。善取既不得，只好恶取了。”于是持刀向他说：“若再不为我举前话，就不要怪刀下无情了。”上座悚然而惊，说：“且慢，我为你说就是了。”于是说：“就是将来亦无处依着。”那僧礼谢而去。

僧问：“师父平常教学人行鸟道，不知什么是鸟道？”洞山说：“逢不着一个人。”僧问：“怎么行呢？”洞山说：“只要足下没有丝毫痕迹。”僧说：“莫非这样行鸟道便是本来面目吗？”洞山说：“你因什么颠倒是非呢？”僧说：“什么地方学人颠倒了？”洞山说：“若不颠倒，你为什么把自己的妄想当作真正的悟见？”僧问：“什么是本来面目呢？”洞山说：“不行鸟道。”

洞山去看稻田，朗上座牵牛，洞山对他说：“这个牛须看好，不要让它吃稻去。”朗上座说：“若是好牛应不吃稻。”

洞山问僧：“世间何物最苦？”僧答：“地狱最苦。”洞山说："不是的。"僧问："师意如何？"洞山说："人活在世界上不明大事最苦。"

洞山问僧："你是谁？"僧说："我就是我。"洞山说："哪个是你的主人公？"僧说："见。"就只答了这一个字。洞山说："苦啊，苦啊！今时人大多如此，只识得凡俗的分别情见，便当作了悟了自心佛性。佛法的衰颓和平沉，亦就难怪了。客中辨主尚未分明，如何辨得主中主？"僧便问："什么是主中主？"洞山说："你自己说说看。"那僧说："我说了是客中主，我现在问什么是主中主？"洞山说："那么说就容易分辨，相续不灭就难了。"

洞山生病后，派沙弥去云居那里报信，又叮嘱说："他若问你和尚有什么话，你只要说云岩路快要断绝了。你说此话后，就远远跑开，不要让他打你去。"沙弥到了那里，话未说完，早被云居打了一棒。沙弥无言以对。

洞山将要圆寂时对大众说："我有虚名浮世，谁能为我除掉这虚名？"大众无话。这时沙弥出来说："请和尚法号。"洞山说："我虚名已谢。"问："近来和尚身体不好，可还知有不生病的人吗？"洞山说："有的。"僧问："那不病的人有没有来看过和尚呢？"洞山说："只有老僧看他的分。"僧问："和尚怎能看他？"洞山说："老僧看时，即不见有病。"洞山又说："离开了这躯壳，你什么地方与我再相见？”大众无言以对。

唐咸通十年（公元八七〇年）三月，洞山叫人给他剃发披衣，又令撞钟，俨然坐化。当时僧众都悲恸号哭。太阳偏西的时候，洞山忽又睁开双目，说：“出家人心不附物，才是真修行。活着辛劳，死了休息，有什么可悲？”于是召唤主事僧来，令办愚痴斋一盅，大概是讥责大众的恋生之情。大众仍恋慕师父不已，洞山禅师推延七日，等斋办好后随众用斋，斋完，说：“出家人切不可草率行事，临行之际喧动如斯。”至第八天，沐浴后，端坐而逝。世寿六十三，僧腊四十二。谥为悟本大师，塔叫慧觉。

第五世雪峰义存

原典

福州雪峰义存禅师，泉州南安人也。姓曾氏。家世奉佛，师生恶荤茹。于襁褓中，闻钟梵之声，或见幡华像设，必为之动容。年十二，从其父游莆田玉涧寺，见庆玄律师，遽拜曰：“我师也！”遂留侍焉。十七落发，谒芙蓉山常照大师，照抚而器之。后往幽州宝刹寺受具足戒。久历禅会[1]，缘契德山。唐咸通中，回闽中，登象骨山[2]雪峰创院，徒侣翕然[3]。懿宗赐号真觉大师，仍赐紫袈裟。

僧问："祖意与教意，是同是别？"师曰："雷声震地，室内不闻。"又曰："阇梨行脚为什么事？"问："我眼本正，因师故邪时如何？"师曰："迷逢达磨。"曰："我眼何在？"师曰："得不从师。"问："剃发染衣[4]，受佛依荫，为什么不许认佛？"师曰："好事不如无。"

问："如何是觌面事？"师曰："千里未是远。"问："如何是大人相？"师曰："瞻仰即有分。"问："文殊与维摩对谭何事？"师曰："义堕也。"僧问："寂然无依时如何？"师曰："犹是病。"曰："转后如何？"师曰："船子下扬州。"问："承古有言。"师便作卧势，良久，起曰："问什么？"僧再举，师曰："虚生浪死汉。"问："箭露投锋时如何？"师曰："好手不中的。"僧曰："尽眼勿标的时如何？"师曰："不妨随分好手。"问："古人道，路逢道人，不将语默对。未审将什么对？"师曰："吃茶去。"

师问僧："什么处来？"对曰："神光来。"师曰："昼唤作日光，夜唤作火光，作么生是神光？"僧无对。师自代曰："日光火光。"

栖典座问："古人有言，知有佛向上事，方有语话分。如何是语话？"师把住曰："道，道。"栖无对。师蹋倒，栖起来汗流。

师问僧："什么处来？"僧曰："近离沩山。"师曰："船来陆来？"曰："二途俱不涉。"师曰："争得到这里？"曰："有什么隔碍？"师便打。

问："古人道觌面而相呈。"师曰："是。"曰："如何是觌面相呈？"师曰："苍天！苍天！"

师问僧："此水牯牛年多少[⑤]？"僧无对。师自代曰："七十七也。"僧曰："和尚为什么作水牯牛？"师曰："有什么罪过？"

僧辞，师问："什么处去？"曰："礼拜径山和尚去。"师曰："径山若问汝此间佛法如何，作么生道？"曰："待问即道。"师以拄杖[⑥]打。寻举问道怤："这僧过在什么处便吃棒？"怤曰："问得径山彻困也。"师曰："径山在浙中，因什么问得彻困？"怤曰："不见道远问近对。"师乃休。

师一日谓慧棱曰："吾见沩山问仰山：'诸圣什么处去？'他道：'或在天上，或在人间。'汝道仰山意作么生？"棱曰："若问诸圣出没处，恁么道即不可。"师曰："汝浑不肯。忽有人问，汝作么生道？"棱曰："但道错。"师曰："是汝不错。"棱曰："何异于错？"

师问僧："什么处来？"对曰："离江西。"师曰："江西与此间相去多少？"曰："不遥。"师竖起拂子曰："还隔这个么？"曰："若隔这个，即遥去也。"师便打。

问："学人乍入丛林，乞师指示个入路。"师曰："宁自碎身如微尘，终不敢瞎却一僧眼。”

问：“四十九年⑦后事即不问，四十九年前事如何？”师以拂子蓦口打。

有僧辞去，参灵云，问：“佛未出世时如何？”灵云举拂子。又问：“出世后如何？”灵云亦举拂子。其僧却回，师问：“阇梨近去，返太速生。”僧曰：“某甲到彼问佛法不相当，乃回。”师曰：“汝问什么事？”僧举前话。师曰：“汝问，我为汝道。”僧便问：“佛未出世时如何？”师举拂子。又问：“出世后如何？”师放下拂子。僧礼拜，师便打。因举：“六祖云：‘不是风动，不是幡动，仁者心动。’”师曰：“大小祖师龙头蛇足，好与二十拄杖。”时太原孚上座侍立，闻之，咬齿。师又曰：“我适来恁么道，也好与二十拄杖。”

师问慧全：“汝得入处作么生？”全曰：“共和尚商量了。”师曰：“什么处商量？”曰：“什么处去来。”师曰：“汝得入处又作么生？”全无对，师打之。

全坦问：“平洋浅草，麋鹿成群，如何射得麋中主？”师唤全坦，坦应诺。师曰：“吃茶去。”

师问僧：“近离什么处？”僧曰：“离沩山。曾问：‘如何是祖师西来意？’沩山据坐。”师最后方便，叙出世始卒之意，众皆怆然。越明年，正月三日，跏趺长往。今本山影堂⑧存焉。敕谥弘觉大师，塔曰圆寂。

注释

①**禅会**：参禅的会坐，即学禅道的法席。

②**象骨山**：在今福州。雪峰山的原名，义存曾入此山，遇雪而宿山巅，因改名。

③**翕然**：指徒侣衷心归信雪峰禅师。

④**剃发染衣**：出家时剃除须发，饰着黑衣。

⑤**此水牯牛年多少**：水牯牛的公案出自沩山灵祐，他曾说自己百年后山下化作水牯牛，到那时沩山僧与水牯牛浑然一体，无所分别。这里用水牯牛代指自己。

⑥**拄杖**：拄身之杖。禅僧行路时赖它支撑，示法接引学人亦经常引用它。

⑦**四十九年**：如来在世说法的年数。

⑧**影堂**：指安置宗祖或高僧影像的堂宇。又称祖堂，乃我国昔日庶民奉祠先人遗像之所，后佛教借此转指安置祖师遗像的殿堂。

译文

福州雪峰义存禅师，是泉州南安（今福建）人。俗姓曾。家世信奉佛，他生来就厌恶荤腥。在襁褓中的时候，只要听到寺庙的钟鼓梵呗之声，或者见到佛寺的幡华和塑像，脸上即露出好奇和专注的神情。十二岁跟随其父游览莆田玉涧寺，遇见庆玄律师，立即倒地下拜说：“你就是我的师父啊！”于是留下充当侍者。十七岁落发，参谒芙蓉山常照大师，常照对他比较爱护，十分器重他。后来往幽州宝刹寺受具足戒。之后，又遍历诸禅会，最终缘契德山和尚，从德山那里得了心法。唐咸通年间（公元八六〇—八七四年），回到闽中（福州），登象骨山，创雪峰院，参禅的学徒纷纷来依附。唐懿宗赐号真觉大师，并赐紫袈裟一领。

有僧人问雪峰禅师：“祖意和教意有什么相同和差别？”雪峰说：“雷声震动大地，室内却不闻其声（一个不立文字，一个执着言语）。”又说：“你行脚为了什么事？”僧又问：“我心眼本来还是正的，可因师父的教导反而邪了，这时该怎么办？”雪峰说：“迷了找达磨。”那僧说：“能找到我的心眼吗？”雪峰说：“得了不从师。”又问：“剃发染衣之后，受到佛的庇佑和福荫，为什么不许追求佛呢？”雪峰说：“好事不如无。”

问：“什么是觌面相呈的事？”雪峰说：“千里亦不算远。”问：“什么是大人相？”雪峰说：“瞻仰祖师道风就有分。”问：“文殊菩萨与维摩居士两位谈了什么事？”雪峰说：“不滞于教义。”问：“寂寂无依的时候，怎么样？”雪峰说：“还是有病。”问：“过了这个境界呢？”雪峰说：“乘船下扬州。”问：“自古以来就有大德说。”雪峰一听僧人如此说，就装着要睡的样子，过了一会儿，起身说：“刚才问什么？”那僧又说了一遍，雪峰说：“你是虚生浪死的汉子。”问：“对射手的箭术，禅师有什么看法？”雪峰说：“凡是好手都不能中的。”问：“如果都是‘眼’而没有‘的’，那怎么办？”雪峰说：“那就随分而动（按照自己的本来面目行事）。”问：“古人说，路上相逢通达禅道的人，既不用语言交流，亦不默默相对。不知还有什么办法跟他沟通？”雪峰说：“那就吃茶去。”

雪峰问一僧人：“从什么地方来？”那僧说：“从神光来。”雪峰说：“白天有太阳的光，夜晚有灯火的光，不知什么是神光？”那僧对答不来。雪峰就自说：“日光火光。”

栖典座问：“古人曾经说过，‘知道佛向上的事情，才有说话的份儿’。这里指说什么话？”雪峰一把捉住他说：“你说，你说。”栖典座不知说什么。雪峰就一脚把他踢倒。栖典座起来后，汗流浃背。

雪峰问一僧人：“从什么地方来？”那僧说：“刚从沩山来。”雪峰问：“你是乘船来的，还是陆路来的？”那僧说：“既不从水路来，亦不走陆路来。”雪峰问：“那你怎么来的？”那僧说：“有什么隔碍不能来呢？”雪峰便打他。

有僧问：“古人说过‘觌面相呈时如何’，是吗？”雪峰说：“是的。”那僧问：“什么是‘觌面相呈’？”雪峰只说：“苍天！苍天！”

雪峰问一僧人：“这头水牯牛有多少年纪了？”那僧不知所对。雪峰就自说：“有七十七岁了吧。”那僧感到奇怪，问：“和尚为什么称作水牯牛？”雪峰说：“那有什么罪过呢？”

有僧来向雪峰辞行，雪峰问他：“你到什么地方去呢？”那僧说：“我去礼拜径山和尚。”雪峰说：“径山和尚如果问起你此间佛法如何，你怎么跟他说？”那僧说：“等他问了再说。”雪峰就用拄杖打他。过了不久，雪峰拿这事问道忞（镜清，顺德大师）：“这僧错在什么地方，以致吃了我的棒打？”道忞说：“问了径山就能消除这个困惑了。”雪峰说：“径山远在浙中，你怎么去问他来解除你的困惑呢？”道忞说：“我不见道远道近。”雪峰便休。

雪峰有一天对长庆慧棱说：“沩山和尚曾经问仰山：‘诸圣在什么地方？’仰山答：‘或在天上或在人间。’你说说看，仰山他是什么意思？”慧棱说：“若问诸圣出没之处，仰山这么说是不行的。”雪峰说：“你不同意他的说法，那么忽然 有人问你，你怎么说呢？”慧棱说：“就说错了。”雪峰说：“那你没错吗？”慧棱说：“与错又有什么分别？”

雪峰问僧：“从什么地方来？”那僧回答：“刚离开江西。”雪峰说：“江西与此间相距多远？”那僧说：“不远。”雪峰竖起手中的拂子问：“还隔这个吗？”那僧说：“如果隔了这个，那就远了。”雪峰便打他。

有僧对雪峰说：“学人刚进入丛林，请求师父指示我一个入门之路，好吗？”雪峰说：“宁可自已粉身碎骨化入灰尘，亦不愿弄瞎你的眼睛。”

有僧问：“佛在世说法四十九年，四十九年之后的事我不问，四十九年前的事如何？请禅师说说。”雪峰没有答他的问话，却用拂子刷打他的嘴巴。

有僧向雪峰告辞，去参灵云禅师。到了那里，问：“佛未出世时如何？”灵云举起拂子示之。又问：“出世后如何？”灵云还是举起拂子。那僧于是重回雪峰。雪峰说：“你去了，怎么这么快又回来了？”那僧说：“我到了那里问佛法，不能投缘，只好回来。”雪峰问：“你问什么事了？”那僧把前话说了。雪峰说：“你再问我，我给你说。”那僧于是问：“佛未出世时如何？”雪峰亦举起拂子。又问：“出世后如何？”雪峰却放下拂子。那僧向雪峰行礼，雪峰便打他。那僧立即举出六祖说过的话：“不是风动，不是幡动，仁者心动。”雪峰说：“大小祖师好比龙头蛇足，该打二十拄杖。”当时太原孚上座侍立一旁，见雪峰说出此语，咬咬牙齿。雪峰又说：“我刚才那样说，亦该打二十拄杖。”

雪峰问慧全说：“你得了入门之路后做什么？”慧全说：“正要同和尚商量呢。”雪峰说：“商量什么？”慧全说：

"商量去什么地方。"雪峰说："你得了入门之路又怎么样呢？"慧全不知怎么回答，雪峰就打他。

全坦问雪峰说："平原上，浅草处，麋鹿成群，如何能射得麋中主呢？"雪峰就唤一声"全坦"，全坦应答。雪峰说："吃茶去。"

雪峰问僧："近来去过什么地方？"那僧说："去了沩山。我曾问沩山和尚，达磨祖师从西天来我东土，传扬了什么意旨？沩山和尚就坐在那里，并不答我的问话。"雪峰方便开示，叙述了诸佛祖师出世的根本目的及其始末经过，大家听了都心中怆然。在这之后，第二年正月三日，雪峰禅师跏趺而逝，长往不归。如今福州雪峰山影堂仍存在。敕谥弘觉大师，塔叫圆寂。

第五世曹山本寂

原典

抚州曹山[①]本寂禅师，泉州莆田人也，姓黄氏。少慕儒学，年十九出家，入福州福唐县灵石山，二十五登戒。唐咸通初，禅宗兴盛，会洞山良价禅师坐道场，往来请益。洞山问："阇梨名什么？"对曰："本寂。"曰："向上更道。"师曰："不道。"曰："为什么不道？"师曰："不名，本寂。”洞山深器之。师自此入室，密印所解，盘桓数载，乃辞洞山。洞山问：“什么处去？”曰：“不变异处去。”洞山云：“不变异岂有去耶？”师曰：“去亦不变异。”遂辞去。随缘放旷，初受请止于抚州曹山，后居荷玉山。二处法席，学者云集。

问：“不与万法[②]为侣者是什么人？”师曰：“汝道洪州里许多人，什么处去也？”

问：“眉与目还相识也无？”师曰：“不相识。”曰：“为什么不相识？”师曰：“为同在一处。”曰：“恁么即不分也。”师曰：“眉且不是目。”曰：“如何是目？”师曰：“端的去[③]。”曰：“如何是眉？”师曰：“曹山却疑。”曰：“和尚为什么却疑？”师曰：“若不疑即端的去也。”

问：“于相何真？”师曰：“即相即真。”曰：“当何显示？”师提起托子。问：“幻本何真？”师曰：“幻本元真。”曰：“当幻何显？”师曰：“即幻即显。”曰：“恁么即始终不离于幻也。”师曰：“觅幻相不可得。”

问：“如何是常在底人？”师曰：“恰遇曹山暂出。”曰：“如何是常不在底人？”师曰：“难得。”

僧清锐问：“某甲孤贫，乞师拯济。”师曰：“锐阇梨近前来。”锐近前，师曰：“泉州白家酒三盏，犹道未沾唇。”

问：“国内按剑者是谁？”师曰：“曹山。”曰：“拟杀何人？”师曰：“但有一切总杀。”曰：“忽逢本父母作么生？”师曰：“拣什么？”曰：“争奈自己何？”师曰：“谁奈我何？”曰：“为什么不杀？”师曰：“勿下手处。”

问：“一牛饮水，五马不嘶时如何？”师曰：“曹山解忌口。”又别云：“曹山孝满。”

问：“常在生死海中沉没者是什么人？”师曰：“第二月。”曰：“还求出离也无？”师曰：“也求出离，只是无路。”曰：“出离，什么人接得伊？”师曰：“担铁枷者。”

僧举：“药山问僧：‘年多少？’僧曰：‘七十二。’药山曰：‘是七十二么？’曰：‘是。’药山便打。此意如何？”师曰：“前箭犹似可，后箭射人深。”僧曰：“如何免得棒？”师曰：“正敕既行，诸侯避道。”

问：“如何是佛法大意？”曰：“填沟塞壑。”

问：“才有是非，纷然失心，如何？”师曰：“斩！斩！”

僧举：“有人问香严：‘如何是道？’答曰：‘枯木里龙吟。’学云：‘不会。’曰：‘髑髅里眼睛。’后问石霜：‘如何是枯木里龙吟？’石霜云：‘犹带喜在。’又问：‘如何是髑髅里眼睛？’石霜云：‘犹带识在。’”师因而颂曰：

枯木龙吟真见道，髑髅无识眼初明。
喜识尽时消不尽，当人那辨浊中清？

其僧却问师："如何是枯木里龙吟？"师曰："血脉不断。"曰："如何是髑髅里眼睛？"师曰："乾不尽。"

师如是启发上机，曾无轨辙可寻，及受洞山五位铨量[4]，特为丛林标准。

时洪州钟氏屡请不起，但写大梅和尚《山居颂》一首答之。天复辛酉季夏夜，师问知事僧："今是何日月？"对曰："六月十五日。"师曰："曹山一生行脚到处，只管九十日为一夏。"至明日辰时告寂。寿六十有二，腊三十有七。门人奉真骨树塔，敕谥元证大师，塔曰福圆。

注释

①**曹山：**山名，在江西宜黄县北三十里。旧名荷玉山，亦名梅山。唐本寂禅师因礼曹溪六祖回此，遂易名曹山。

②**万法：**佛教指一切事物和道理。

③**端的去：**这里指目见真实，发现真如实相。此处曹山禅师以眉目的关系来说明佛法，眉譬作"平常我"，目喻为"本来我"。

④**五位铨量：**洞山良价禅师为广接上、中、下三等根性而开设五位。其法借《易经》的卦爻而来。以阳爻（—）譬正位，代表真、理等；以阴爻（--）譬偏位，

代表俗、事等。然后正偏交互而成五位，即正中偏、偏中正、正中来、偏中至、兼中到，用来判别学人修证的深浅。曹山嗣洞山，譬之于君（正位）臣（偏位），即成君位、臣位、君视臣、臣向君、君臣合五位。这五位铨量是曹洞宗的秘要。

译文

抚州（今江西）曹山本寂禅师，是泉州莆田（今福建）人，俗姓黄。少年慕习儒学，十九岁在福州福唐县灵石山出家，二十五岁受具足戒。唐咸通初（公元八六〇年），禅宗兴盛，本寂即往洞山良价禅师道场参问请益。初次见面，洞山问："怎么称呼你呀？"本寂说："本寂。"洞山说："请再向上说。"本寂说："不好说了。"洞山说："为什么不好说？"本寂说："名相本来就空寂，说什么呢？"这番问答使得洞山对本寂深为器重。本寂自此登堂入室，密受心印。盘桓多年，才辞别洞山。洞山问："什么地方去呢？"本寂说："到那不变异的地方去。"洞山说："不变异的地方如何去呢？"本寂说："去亦不变异。"本寂遂离去。他随缘放旷，初先受请而居住抚州曹山，后来移往荷玉山。此二处的法席均学者如云。

问："不与万法做伴的人是什么人？"曹山答："你说

洪州那么多人都到什么地方去了？”

问：“眉与目相识不相识？”曹山说：“不相识。”问：“为什么不相识？”曹山说：“因为同在一处。”问：“那样的话，眉与目没有分别吗？”曹山说：“然而眉并不是目。”问：“什么是目呢？”曹山说：“目见真实。”问：“什么是眉呢？”曹山说：“这个我就不清楚了。”问：“和尚为什么到此却疑惑了呢？”曹山说：“如果不疑惑，那就见真实了。”

问：“在事相上如何显示真谛？”曹山说：“不离事相即真。”问：“怎么显示呢？”曹山提起托子。问：“如何从幻相显示真谛呢？”曹山说：“从幻相本身就可显示。”问者说：“如果那样就是由幻显幻，始终没离开幻相了。”曹山说：“因为幻相本身就是空幻的。”

问：“什么是常在的人？”曹山说：“恰遇曹山暂出。”问：“什么是常不在的人？”曹山说：“难得。”

僧清锐问：“我孤贫无依，乞请师父拯济。”曹山说：“你近前来。”清锐就上前，曹山说：“泉州白家酒已经三盏下肚，还说没有沾唇。”

问：“国内按剑的人是谁？”曹山说：“是曹山。”问：“打算杀什么人？”曹山说：“所有一切统统杀光。”问：“忽然遇着自己的父母该怎么办？”曹山说：“有什么好挑拣的？”问：“对自己又怎么办呢？”曹山说：“谁能奈何

‘我’？”问：“为什么不杀‘我’呢？”曹山说：“无下手之处。”

问：“一牛饮水，五马不嘶，师父对此有什么看法？”曹山说：“曹山以为忌开口。”另外又说：“曹山守孝期满（喻身心脱落的自在境界）。”

问：“常在生死苦海沉沦的是什么人？”曹山说：“第二月。”问：“求不求出离苦海呢？”曹山说：“亦求出离，但是无路。”问：“什么人能拯救其出离苦海呢？”曹山说：“带着铁枷的人。”

有僧举药山的例子说：“药山问僧：‘多少年纪了？’僧说：‘七十二。’药山说：‘今年七十二么？’僧说：‘是。’药山便打。”那僧要求曹山评价这则公案，曹山说：“前箭似乎还可以，后箭就射人深了。”那僧问：“怎样才能避免药山的棒打呢？”曹山说：“皇帝圣旨既行，诸侯自然就得让开道了。”

问：“什么是佛法大意？”曹山说：“填沟塞壑。”

问：“一落入是非之境，就纷然失去自心。禅师对此有什么高见？”曹山说：“斩！斩！”

又有僧举香严的例子说：“有人问香严：‘什么是道？’香严说：‘枯木遇风作龙吟（禅的定与悟的动有机结合在一起是真正的禅的生命）。’那人说：‘不明白。’香严则说：‘髑髅里眼睛（从死寂中挣扎出来的生意是动人心魄的禅意)。'后来这人又去问石霜:'什么是枯木里龙吟?'石霜说:'好像带有喜意。'又问:'什么是髑髅里眼睛?'石霜说:'似乎带有识见。'"曹山因而作颂说:

枯木龙吟真见道,髑髅无识眼初明。
喜识尽时消不尽,当人那辨浊中清?

那僧又问曹山:"什么是枯木里龙吟?"曹山说:"禅的血脉不断。"又问:"什么是髑髅里眼睛?"曹山说:"天地乾坤不尽。"

曹山本寂禅师就像这样启发那些具有上等根机的学人,并没有一定的轨辙可遵循,及至受到洞山良价禅师传"五位铨量",而后演为丛林的标准。

当时洪州钟氏屡请禅师下山,他都没应允,只是写大梅和尚的《山居颂》一首作为答复。天复(公元九〇一年)辛酉季夏夜,曹山问知事僧:"今天是几月几日?"回答说:"六月十五日。"曹山说:"曹山一生行脚,所到之处,都是把九十天当作一夏。"次日天明辰时,禅师圆寂。世寿六十二,僧腊三十七。门人奉其灵骨建塔,敕谥元证大师,塔名叫福圆。

第六世云门文偃

原典

韶州云门山文偃禅师，姑苏嘉兴人也。姓张氏。初参睦州陈尊宿发明大旨，后造雪峰而益资玄要。因藏器混众，于韶州灵树敏禅师法席居第一座。敏将灭度，遗书于广主，请接踵住持。师不忘本，以雪峰为师。

开堂日，广主亲临，曰："弟子请益。"师曰："目前无异路。"师云："莫道今日谩诸人好，抑不得已，向诸人道。这里作一场狼藉[①]，忽遇明眼人见，谓之一场笑具。如今亦不能避得也。且问尔诸人，从上来有什么事，欠少什么？向尔道无事，亦是谩尔也。须到这田地始得，亦莫趁口头乱问。自己心里黑漫漫地，明朝后日大有事在。尔若是根性迟回，且向古人建化门庭[②]东觑西觑，看是个什么道理？汝欲得会么？都缘是汝自家无量劫来妄想浓厚，一期闻人说着，便生疑心，问佛问祖，向上向下，求觅解会，转没交涉。拟心即差，况复有言？莫是不拟心么？更有什么事？珍重。"

师上堂云："我事不获已，向尔诸人道直下无事，早是相埋没了也。尔诸人更拟进步，向前寻言逐句求觅解会，千差万巧广设问难，只是赢得一场口滑，去道转远，有什么休歇时？此个事若在言语上，三乘十二分教[③]岂是无言语？因什么更道教外别传？若从学解机智得，只如十地圣人说法如云如雨，犹被呵责，见性如隔罗縠，以此故知：一切有心，天地悬殊。虽然如此，若是得底人，道火不可烧口；终日说事，不曾挂着唇齿，未曾道着一字；终日着衣吃饭，未尝触一粒米，挂一缕线。虽然如此，犹是门庭之说也，须实得恁么始得。若约衲僧[④]门下，句里呈机，徒劳伫思。直饶一句下承当得，犹是瞌睡汉。"

师上堂云："诸兄弟，尽是诸方参寻知识，决择生死，到处岂无尊宿[⑤]垂慈方便之词？还有透不得底句么？出来举看，老汉大家共尔商量。"时有僧出来礼拜，拟举次，师云："去去西天路，迢迢十万余。"

师云："举一则语，教汝直下承当，早是撒屎着汝头上。直饶捻一毫头[⑥]尽大地，一时明得，也是剜肉作疮。虽然如此，汝亦须实到这个田地始得。若未切，不得掠虚，却须退步，向自己根脚下推寻，看是个什么道理？实无丝发与汝作解会，与汝作疑惑。汝等各各且当人，一段事大用现前，更不烦汝一毫头气力，便与祖佛无别。自是诸人信根浅薄，恶业浓厚，突然起得许多头角[⑦]，担钵囊千乡万里受屈。且汝诸人有什么不足处？大丈夫汉阿谁无分？触目承当得，犹是不着，便不可受人欺谩，取人处分。才见老和尚动口，便好把特石蓦口塞。便是屎上青蝇相似，斗竞接将去，三个五个聚头地商量。苦屈兄弟。他古德一期为尔诸人不奈何，所以方便垂一言半句，通汝入路。这般事拈放一边，独自着些子筋骨，岂不是有少许相亲处？快与！快与！时不待人，出息不保入息，更有什么身心别处闲用？切须在意在意。珍重！”

师云：“尽乾坤把一时将来着汝眼睫上。尔诸人闻恁么道，不敢望尔出来性燥，把老汉打一掴。且缓缓子细看，是有是无？是个什么道理？直饶向这里明得，若遇衲僧门下好捶折两脚。汝若是个人，闻说道什么处有老宿出世，便好蓦面唾污我耳目。汝若不是个脚手[8]，才闻人举便当荷得，早落第二机也。汝且看他德山和尚，才见僧上来，拽拄杖便打趁。睦州和尚才见入门来，便云：‘且放汝三十棒’，或时云：‘见成公案。’自余之辈，合作么生？若是一般掠虚汉[9]，食人涎唾，记得一堆一担骨董，到处逞驴唇马嘴，夸我解问十转五转话。饶尔从朝问到夜论劫，恁么还曾梦见也未？什么处是与人着力处？他日阎罗王面前不取尔口解说。

诸兄弟，古人大有葛藤相为处，即如雪峰和尚道‘尽大地是汝’，夹山云‘百草头识取老僧，市门头认取天子’，乐普云‘一尘才举，大地全收；一毛师子，全身总是'。汝把取翻覆思量，日久岁深，自然有个入路。不虚孤负平生，亦不孤负师僧父母十方施主。直须在意，莫空游州猎县，横担拄杖一千二千里走趁，这边经冬，那边过夏。好山水堪取性，多斋供易得衣钵。苦屈，图他一粒米，失却半年粮。如此行脚，有什么利益？信心檀越[10]把菜粒米作么生消得？直须自看，时不待人，忽然一日眼光落地，到来前头将什么抵拟？莫一似落汤螃蟹手脚忙乱，无尔掠虚说大话处。莫将等闲空过，时光一失，人身万劫不复，不是小事，莫据目前。古人尚道'朝闻道，夕死可矣'，况我沙门，日夕合履践个什么事，大须努力！努力！珍重！"

师云："汝等没可恁么了，见人道着祖意，便问个超佛越祖之谈。汝且唤那个为佛？那个为祖？且说个超佛越祖底道理。问个出三界，尔把将三界来看。有什么见闻觉知隔碍着尔？有什么声色可与尔了？了什么碗？我向尔道，直下有什么事，早是相埋没了也。尔若实未有入头处，且中私独自参详，除却着衣吃饭、屙屎送尿，更有什么事？无端起得许多妄想作什么？更有一般底，恰似等闲相似，聚头学得个古人话路，识性记持，妄想卜度，道我会佛法了也，只管说葛藤[11]，取性过时，更嫌不称意，千乡万里，抛却老爷娘师僧和尚，作这去就。这般打约野秃，有什么死急！行脚去。"

师上堂，大众云集。师以拄杖指面前云："乾坤大地微尘诸佛，总在里许。我寻常向汝道：微尘刹土，三世诸佛，西天二十八祖，唐土六祖，尽在拄杖头上说法，神通变现，声应十方，一任纵横。尔还会么？"

问："如何是佛法大意？"师云："春来草自青。"

问："牛头未见四祖时如何？"师云："家家观世音。"曰："见后如何？"师云："火里蝶螂吞大虫。"

问："如何是云门一句？"师曰："腊月二十五。"问："如何是雪岭泥牛吼？"师曰："天地黑。"曰："如何是云门木马嘶？"师曰："山河走。"

问："从上来事，请师提纲。"师曰："朝看东南，暮看西北。"曰："便恁么领会时如何？"师曰："东屋里点灯，西屋里暗坐。"问："十二时中如何即得不空过？"师曰："向什么处着此一问？"曰："学人不会，请师举。"师曰："将笔砚来。"僧乃取笔砚来，师作一颂曰：

举不顾，即差互；
拟思量，何劫悟？

问："如何是学人自己？"师曰："游山玩水。"曰："如何是和尚自己？"师曰："赖遇维那不在。"

问："一口吞尽时如何？"师曰："我在汝肚里。"曰："和尚为什么在学人肚里？"师曰："还我话头来。"

问：“如何是道？”师曰：“去。”

问：“如何是和尚家风？”师曰：“门前有读书人。”问：“如何是透法身句？”师曰：“北斗里藏身。”问：“如何是西来意？”师曰：“久雨不晴。”又曰：“粥饭气。”

问：“古人横说竖说，犹未知向上关棙子[12]。如何是向上关棙子？”师曰：“西山东岭青。”

注释

①**狼藉**：指杂乱不堪的言说。

②**建化门庭**：禅宗古德为接引学人而设立的方便法门，具有自家的宗风。

③**三乘十二分教**：指佛教的一切经典，有十二类，故名。

④**衲僧**：禅僧的别称。因其多着一衲衣而游方，故名。

⑤**尊宿**：德高曰尊，年长曰宿。德高年长的禅僧。

⑥**一毫头**：形容极少。

⑦**头角**：犹佛教说的“妄念”等。

⑧**脚手**：擅长某一方面，俗称行家里手。

⑨**掠虚汉**：不切实际的痴汉。

⑩**檀越**：施主，施舍信心和财物。

⑪**葛藤：**佛教譬作烦恼。又指称言语为葛藤。

⑫**向上关棙子：**探求佛道的至极奥理。向上，是禅林用语，禅宗以自迷境而直入悟境，上求菩提即称为“向上”；反之，自悟境顺应而入迷境，示现自在之化他妙用，即称为“向下”。若未兼具向上及向下门者，皆非真悟。在本书中，此类用语散见于各处，这里顺为提及，如形容至极之大道，大悟的境界，称为“向上一路”“向上道”；用来形容一种真实而绝对的悟境世界，诸佛诸祖都不宜宣说，而有待学者亲自参究体得，这便是千圣不传的向上事；由凡夫的境界向上转至诸佛的绝对境地，称为“向上转去”；师家令学人提出更彻底的见解，常以“向上更道”示之；堪能彻底体得诸佛境界的人，称为“向上人”“向上机”；极悟的语句，称为“向上一句”；极悟的宗旨，称为“向上宗乘”；能借以直入诸佛究竟境的大力量、大机用，称为“向上一机”。

译文

韶州云门山（今广东）文偃禅师，是姑苏嘉兴（今浙江）人。俗姓张。初先参谒睦州陈尊宿而悟入禅门，后来造访雪峰义存而得其心印。于是韬光晦隐混迹在僧众，在韶州灵树院敏禅师法席居第一座。敏禅师将灭世时，写信给广主，要求他请文偃继为住持。文偃虽为灵树住持，但饮水思源，仍以雪峰义存为恩师。

文偃开堂之日，广主亲临堂下，以弟子之礼向他请益。文偃说："我的禅法与往贤圣哲所示没有两样。"文偃接着说："首先声明我今天在这里以言语糊弄人，乃是迫不得已。我知道在诸位面前胡言乱语，明眼人见了是要视为笑柄的，但如今我亦顾不了那许多了。且问你们诸位，自古以来禅宗祖师有没有教你们什么事须孜孜外求？心本具万有，你们欠少什么呢？我今天向诸位说无事，这亦是糊弄人的。你们若自己心里黑漫漫一片，而不悟自心，当然就会有很多烦恼的事情。如果你们根性迟钝，还要向古人为方便接引学人而虚设的门庭里寻觅，你们能找得什么呢？其实你们执迷不悟，那都是你们自家在无量劫中妄想浓厚的缘故。你们一听人说法，便起心外求，问佛问祖，向上向下，企图从言语文句里获得解脱，结果离佛道愈来愈远。要知道起心即差，更不要说言语了。如果不起心外求，还能有什么事呢？珍重。"

文偃某天又上堂说："我在迫不得已的时候，向诸位说直下无事，其实这句话本身就已背离了禅不可言说的本意了。如果你们进而执着我的言句，企图从我的片言只语中获得什么解悟和证会，或者提出各种各样的问难要求我做出解答，这些充其量不过是要耍贫嘴，离佛离道只会愈来愈远，什么时候才有完了呢？要知道禅不在言辞和谈辩，如果说这个事在言语上，那三乘十二分教（指佛教的一切经典）岂是无言语？为什么还要说教外别传呢？如果说从学问义理就可得到禅悟，那为什么有些位登十地的菩萨说法如云如雨，还逃不了要被佛祖呵责他们尚未见性呢？见性如隔罗纱，直下可见。因此可知，若起心外求，存心企望在言句上下功夫而成佛，其与佛的距离只会如天地般悬殊和遥远。然而话又说回来，若是那真正得道的人，他们说千道万又都没关系，因为道火烧不了他们，尽管他们整天开口说话谈事，但似乎不曾动过唇齿，更不曾说过一个字，这就好比整天穿衣吃饭，但似乎不曾咬着一粒米，挂着一缕丝。然而话说到底，刚才这种说法本身亦是多余的，还是一种为了接引学人的方便的说法，须实实在在醒悟自心才算真正得到的禅悟。如果要等到我跟诸位说了不立文字、不落言句之后，方才苦苦思索，有所领悟，那早已落入第二机了，亦仍然是瞌睡汉一个。”

文偃上堂说：“诸位兄弟都是四处游方问道，参寻善知识解脱生死痛苦的，诸方尊宿亦都慈悲为怀开方便之门，诸位还有什么没有参透的事情？举出来看看，老汉与大家共同商量。”这时有位僧人出来想说什么话，文偃说：“去去西天路，迢迢十万余。”

文偃又说：“我用言语教你直下承当，早已是撒屎在你头上。即便你从一言半句里窥尽了整个大地的存在，一时明白了佛理，这亦是剜肉作疮，不能彻底解除生死根本的痛苦。你若没有得到实在的醒悟，切不可掠虚，却须退步，到自己脚根下推寻，找出问题的症结所在。什么道理呢？实在没有丝毫的东西供你作解会，给你去疑惑。事实上只要你们各各像个人样，学佛陀出世只为普度众生一大事，你们便不花丝毫力气就可与祖佛无别。自然是你们信根浅薄，恶业浓厚，才自担钵囊千乡万里去行脚，何苦来呢？你们诸位有什么不足之处呢？大丈夫汉谁无分呢？直下承当就可以了，不要希冀还有其他更方便的途径。你们要才见老和尚开口，便把大石将满口塞。如果像屎上苍蝇一样，竞相抢夺一口屎，或者三个五个聚头去商量，那就苦了。兄弟，他老和尚一时拿你们没办法，所以开方便之门，垂示一言半句，为你们指引一条入门之路。你们知道了那么一回事就把它搁一边，自己潜心修炼，如此或许还有一些成佛的希望。快快去吧，时不待人，光阴稍纵即逝，不要糟蹋身心，浪费精力在别处，切切注意，珍重。”

文偃说：“什么时候把朗朗乾坤挂到你们的眼睫毛上去？在座诸位听了我这么说，亦许有些性急的会打老汉一记耳光，且慢，你们仔细看看，到底是有是无？你们如果以为真有，这要在老汉门下我一定打折你们两条腿。你若是个人物，听到什么地方有老和尚出世，便要赶紧躲开，好像满面受到别人唾污，耳目受到污染。你若不是个人物，才听人说一事便信以为真，这早已落了第二机。你且看德山和尚，才见僧人上来问事，拖起拄杖便打，把人赶走。那睦州和尚才见僧人进门来，便说：‘打你三十棒。’有时又说：‘现成的公案，你来做什么？’禅宗大德的事例告诉我们，切不可做那种掠虚的汉子，食人涎唾，只记得一堆烂古董，便驴唇不对马嘴，到处驰骋口舌，自夸解得多少多少话。这样，即使从早问到晚，讨论个不休，你都不能梦见你所渴求的一丝一毫。什么地方是你着力之处？务必知道，将来阎罗王面前并不是凭你解说了多少话来判你罪的。

“各位兄弟，古人于此设了许多葛藤，你们要当心被其缠绕住，例如：雪峰和尚说‘整个大地都是你’；夹山说‘百草头识取老僧，市门头认取天子’；乐普说‘一尘才举，大地全收。一毛师子，全身总是’。你们把这些话反复思量，年长日久，自然会通达入门之路。切不可辜负平生，亦不辜负父母师长和十方施主。必须处处用心，不要这样空游州猎县，横担钵囊，手拄禅杖，一千二千里赶死，在这边过冬，到那边过夏，以为好山水可以养性，多斋供易得衣钵，不是那么回事。为了他一粒米，却失去了半年粮，苦啊！如此行脚有什么利益呢？这一粒米又怎生消得呢？须自看好，时不待人，不要有一天眼光落地，才知道为时已晚，不要到头来似落汤的螃蟹，手忙脚乱。莫将等闲空过，光阴易逝，时光一失，人身万劫不复，不是小事。古人尚且说‘朝闻道，夕死可矣’，况我沙门，早晚该做什么事，更须努力啊！”

文偃又说：“你们凡见人说到祖佛意趣，就要问什么是超佛越祖，且问你们什么是佛？什么是祖？然后才说超佛越祖的道理。你们又问出三界，先请把三界指出来给我看看。到底有什么见闻觉知隔碍着你们？到底有什么声色可了？了个什么？我向你们说，只要有什么闲事挂心头，就早已埋没了佛祖的真意。你们如果实在不知从何处着手，且独自去参详，除了吃饭穿衣、屙屎送尿，还有什么更为根本的事？无端生起那么多妄想干什么？三五成群，聚头去商量古人所设的言语葛藤就信以为真，或者千乡万里，抛开父母师长去行脚，这样会有什么用？”

云门禅师上堂，大众云集座下。云门用拄杖往前面一指，说：“朗朗乾坤，大地上的一切事物，一切诸佛，都在这小小的拄杖里。我平常向你们说：无论哪方国土，三世诸佛，西天二十八祖，东土六祖，都在这拄杖头上说法，变现神通，声应十方，任运纵横。你们有没有领会呢？”

问：“什么是佛法大意？”云门答：“春来草自青。”

问：“牛头法融未见四祖时如何？”云门说：“家家观世音。”问：“见后又如何呢？”云门说：“火里蠛螺吞大虫。”

问：“什么是云门一句？”云门说：“腊月二十五。”问：“什么是雪岭泥牛吼？”云门说：“天地黑。”问：“什么是云门木马嘶？”云门说：“山河走。”

有僧请云门对过去禅宗古德的事情提纲挈领开示一下，云门说：“朝看东南，暮看西北。”问：“这是什么意思呢？”云门说：“东屋里点着明亮的灯火，却在西屋的黑暗里干坐着。”又问：“十二个时辰中，怎样修行才能不算空过？”云门反问他：“为什么提出这个问题？”那人说：“学人不会，请师指示。”云门说：“拿笔砚来。”云门于是作一颂说：

举不顾，即差互；
拟思量，何劫悟？

问：“什么是学人？”云门说：“游山玩水。”问：“什么是和尚？”云门说：“幸亏维那不在。”

问：“一口吞尽时如何？”云门说：“我在你肚里。”问：“和尚怎么会在我肚里呢？”云门说：“还我话头来。”

问："什么是道？"云门就答一字"去"。

问："什么是和尚家风？"云门说："门前有读书人。"问："什么是透过法身的语句？"云门说："北斗里藏身。"问："什么是西来意？"云门说："久雨不晴。"又说："粥饭的香气。"

问："古人横说竖说一大堆都没发现向上关棙子。什么是向上关棙子？"云门说："西山东岭青。"

第八世清凉文益

原典

升州清凉院文益禅师，余杭人也。姓鲁氏。七岁依新定智通院全伟禅师落发，弱龄[①]禀具于越州开元寺。属律匠希觉师盛化于明州鄮山育王寺，师往预听习，究其微旨。复傍探儒典，游文雅之场，觉师目为"我门之游夏"[②]也。师以玄机一发，杂务俱捐，振锡南迈，抵福州长庆法会。虽缘心未息，而海众推之。寻更结侣，拟之湖外。既行，值天雨忽作，溪流暴涨。暂寓城西地藏院，因参琛和尚。琛问曰："上座何往？"师曰："逦迤行脚。"云："曰行脚事作么生？"师曰："不知。"曰："不知最亲切。"师豁然开悟。与同行进山主等四人，因投诚咨决，悉皆契会。次第受记，各镇一方。师独于甘蔗洲卓庵，因议留止。进师等以江表丛林欲期历览，命师同往。至临川，州牧请住崇寿院。

初开堂日中坐，茶筵未起，四众先围绕法座。时僧正白师曰：“四众已围绕和尚法座了。”师曰：“众人却参真善知识。”少顷，升座，大众礼请讫。师谓众曰：“众人既尽在此，山僧不可无言，与大众举一古人方便，珍重。”便下座。时有僧出礼拜，师曰：“好问着。”僧方申问次，师曰：“长老未开堂，不答话。”子方上座自长庆来，师举先长庆棱和尚偈而问曰：“作么生是万象之中独露身？”子方举拂子，师曰：“恁么会又争得？”曰：“和尚尊意如何？”师曰：“唤什么作万象？”曰：“古人不拨万象。”师曰：“万象之中独露身，说什么拨不拨？”子方豁然悟解，述偈投诚。自是诸方会下有存知解者，翕然而至。始则行行如也，师微以激发，皆渐而服膺。海参之众常不减千计。

师上堂，大众立久，乃谓之曰：“只恁么便散去，还有佛法也无？试说看。若无，又来这里作么？若有，大市里人聚处亦有，何须到这里？诸人各曾看《还源观》《百门义海》《华严论》《涅槃经》诸多策子，阿那个教中有这个时节？若有，试举看。莫是恁么经里有恁么语是此时节么？有什么交涉？所以，微言滞于心首，常为缘虑之场，实际居于目前，翻为名相之境。又作么生得翻去？若也翻去，又作么生得正去？还会么？莫只恁么念策子，有什么用处？”

僧问：“指即不问，如何是月？”师曰：“阿那个是汝不问底指？”又僧问：“月即不问，如何是指？”师曰：“月。”曰：“学人问指，和尚为什么对月？”师曰：“为汝问指。”

江南国主重师之道，迎入住报恩禅院，署净慧禅师。师后迁住清凉，上堂示众曰：“出家人但随时及节便得，寒即寒，热即热。欲知佛性义，当观时节因缘。古今方便不少，不见石头和尚因看《肇论》云：‘会万物为己者，其唯圣人乎！’他家便道：‘圣人无己，靡所不己。’有一片言语唤作《参同契》，末上云：‘竺土大仙心。’无过此语也，中间也只随时说话。上座今欲会万物为己去，盖为大地无一法可见。他又嘱人云：‘光阴莫虚度。’适来向上座道，但随时及节便得。若也移时失候，即是虚度光阴，于非色中作色解，上座于非色中作色解，即是移时失候。且道色作非色解，还当不当？上座若恁么会便是没交涉。正是痴狂两头走，有什么用处？上座但守分随时过好，珍重。”

问：“如何是清凉家风？”师曰：“汝到别处，但道到清凉来。”

问：“如何是第一义？”师曰：“我向汝道是第二义。”

师缘被于金陵，三坐大道场，朝夕演旨。时诸方丛林，咸遵风化。异域有慕其法者，涉远而至。玄沙正宗，中兴于江表。师调机顺物，斥滞磨昏。凡举诸方三昧，或入室呈解，或叩激请益，皆应病与药[③]，随根悟入者不可胜纪。

以周显德五年戊午七月十七日示疾，国主亲加礼问。闰月五日，剃发沐身，告众讫，跏趺而逝。颜貌如生，寿七十有四，腊五十四。城下诸寺院具威仪迎引。公卿李建勋已下素服，奉全身于江宁县丹阳乡起塔。谥大法眼禅师，塔曰无相。嗣子天台山德韶、文遂、慧炬等一十四人，先出世，并为王侯礼重。次龙光、泰钦等四十九人，后开法，各化一方。如本章叙之。后因门人行言，署玄觉导师，请重谥大智藏大导师。三处法集，及著偈颂、真赞、铭记、诠注等凡数万言，学者缮写，传布天下。

注释

①**弱龄：**古代男子二十岁行冠礼，表示成年，但因还没达到壮年，所以称作弱冠。后世泛指男子二十左右的年纪为弱龄。

②**游夏：**子游、子夏是孔门弟子，擅长文学。

③**应病与药：**佛对众生种种根机，说种种教法；好比医生根据人的病情开出治疗的药方。

译文

升州（今江苏南京）清凉院文益禅师，是余杭（今浙江杭州）人。俗姓鲁。七岁时依新定智通院全伟律师落发出家，二十岁在越州开元寺受具足戒。当时律界大匠希觉在明州（今浙江宁波）鄮山育王寺大开道场，很有影响，文益就前往听习，究其微旨；复又旁探儒典，游诗礼文雅之场，希觉律师因此称他为“我门之游夏”。文益后来忽发玄机，抛开各种杂务，拄杖行脚，向南抵达福州，参禅于长庆慧棱，因缘心未息而未能顿悟。不久结伴去湖外游方，出发后偶遇天下大雨，溪流暴涨，就暂时寄宿在城西地藏院，于是参见了桂琛和尚。桂琛问说：“上座，这是要去哪里呀？”文益说：“四方行脚，云游天下。”桂琛又问：“行脚是怎么回事呢？”文益说：“不知道。”桂琛说：“行脚而不知，与佛最亲切。”文益豁然开悟，遂与法进、绍修等一行四人留下来师事桂琛和尚，都有所契会。尔后经桂琛和尚印可，又各各去一方弘法绍化。文益本想留在甘蔗洲卓庵，后在法进等劝说下，一同去历览江表丛林。行至临川，受临川州牧之请而住崇寿院。

在临川初开堂那天，文益禅师还在居所坐着喝茶，大众早就围绕法座坐下了。这时僧正来报说："大众已围绕和尚法座等着了，请师快升座吧。"文益说："大众却要参真正的善知识。"不一会儿，文益升座，大众行礼过后请师说法。文益对大众说："众人既然都来这里听法，我不可不发一言，我就举古人的一则方便。诸位，珍重。"文益便下座。这时有僧出来礼拜，文益说："你要问什么？"那僧刚要开问，文益说："长老未开堂，不答话。"子方上座从长庆法会来，文益举长庆慧棱和尚法偈问说："什么是万象之中独露身？"子方举起拂子，文益说："这么会又怎能得？"子方问："和尚尊意如何？"文益说："什么叫作万象？"子方说："古人不抛开万象？"文益说："万象之中独露身，说什么抛开不抛开？"子方豁然悟解，于是述偈，归信文益禅师。从此，诸方会下有执着知解的禅客都来文益禅师这里参禅，开始他们还我行我素沉迷于知解，后来经文益微言激发，就都渐而服膺文益的禅法。四海来参禅的人常不下千计。

文益禅师上堂，大众已经等他很久了。文益对大众说："如果这样便散去，还有没有佛法呢？你们试说说看。若没有佛法，你们又来这里做什么？若有的话，闹市里人多的地方亦应该有，又何须到这里来？诸位以前还曾看过《还源观》《百门义海》《华严论》《涅槃经》等经论没有？这些经论策子里有没有哪个教你们像现在这样求取佛法的？若有的话，你们就说来看看，没有关系的。所谓微言滞留在心头常常转为妄想，实相呈现在眼前往往翻为名相。试问这实相如何能翻去？翻去了又如何把它正过来？你们会么？如果你们只管念经论策子而不悟自心根本，那是没有什么用处的。"

有僧来问："我不问什么是指，我请问什么是月？"文益说："什么是你不问的指？"又一僧问："我不问什么是月，请问什么是指？"文益就答一"月"字。那僧说："学人问指，和尚为什么就答一'月'字呢？"文益说："正因为你问指。"

江南国主推崇文益禅师之道，把他请来住持报恩禅院，署法号净慧禅师。后来迁住清凉，上堂开示大众说："出家人只要随时而动，按节而行，便可得寒即寒，热即热。经说，'欲知佛性义，当观时节因缘'。古今这样的方便不少，当初石头和尚因看《肇论》说：'会万物为己者，其唯圣人乎！'他便受到启发，说：'圣人无己，靡所不已。'他因此作《参同契》一篇，末上说：'竺土大仙心。'无过此语也，中间亦只随时说话。上座今天倘若能会得万物为己（万物备我心），则茫茫大地除此法外将不再有其他法。石头又嘱人说：‘光阴莫虚度。’刚才向上座说的‘随时节而动就可以冷暖自知’，如果移时失候，便是虚度光阴，从空幻中捞摸实在。上座把空幻当作实在，即是移时失候。且说把空幻当作实在，这样妥当不妥当？上座如果那样去解会的话，那就与佛道差远了。所以上座只须守分随时，按自己的本来面目行事过好，珍重。”

问：“什么是清凉家风？”文益说：“你到别处只要说到我清凉来过。”

问：“什么是第一义？”文益说：“我向你说的是第二义。”

清凉文益禅师化缘遍于金陵，多次坐大道场，从早到晚演禅旨不息。当时诸方丛林都遵从文益禅师的禅风和教化，异域有仰慕他禅法的人亦都不远千万里而来。玄沙正宗由此中兴于江表。文益禅师应机接物，因材施教，解除学人的妄想和滞着，使他们由迷转悟；凡学人所举诸方三昧，或者入室呈示悟解，或者叩激请益，文益禅师都能按其根机大小开出治疗的药方，因此而悟入者不可胜记。

周显德五年（公元九五八年）戊午七月十七日，文益禅师染病在身，国主亲自来探问病情。闰七月初五，剃发沐身，嘱告大众之后，跏趺而逝。死后颜貌如生。

世寿七十四，僧腊五十四。城外各寺院都准备了隆重的礼仪迎请禅师的灵骨，公卿李建勋以下都身着素服送灵柩至江宁县丹阳乡起塔。谥大法眼禅师，塔曰无相。文益禅师法嗣有天台山德韶、文遂、慧炬等一十四人先闻名于世，并为王侯礼重，以后又有龙光、泰钦等四十九人开法，各化一方。后因门人行言署法号玄觉导师，便请重谥文益为大智藏大导师。文益禅师三处法会所集，以及所著偈颂、真赞、铭记和诠注等共数万言，有学者缮写传布天下。

6 禅门达者

金陵宝志禅师

原典

宝志禅师，金城[①]人也，姓朱氏。少出家，止道林寺[②]修习禅定。宋泰始初，忽居止无定，饮食无时。发长数寸，徒跣，执锡杖，头擐剪刀、尺、铜鉴，或挂一两尺帛。数日不食，无饥容。时或歌吟，词如谶记。士庶皆共事之。

齐永明七年，武帝谓师惑众，收付建康狱。既旦，人见其入市，及检狱如故。建康令以事闻，帝延于宫中之后堂。师在华林园，忽一日重着三布帽，亦不知于何所得之。俄豫章王、文惠太子相继薨，武帝寻厌世，齐亦以于季矣。由是禁师出入。梁高祖即位，下诏曰："志公迹拘尘垢，神游冥寂[3]，水火不能焦濡，蛇虎不能侵惧。语其佛理则声闻[4]以上，谭其隐沦则遁仙高者，岂以俗士常情空相拘制？何其鄙陋一至于此！自今勿得复禁。"

帝一日问师曰："弟子烦惑，何以治之？"师曰："十二。"识者以为十二因缘[5]，治惑药也。又问十二之旨，师曰："旨在书字时节刻漏[6]中。"识者以为书之在"十二时"中。又问："弟子何时得静心修习？"师曰："安乐禁。"识者以为修习（禁者，止也）至安乐时乃止耳。

又制《大乘赞[7]》二十四首盛行于世。天监十三年冬将卒，忽告众僧令移寺金刚神像出置于外。乃密谓人曰："菩萨将去。"未及旬日，无疾而终，举体香软。临亡，然一烛以付后合舍人吴庆，庆以事闻，帝叹曰："大师不复留矣。烛者，将以后事嘱我乎。"因厚礼葬于钟山独龙阜[8]，仍立开善精舍。敕陆倕制铭于冢内，王筠勒碑于寺门。处处传其遗像焉。初师显迹之始，年可五六十许，及终亦不老，人莫测其年。有徐捷道者，年九十三，自言是志外舅弟，小志四年。计师亡时，盖年九十七矣。敕谥妙觉大师。

注释

①**金城**：古代郡县名，在今江苏省句容县北。晋咸康七年，桓温出镇江乘之金城，后温北伐，见为琅邪时所种柳皆十围，叹曰："木犹如此，人何以堪？"攀枝执条，泫然流涕。目今在句容县境内离南京七十华里的宝华寺，曾是宝志当年的道场。

②**道林寺**：此寺在建康钟山，今江苏南京东郊紫金山。宝志七岁时依钟山大沙门僧俭出家，专修禅观。

③**冥寂**：不见一物叫冥，灭绝诸相称寂。这里形容真空之理。

④**声闻**：即佛教小乘弟子。闻佛的声教，悟四谛之理，断见思之惑，而入涅槃，是佛道中的最下根。

⑤**十二因缘**：指众生涉三世而轮回六道的次第因缘，包括无明、行、识、名色、六处、触、受、爱、取、有、生、老死。

⑥**刻漏**：古代计时的器具。

⑦**赞**：指赞叹大乘佛教法门的诗偈，佛家的一种文体。

⑧**钟山独龙阜**：今南京钟山陵，历来被视为风水宝地。相传孙吴之时，诸葛亮有"钟阜龙盘、石城虎踞，真帝王之宅"语，千百年来人们即以龙盘虎踞专指南京。

译文

宝志禅师是金城（今江苏句容）人，俗姓朱。少年在道林寺出家，修习禅定。宋泰始初（公元四六五年），忽然居止不定，饮食无时。披着长发，光着脚丫，持着禅杖，头上擐着剪刀、戒尺和铜鉴之类，有时还挂上一两尺丝帛，飘然洒脱，超逸不凡。几天不吃不喝，面上毫无饥容之色。时而歌吟，那歌词就如谶语。士子庶民都以为宝志是一奇人，对他十分推崇。

齐永明七年（公元四八九年），齐武帝以妖言惑众的罪名，把宝志逮捕投入建康（南京另一故名）监狱。第二天清早，明明有人看见宝志进了市场，可查看狱中，他又安然如故待在那里。建康令把这事奏闻武帝，武帝对宝志的神通半信半疑，把他请入宫中后堂供养。宝志住在华林园，忽然有一天穿戴起孝服，身裹三重白布白帽，亦不知他从哪里得到这些东西的。然而过了不久豫章王、文惠太子相继死去，接着武帝又弃世，齐朝亦由此到了末路。宝志这样神奇，宫廷甚至感到恐惧，便限制其行动自由，禁止他随便出入。直到梁高祖即位，下诏说："志公形迹虽拘于尘垢，但精神遨游于太虚，水火不能使他干或湿，蛇虎不能侵害，使他惧怕。观其佛理则其根机在声闻以上，察其隐沦之迹则分明是遁仙高人，岂能以俗士常情限制其所作所为？怎能鄙陋到如此地步！”于是撤销了对宝志的禁令。

梁武帝有一天问宝志禅师：“弟子为烦恼迷惑，请问禅师有何妙法对治？”宝志答：“十二。”有识之士以为这里指十二因缘乃是治惑良药。武帝不明所指，又追问十二之旨，宝志说：“旨在写字的时候，那标记时刻的漏壶中。”有识之士以为这里说的是，十二之旨必须在十二时辰中精进不懈地修习始能体得。武帝又问：“弟子什么时候能静心修习呢？”宝志说：“安乐禁。”有识之士以为禁是止的意思，这里指修习到身心安乐时为止。

宝志禅师另外又制作与禅宗旨趣冥会的《大乘赞》二十四首，盛行于世。天监十三年冬（公元五一四年）快要逝去时，忽然令僧众把金刚神像移出寺内，放在外面，又秘密地告诉人说：“菩萨将要离去。”十天不到，宝志禅师无病而亡，全身香软。临终时点燃一支蜡烛交给后合舍人吴庆，吴庆把这事奏闻武帝，武帝叹息说：“大师将不久于人世了，点烛之意是将后事嘱托我吧。”于是武帝以厚礼把宝志葬在钟山独龙阜，墓旁立开善精舍。又敕诏陆倕制铭文留在墓内，王筠刻碑文在寺门，并且处处传播其遗像。当初宝志禅师显其奇迹，年纪大约在五六十岁，及至逝世时并不显老，然而人们估测不出他的实际高龄。有一位名叫徐捷道的老人，九十三岁，自称是志公外舅弟，比志公小四岁，这样估算宝志禅师临终时大概九十七岁。敕谥为妙觉大师。

婺州善慧大士

原典

善慧大士者，婺州义乌县人也。齐建武四年丁丑五月八日，降于双林乡傅宣慈家。本名翕。梁天监十一年，年十六，纳刘氏女，名妙光，生普建、普成二子。二十四，与里人稽亭浦漉鱼，获已沉笼水中，祝曰："去者适，止者留。"人或谓之愚。

会有天竺僧达磨曰："我与汝毗婆尸佛[1]所发誓，今兜率宫[2]衣钵见在，何日当还？"因命临水观其影，见大士圆光宝盖。大士笑谓之曰："炉鞴之所多钝铁，良医之门足病人。度生为急，何思彼乐乎？"嵩指松山顶曰："此可栖矣。"大士躬耕而居之。乃说一偈曰：

空手把锄头，步行骑水牛。

人从桥上过，桥流水不流。

有人盗菽麦瓜果，大士即与篮笼盛去。日常佣作，夜则行道，见释迦、金粟、定光三如来，放光袭其体。大士乃曰：“我得首楞严定[3]，当舍田宅，设无遮大会[4]。”大通二年，唱卖妻子，获钱五万，以营法会。时有慧集法师闻法悟解，言：“我师弥勒应身耳。”大士恐惑众，遂呵之。

六年正月二十八日，遣弟子傅暀致书于梁高祖。书曰：“双林树下当来解脱善慧大士[5]白国主救世菩萨：今欲条上、中、下善，希能受持。其上善略以虚怀为本，不着为宗，亡相为因，涅槃为果。其中善略以治身为本，治国为宗，天上人间果报安乐。其下善略以护养众生胜残去杀，普令百姓俱禀六斋。今闻皇帝崇法，欲伸论义，未遂襟怀，故遣弟子傅暀告曰。”暀投太乐令何昌，昌曰：“慧约国师犹复置启，翕是国民，又非长老，殊不谦卑，岂敢呈达？”暀烧手御路，昌乃驰往同泰寺，询皓法师，皓劝速呈。二月二十一日进书，帝览之，遽遣诏迎。

既至，帝问：“从来师事谁耶？”曰：“从无所从，来无所来，师事亦尔。”昭明[6]问：“大士何不论义？”曰：“菩萨所说，非长非短，非广非狭，非有边非无边，如如正理，复有何言？”帝又问：“何为真谛？”曰：“息而不灭。”帝曰：“若息而不灭，此则有色。有色故钝，若如是者，居士不免流俗。”曰：“临财无苟得，临难无苟免。”帝曰：“居士大识礼。”曰：“一切诸法不有不无。”帝曰：“谨受居士来旨。”曰：“大千世界，所有色象，莫不归空；百川丛注，不过于海；无量妙法，不出真如。如来何故于三界九十六道中独超其最？视一切众生有若赤子，有若自身。天下非道不安，非理不乐。”帝默然，大士辞退。异日，帝于寿光殿请大士讲《金刚经》。大士登座，执拍板唱经，成四十九颂。

大同五年，奏舍宅于松山下，因双梼树而创寺，名曰双林。其树连理，祥烟周绕，有双鹤栖止。太清二年，大士誓不食，取佛生日焚身供养。至日，白黑六十余人代不食烧身，三百人刺心沥血和香，请大士住世，大士愍而从之。承圣三年，复舍家资，为众生供养三宝，而说偈曰：

倾舍为群品，奉供天中天；
仰祈甘露雨，流澍普无边。

陈天嘉二年，大士于松山顶绕连理树行道，感七佛相随，释迦引前，维摩接后。唯释尊数顾共语：“为我补处[⑦]也。”其山忽起黄云，盘旋若盖，因号云黄山。时有慧和法师不疾而终，嵩头陀于柯山灵岩寺入灭。大士悬知曰：“嵩公兜率待我，决不可久留也。”时四侧华木方当秀实，欻然枯悴。

太建元年己丑四月二十四日，示众曰：“此身甚可厌恶，众苦所集，须慎三业[⑧]，精勤六度[⑨]。若坠地狱，卒难得脱，常须忏悔。”又曰：“吾去已，不得移寝床，七日有法猛上人[10]持像及钟来镇于此。”弟子问：“灭后形体若为？”曰：“山顶焚之。”又问：“不遂何如？”曰：“慎勿棺敛，但垒甓作坛，移尸于上，屏风周绕，绛纱覆之。上建浮图，以弥勒像处其下。”又问：“诸佛涅槃时皆说功德，师之发迹可得闻乎？”曰：“我从第四天来为度汝等，次补释迦；及傅普敏文殊，慧集观音，何昌阿难，同来赞助。故《大品经》云：‘有菩萨从兜率来，诸根猛利疾，与般若相应。’即吾身是也。”言讫趺坐而终。寿七十有三。

寻猛师果将到织成弥勒像及九乳钟，留镇之，须臾不见。大士道具十余事见在。晋天福九年甲辰六月十七日，钱王遣使发塔，取灵骨一十六片紫金色及道具，乃府城南龙山建华寺置之，仍以灵骨塑其像。

注释

①**毗婆尸佛**：过去七佛之一。在释迦牟尼成佛前。

②**兜率宫**：佛教指天的一个层次，即欲界中的一层天。兜率天宫。

③**首楞严定**：一切禅定、解脱、三昧、神通、智慧皆摄在首楞严中。首楞严是大乘佛教最主要的禅定，诸定中其威力最大。此定，汉晋间极为人们所瞻仰，“神通

之龙津，圣德之渊府”。

④**无遮大会**：无论圣贤道俗都可参加，不分贵贱上下，一切平等，行施财法的大法会，称为无遮大会。

⑤**双林树下当来解脱善慧大士**：即双林树下当来下世解脱的善慧大士，也是傅翕的自号。

⑥**昭明**：即太子萧统，梁武帝长子。幼聪慧，早逝，世寿三十一岁，谥曰昭明。他喜爱文学，曾召集文学之士编《昭明文选》传世，在中国文学史中，这是一部有名的文选总集。他亦深心信佛，曾自撰《解二谛义》一篇，辞理俱美。有人把他比之其前的王弼，说“弼之于老庄，亦犹统之于佛理”，他们二人都是早慧早逝。

⑦**补处**：前佛寂灭后，成佛而替补其位置，即称为补处。又此位名等觉，弥勒即为释迦如来的补处菩萨。

⑧**三业**：指身、口、意三业。业，意译造作，泛指一切身心活动。

⑨**六度**：即六波罗蜜。波罗蜜是梵文，译为度，度越生死苦海，到达涅槃彼岸。其行法有六种，即布施、持戒、忍辱、精进、禅定、智慧。

⑩**上人**：佛家称内有德智、外有胜行的僧人为上人。晋时称释子多为“道人”，唐人多以僧为上人。

译文

善慧大士是婺州义乌县（今浙江）人。齐建武四年（公元四九七年）丁丑岁五月八日出生在本县双林乡傅宣慈家，取名傅翕。梁天监十一年（公元五一二年），十六岁，娶刘姓女名妙光，婚后生下二子，取名普建、普成。二十四岁与乡里人去稽亭浦捕鱼，捕到鱼后却又放入水中，并且口中念念有词：“愿意去的就去吧，愿意留的就留吧。”时人因而都以为他这人很愚笨。

这时有一位叫达磨的天竺僧人（时人称嵩头陀）来说：“我和你一起曾在毗婆尸佛所发四宏誓愿，如今兜率宫的衣钵还在，你什么时候才重回故所呢？”达磨于是叫他到水边观其水中倒影，只见一大士屹立在水中，在华贵的宝盖下，散射着圆融慈祥的光辉。善慧便笑着对达磨说：“熔炉的风箱边总是堆满了废铁，良医的门前往往挤满了求医的病人，普度众生为一大事，怎能思慕那天堂之乐呢？”达磨于是手指松山顶说：“你可依此而居。”善慧大士从此躬耕而居。他有一偈说：

空手把锄头，步行骑水牛。
人从桥上过，桥流水不流。

有人来偷善慧大士种的菽麦瓜果，大士就装满了篮笼给他拿去。他日间进行劳作，夜晚则修禅入定。有一次在禅定中见到释迦、金粟、定光三如来，放光照射其体，大士就说："我如果得首楞严定，就舍去田宅，开设无遮大会。"大通二年（公元五二八年），大士拍卖妻子，得钱五万，用来营办法会。其时有慧集法师闻法开悟，说："我师善慧实是弥勒的化身。"大士恐怕此言会迷惑众生，于是呵责慧集出言不慎。

大通六年（公元五三二年）正月二十八日，善慧大士遣弟子傅暀致书于梁高祖。书说："双林树下善慧大士敬禀国主救世菩萨：今欲条陈上、中、下三善，希能接受和护持。其上善大略以虚怀为根本，以不着为宗旨，以无相为因，涅槃为果。其中善大略以治身为根本，以治国为宗旨，以天上人间的安乐为果报。其下善大略以护养众生为主，不使他们自相残杀，令普天下百姓都吃斋向佛。今闻皇帝崇信佛法，想发表我的一些粗浅看法，一直未能如愿，故遣弟子前来投书。"傅暀先把书投给太乐令何昌，何昌说："慧约国师还不曾启奏皇上，傅翕既是平民又非长老，怎么毫不谦卑，岂敢呈达皇上？"傅暀烧手拦路，希望何昌帮忙。何昌于是驰往同泰寺询问皓法师的意见，皓法师劝他速呈。何昌便在二月二十一日进书皇帝，帝阅览后立即遣诏迎请傅翕。

傅翕来后，帝问："曾经师事过谁呢？"傅翕说：

“我既无师从，亦无来历。”昭明说：“大士何不谈谈佛法呢？”大士说：“佛法正如菩萨所说，既非长亦非短，既非广亦非狭，既非有边亦非无边，不着任何一边，正理如如，还有什么好说的呢？”帝又问：“什么是佛法真谛呢？”大士说：“心息而不灭。”帝说：“若息而不灭，那就是有色，有色就不能超脱。若如此，居士不免流俗。”大士说：“临财不贪，临威不惧。”帝说：“居士很识事体。”大士说：“一切佛法都不落有无。”帝说：“谨受居士法旨。”大士说：“大千世界，一切有形的存在最终都要化入虚空；百川之流，最终都要流入大海；无量妙法，最终都要复归真如。如来为什么能在三界九十六道中最为优胜呢？因为他视芸芸众生有如赤子，有如自身；他视天下非道不足以安，非理不足以乐。”武帝听了默然无声，大士便告辞退下。另一天，武帝请大士在寿光殿讲《金刚经》，大士登座，拿着拍板唱经，成四十九颂。

大同五年（公元五三九年），善慧大士奏闻武帝，在自己住的松山顶创立佛寺，因门前双梼树而命名为双林寺。双梼树根枝相连，祥云缭绕，有双鹤栖止在上面。太清二年（公元五四八年），大士发誓绝食，要在佛诞日焚身供养。到那一天，有僧俗六十多人代替大士不食烧身，有三百人刺心沥血和香，他们力请大士住世，大士慈心听从了他们。承圣三年（公元五五四年）大士又舍去家资为众生供养三宝，而说偈说：

倾舍为群品，奉供天中天；
仰祈甘露雨，流澍普无边。

陈天嘉二年（公元五六一年），善慧大士绕着双梼树行走，感到西天七佛相伴随，释迦牟尼引前，维摩诘居士接后。释迦世尊几次回过头来对大士说：“替补我的位置，续我慧命。”这时山上忽然涌起朵朵黄云，盘旋若盖，因此又称此山为云黄山。这时有慧和法师无病而亡，嵩头陀（达磨）亦在柯山灵岩寺入灭。大士预示说：“嵩公已在兜率天等我，我决不可多留尘世了。”当时四周树木正当葱茏，忽然枯悴。

太建元年（公元五六九年）己丑四月二十四日示众说：“此身体甚可厌恶，它是诸多痛苦和烦恼之渊薮。务必慎重三业（身之所作，口之所语，意之所思），精勤六度（布施、持戒、忍辱、精进、禅定、智慧）。一旦坠入地狱，很难得到解脱，常常需要忏悔。”又说：“我灭世之后，不能移动我睡的床，第七天有一位法猛上人会拿着我的画像和钟来此镇守。”弟子问：“师父灭世后的形体该怎么处理？”大士说：“就在松山顶焚烧。”又问：“烧不成怎么办？”大士说：“千万不要棺敛。只要垒土做坛，然后移尸到上面，并在周围竖起屏风，用绛纱覆盖，上面即可建成浮图（塔），把弥勒像亦放在下面。”又问：“诸佛涅槃的时候都要说自己功德，师父的发迹可以说给我们听听吗？”大士说：“我从第四兜率天降生这世界来度你等，补续释迦世尊的慧命。傅普敏是文殊化生，慧集是观音降世，何昌是阿难，一同来辅助我普度众生。《大品经》说：‘有菩萨从兜率天来，根性猛利，有般若智慧。’那就应在我身。”说完，趺坐而逝。世寿七十三。

大士灭世不久，果然有一位法猛师来到，拿着弥勒像和九乳钟留此镇守，须臾不见了影踪。大士有十多件道具今都还在。后晋天福九年（公元九四四年）六月十七日，钱王遣使揭开塔墓，取出大士的灵骨一十六片，呈紫金色。还取出了大士的道具，如今都保存在本府城南的龙山建华寺。仍把大士的灵骨塑成像用来供养。

天台丰干禅师

原典

天台丰干禅师者，不知何许人也，居天台山国清寺。剪发齐眉，衣布裘。人或问佛理，止答“随时”二字。尝诵唱道歌，乘虎入松门，众僧惊畏。本寺厨中有二苦行，曰寒山子、拾得，二人执爨终日晤语，潜听者都不体解，时谓“风狂子”，独与师相亲。

一日，寒山问：“古镜不磨，如何照烛？”师曰：“冰壶无影像，猿猴探水月。”曰：“此是不照烛也，更请师道。”师曰：“万德不将来，教我道什么？”寒、拾俱礼拜。师寻独入五台山巡礼，逢一老翁，师问：“莫是文殊否？”曰：“岂可有二文殊？”师作礼未起，忽然不见。后回天台山示灭。

初闾丘公胤出牧丹丘，将议巾车，忽患头疼，医莫能愈。师造之曰：“贫道自天台来谒使君。”闾丘且告之病，师乃索净器，咒水喷之，斯须立瘥。闾丘异之，乞一言，示此去安危之兆。师曰：“到任记谒文殊、普贤。”曰：“此二菩萨何在？”师曰：“国清寺执爨洗器者，寒山、拾得是也。”闾丘拜辞。方行寻至山寺，问：“此寺有丰干禅师否？寒山、拾得复是何人？”时有僧道翘对曰：“丰干旧院在经藏后，今閴无人矣。寒、拾二人见在僧厨执役。”闾丘入师房，唯见虎迹。复问道翘：“丰干在此作何行业？”翘曰：“唯事舂谷供僧，闲则讽咏。”乃入厨寻访寒、拾，如下章叙之。

译文

天台丰干禅师，不知其籍贯和俗家姓氏。只知他居住天台山国清寺（今浙江），剪发齐眉，穿布裘衣服。有人问他佛理如何，他只答“随时”二字。他经常诵唱道歌，骑乘猛虎进入松门，众僧既惊恐又敬畏。本寺厨房中有两位苦行僧，一位名叫寒山子，另一位人称拾得。此二人洒扫之余，整天聚在一起窃窃私语，发笑不已。好奇心驱使着一些僧人来偷听他们究竟谈些什么，终不能完全理解他们。时人因此称他们为“疯狂子”。丰干禅师偏偏与这二位疯狂子相处亲近。

一天，寒山问：“古镜不磨，如何照见人？”丰干说：“冰壶无影像，猿猴探水月。”寒山说：“那就是照不见了，请师再说。”丰干说：“什么作用亦没有了，教我说什么？”寒山、拾得向丰干禅师礼拜。丰干不久独自去五台山巡礼，路上和一老翁相逢，丰干问：“这位老丈莫非是文殊菩萨吗？”老者说：“难道会有第二个文殊吗？”丰干来不及向他施礼，忽然就不见了。回天台山后丰干就灭世了。

当初闾丘公胤出镇丹丘，将要赴任时，忽然患起头疼，延医治疗无效。这时丰干禅师来访，说：“贫道特从天台来为使君解忧。”闾丘就把病情告诉了他，禅师要了净器，含水念咒喷向闾丘头脸，闾丘之病顿时见好。闾丘非常惊异。又请问禅师：“此去安危之兆？”禅师说：“到任后记住去拜谒文殊、普贤二位菩萨。”闾丘说：“这二位菩萨今在何处？”禅师说：“国清寺厨房里干杂活儿洗器碟的寒山、拾得就是。”闾丘拜辞了丰干。不久来到天台山国清寺，问：“此寺有个叫丰干禅师的吗？寒山、拾得又是什么人？”当时有一位叫道翘的僧人对他说：“丰干以前在藏经楼后院住过，今空无一人了。寒山、拾得二人现还在僧厨干活儿呢。”闾丘来到丰干生前住处，只见虎迹，不见禅师踪影。又问道翘：“丰干曾在这里做何修行？”道翘说：“不过是舂糓（谷）供养僧众，闲来则讽咏诗词。”闾丘又进入厨房寻访寒山、拾得，见下章所叙。

寒山子、拾得

原典

天台寒山子者，本无氏族。始丰县西七十里有寒、明二岩，以其于寒岩中居止，得名也。容貌枯悴，布襦零落，以桦皮为冠，曳大木履。时来国清寺，就拾得取众僧残食菜滓食之。或廊下徐行，或时叫噪，望空慢骂。寺僧以杖逼逐，翻身拊掌，大笑而去。虽出言如狂，而有意趣。

一日，丰干告之曰："汝与我游五台即我同流，若不与我去非我同流。"曰："我不去。"丰干曰："汝不是我同流。”寒山却问：“汝去五台作什么？”丰干曰：“我去礼文殊。”曰：“汝不是我同流。”暨丰干灭后，闾丘公入山访之。见寒、拾二人围炉语笑，闾丘不觉致拜，二人连声咄叱。寺僧惊愕曰：“大官何拜风狂汉耶？”寒山复执闾丘手，笑而言曰：“丰干饶舌。”久而放之。自此寒、拾相携出松门，更不复入寺。

闾丘又至寒岩礼谒，送衣服、药物，二士高声喝之曰：“贼！贼！”便缩身入岩石缝中，唯曰：“报汝诸人，各各努力。”其石缝忽然而合。闾丘哀慕，令僧道翘寻其遗物，于林间得叶上所书辞颂，及题村墅人家屋壁，共三百余首，传布人间。曹山本寂禅师注释，谓之“对寒山子诗”。

天台拾得者，不言名氏。因丰干禅师山中经行，至赤城道侧，闻儿啼声，遂寻之。见一子，可数岁，初谓牧牛子，及问之云：“孤弃于此。”丰干乃名为“拾得”。携至国清寺，付典座僧曰：“或人来认，必可还之。”

后沙门灵熠摄受，令知食堂香灯①。忽一日辄尔登座，与佛像对盘而餐，复于憍陈如上座②塑形前，呼曰：“小果声闻！”僧驱之。灵熠忿然告尊宿等罢其所主，令厨内涤器。常日斋毕，澄滤食滓以筒盛之，寒山来即负之而去。一日扫地，寺主问：“汝名拾得，丰干拾得汝归，汝毕竟姓个什么？在何处住？”拾得放下扫帚，叉手而立。寺主罔测。寒山捶胸云："苍天！苍天！"拾得却问："汝作什么？"曰："岂不见道：东家人死，西家助哀？"二人作舞，哭笑而出。

有护伽蓝神庙③，每日僧厨下食为乌所有，拾得以杖挞之曰："汝食不能护，安能护伽蓝乎？"此夕神附梦于合寺僧曰："拾得打我。"诘旦，诸僧说梦符同，一寺纷然。牒申州县，郡符至云："贤士隐遁，菩萨应身，宜用旌之。"号拾得为贤士。时道翘纂录寒山文句，以拾得偈附之。

注释

①**知食堂香灯：**知即知事之知，知事是寺院司事务的总名。

②**憍陈如上座：**指最初受释尊教化的五比丘之一，是五比丘中捉笔者。

③**护伽蓝神庙：**伽蓝是寺院的别称。护卫伽蓝的神庙。

译文

天台寒山子，没有姓氏。在始丰县（今浙江天台）向西七十里有寒、明二岩，他就因为居住在寒岩中而得名。他的容貌枯黄憔悴，他的穿着布叶零落，他戴着桦皮做的帽子，拖着大木做的鞋子。时常来国清寺向拾得讨僧众的残羹冷饭吃。或者在廊下徐步漫行，悠闲自在；时而又大叫大嚷，望空谩骂。寺中僧人每每见他这样，就用拄杖驱赶。他翻身拊掌，大笑而去。他虽出言如狂，但很有意趣。

一天，丰干禅师对寒山说："你与我一起云游五台，就表明与我志同道合；不与我去，那我们就是志不同道不合。"寒山说："我不去。"丰干说："你跟我志不同道不合。"寒山却问："你去五台做什么？"丰干说："我去礼拜文殊。"寒山说："你跟我志不同道不合。"及至丰干灭世后，闾丘公入山来访，见寒、拾二人围炉说笑，闾丘不觉向他们礼拜，寒、拾二人连声咄叱。寺僧惊愕说："大官为何要礼拜这两个疯狂汉呢？"寒山于是握住闾丘的手，笑说："这丰干真是多嘴饶舌。"久久才放开手。从此寒山、拾得相携出了松门，不再回到寺来。

闾丘又到寒岩去礼谒，送衣服、药物等，寒、拾二士高声喝斥说："贼！贼！"他们又缩身躲入崩裂的岩石缝中，只留下一句话："望诸位各自努力。"那石缝又轰然合在一起。闾丘十分哀慕寒、拾二奇士，令僧人道翘寻其遗物，在林间得到写在树叶上的辞颂，以及题在村墅人家屋壁上的诗词，一共有三百多首传布人间。曹山本寂禅师曾为寒山诗作注释，称为“对寒山子诗”。

天台拾得，亦不知其姓甚名谁。丰干禅师有一次在山中漫行，在赤城道旁听到小孩子啼哭的声音，由声追寻，见一小孩子，大约几岁年纪，起初还以为牧牛的小孩，及问他才知是被遗弃在这荒郊野外的。丰干禅师因此就称他为拾得，把他带回国清寺，交给典座僧说：“若有人来认领，必须还人家领走。”

后来沙门灵熠管事，派他照看食堂香灯。忽有一天，拾得居然登上供桌前面的宝座，与佛像对盘而餐。又在憍陈如上座的塑像前呼叫道：“小果声闻（指听佛言教而觉悟的人只得小果）！”僧众都十分惊讶，把他赶走。灵熠愤愤然告诉寺中尊宿等，要免除他所主管的工作，罚他到厨房为大众洗涤碗筷器皿。这样，拾得便与寒山结上了缘。每天僧众用完斋后他便把剩菜剩饭用筒盛装了，然后寒山来背了就走。有一天扫地，寺主问：“你名叫拾得，是丰干禅师把你拾来的，你本来姓什么呢？家住在哪里呢？”拾得放下扫帚，双手叉腰，卓然而立，寺主莫测其究竟。寒山捶胸哭道：“天哪！天哪！”拾得却问：“你这是为何？”寒山说：“你难道不曾听人说，东家人死了，西家人便来助哀？”他们二人亦哭亦笑，手舞足蹈，飘然而去。

有个护伽蓝的神庙，每天僧厨下的饭菜都被乌鸦吃光，拾得用禅杖敲打此庙神像，说：“你僧尚且不能护，如何能护住伽蓝呢？”当晚庙神托梦给全寺僧人，说：“拾得打我。”第二天天亮后，众僧说梦，梦都相同，好生奇怪，于是一寺纷然。文告申报州县要捉拿拾得。州县下文告说：“贤士是菩萨的化身，如今隐遁，宜加旌表。”称拾得为贤士。当时道翘纂录寒山文句，曾用拾得诗偈相和。

明州布袋和尚

原典

明州奉化县布袋和尚者，未详氏族，自称名契此。形裁腲脮，蹙额皤腹[①]。出语无定，寝卧随处。常以杖荷一布囊，凡供身之具尽贮囊中。入鄽肆聚落，见物则乞，或醯醢鱼菹，才接入口，分少许投囊中。时号“长汀子布袋师”也。

尝雪中卧，雪不沾身，人以此奇之。或就人乞其货则售，示人吉凶必应期无忒。天将雨，即着湿草屦途中骤行。遇亢阳，即曳高齿木，履市桥上，竖膝而眠，居民以此验知。有一僧在师前行，师乃拊僧背一下，僧回头，师曰：“乞我一文钱。”曰：“道得，即与汝一文。”师放下布囊，叉手而立。

白鹿和尚问："如何是布袋？"师便放下布袋。又问："如何是布袋下事？"师负之而去。

先保福和尚问："如何是佛法大意？"师放下布袋，叉手。保福曰："为只如此，为更有向上事？"师负之而去。

师在街衢立，有僧问："和尚在这里作什么？"师曰："等个人。"曰："来也，来也。"师曰："汝不是这个人。"曰："如何是这个人？"师曰："乞我一文钱。"

又有偈曰：

一钵千家饭，孤身万里游；
青目睹人少，问路白云头。

梁贞明二年丙子三月，师将示灭，于岳林寺东廊下，端坐磐石，而说偈曰：

弥勒真弥勒，分身千百亿；
时时示时人，时人自不识。

偈毕，安然而化。其后，他州有人见师亦负布袋而行，于是四众竞图其像。今岳林寺大殿东堂全身见存。

注释

①**皤腹**：大腹便便的样子。

译文

明州奉化县（今浙江）布袋和尚，未详姓氏，自称名契此。其人形裁肥胖，蹙额皱眉，大腹便便。这样一个人，讲话往往出人意料，随处可以当床而卧。常用禅杖挑一布囊在肩头，凡是供身所用的物品都统统贮藏在这布囊之中。一旦进入城市或者村落，只要见物就乞讨而不管其味道的酸咸苦辣；酸鱼或咸肉，才接到手便塞入口里，并且分出一些投入背囊中。时人因此称他为长汀子布袋和尚。

他一生集满了奇事。他曾在雪中横卧，而雪不沾身。或者把向人乞讨来的货物又重新出售给人。他预示人的吉凶都应验不爽。天将下雨，他就预先穿上耐湿的草鞋在路上急行；艳阳当空的天气，早就拖着高齿木履在市桥头抱膝而眠，以致当地居民就以此验明今天是晴是雨。有一僧在他前面行走，他赶上去在那僧的背上拍一下，那僧回过头来，他说:“行行好，乞给我一文钱。”那僧说:“说出个道理来，就给你一文。”他就放下布囊，叉手而立。

白鹿和尚问:“什么是布袋？”他放下布袋。又问:“什么是布袋下面的事？”他背起就走。

已故保福和尚问：“什么是佛法大意？”他放下布袋

叉手而立。保福说："就只如此，还有更向上的境界吗？"他背起布袋就走。

他在街头伫立，有僧问："和尚在这里做什么？"他说："等个人。"僧说："来了！来了！"他说："你不是这个人。"问："谁是这个人？"布袋和尚说："乞我一文钱。"和尚示法大致如此。

布袋和尚有偈说：

一钵千家饭，孤身万里游；
青目睹人少，问路白云头。

梁贞明二年（公元九一六年）丙子三月，布袋和尚在岳林寺东廊下，端坐磐石，临终作偈：

弥勒真弥勒，分身千百亿；
时时示时人，时人自不识。

说毕，安然而化。其后在别的州有人又看见和尚背着布袋行走，于是大众竞相描绘其图像。如今岳林寺大殿东堂保存了布袋和尚的全身像。

源流

灯录，作为禅家的一种专门文体，记载历代禅师的传承世系和他们的机缘语句，同时略及人物的生平和行历。这种体裁的著述又称作灯史，某种程度上可把它视为禅宗传法的历史或禅宗思想史。

灯录体著作的溯源

灯录之作，可以追溯到南北朝时代。据传，北魏太平真君七年（公元四四六年），太武帝听从道教信徒崔浩的意见，下诏大杀沙门，毁佛经像，并说佛教“是前世汉人无赖子弟刘元真、吕伯疆之徒，接乞胡之诞言，用老庄之虚假，附而益之，皆非真实”（《魏书·释老志》）。这便是历史上有名的“三武”灭佛运动的第一次。（另两次是北周武帝建德三年和唐武宗会昌四年）这次佛教遭到劫难的表层原因，似乎是与道教争夺宗教的正统地位而遭受的毁灭性打击。

七年之后，文成帝即位，复兴佛教，佛教信徒重整旗鼓，卷土重来。着手做的第一件事，便是到印度寻根，辟斥前代废佛时对佛教所造的诬词，论证佛教的传承有据。在这样的背景下，当时升为沙门统领的昙曜便召集了僧众，在北台石窟寺编译出《付法藏因缘传》共四卷。孝文帝延兴二年（公元四七二年），西域沙门吉迦夜复以此书为基础重新编译，增广了一些事缘，而成六卷。因此后代各经录都把此书题作“西域三藏吉迦夜共昙曜译”。（隋费长房《历代三宝纪》卷九）

《付法藏因缘传》，亦称《付法藏经》或《付法藏传》，记述了佛教在天竺（印度）的传法世系，从佛灭度时把佛法传给大迦叶起，至师子比丘为止，经历了二十三代，共二十四人（第三代有摩田提、商那和修二人同时得法于阿难）。稍后，见载于梁僧祐《出三藏记集》卷十二，有僧祐自编的萨婆多部（即小乘说一切有部）传承世系（已佚），始大迦叶，终达磨多罗；又录佛驮跋陀罗师承一种（亦佚）。此二种传承世系，据说人物繁杂，次序紊乱，其可信程度如何，很难断定。

其后不久又出现了新的传承，东魏孝静帝兴和三年

（公元五四一年），有高僧云启（宋契嵩《传法正宗记》作昙启）前往天竺求法，途经龟兹，遇北印三藏那连耶舍，两人合作共同译出《祖偈因缘传》一本，叙说七佛至二十八祖传法的因缘和偈颂。尔后耶舍东来，把译本传给北齐居士万天懿。南朝梁简文帝听说有此译本，派遣刘悬运为使前往传写，又诏僧人宝唱把它编入《续法记》。到了唐贞元年间（公元七八五—八〇五年），金陵沙门智矩（又作慧炬）带着此祖偈入曹溪，与天竺三藏胜持一起，编次诸祖传法偈语，连同唐初以来宗师机缘，集为《宝林传》一书。

该书采用西天二十八祖说，认为佛法在师子遇难后，仍传了四代，直至菩提达磨来东土为止；该书又以惠能南宗一系的传承为禅宗的嫡传与正宗。这种记述法，经《景德传灯录》沿用后，遂成为禅宗法统说的定论。

关于天竺祖师的传承世系，历代颇多争论，特别是台、禅二家，在宋代后，为法统问题而互相是非。台宗坚持《付法藏传》的二十四祖说，把龙树作为其东土传承的高祖；禅宗则主张《宝林传》二十八祖说，视菩提达磨为东土初祖。对此，北宋契嵩《传法正宗论》卷上辩之甚详，认为《付法藏传》是“可焚之书”，二十四祖说原是昙曜与吉迦夜在破灭佛法后的不全不详之论，不足取信于人；而《宝林传》二十八祖说，在禅、律诸家书籍中则凿凿可考，他把菩提达磨与传诸中土的一部很重要的禅经《达磨多罗禅经》联系起来，说菩提达磨是法俗合名。后人对契嵩所论虽不无微词，嫌其多牵强附会之说，没有史家超于宗派感情的冷静，但西天传承二十八祖确为后世禅宗公认。

《宝林传》之后，多有续作出现，如唐光化年间（公元八九八—九〇一年），华岳沙门玄伟续集贞元以来宗师机缘，编为《玄门圣胄集》（已佚）。五代后梁开平四年（公元九一〇年），南岳沙门惟劲续集光化以来宗师机缘，编为《续宝林传》（亦佚）。至南唐保大十年（公元九五二年），有泉州昭庆寺静、筠二禅师（全名未详）合撰《祖堂集》二十卷（原本不分卷，系高丽重刻本所分）。是为正式灯录著述之始，其体例略同于其后不久的《景德传灯录》。从文中夹注看出，本书已采用《宝林传》中关于禅宗的传法世系。

若将《祖堂集》与《景德传灯录》对照来看，则前者所编定的禅宗谱系，总的来说不如后者的细密完整。其中的部分原因，大概是《祖堂集》的作者生活于唐末五代那样的乱世，偏于一方，资料难于搜集吧。但是，就两书同载的那些人物的行迹和言语，则往往可以参补勘正。

另外，《祖堂集》保存了好多歌吟偈颂，有些是《传灯录》没有的，如丹霞和尚《孤寂吟》《重义颂》等。以上所说，意在引起读者注意《祖堂集》价值所在。《祖堂集》是现存最古的禅宗灯录体著作。现存《祖堂集》刻本是高丽（今朝鲜）海印寺在高宗三十二年（公元一二四五年）所刻。现有台湾一九七二年的影印本，系依据日本京都花园大学图书馆收藏，全日本仅有的一部高丽重刻本《祖堂集》为底本。

《景德传灯录》为后世灯录之源

北宋景德元年沙门道原编撰《景德传灯录》，对以前诸籍综合取材，又博采众家禅师语录，尽搜罗之能事，而加以新的组织，终于成三十卷，为现存禅史最初具有完整规模的一部灯录。而且在禅籍中，又是第一部以“传灯录”为书名的书。《祖堂集》虽早本书五十二年，但因为遭逢乱世，初刊后不久即在本土失传，因而对后世各家灯录发生直接影响的，实际上仍是《景德传灯录》。关于这点，仅从后世灯录纷纷模仿本书体裁而作就可看出。

《景德传灯录》的撰写，大体上取材于两个方面，一方面是对以法统为理论根据的禅宗传承世次的确定和选择，另一方面是对以语录为主要内容的历代禅师机缘语句的收集和汇编。本书作为灯录性质的体裁不同于僧传，其中对禅师的生平记叙较为简略，只在每章的开头介绍人物的俗家姓氏和籍贯，以及出家和受学经过，在末尾交代他的卒年、世寿、僧龄和谥号、塔名等，而中间大部分内容是机缘语句。

纵观全书，则是以传灯世次为主线而编排和展开。后世灯录基本以《景德传灯录》为原型，不超出本书立定的框架和结构。像《天圣广灯录》《建中靖国续灯录》《联灯会要》《嘉泰普灯录》《五灯会元》《续传灯录》等一系列著述，莫不是在本书的影响和启发下而陆续出现的。就连它们的书名，亦都与本书有紧密的联系。所以，某种意义上，可以说《景德传灯录》为后世灯录之源。

《景德传灯录》之后灯录的流变

《传灯录》本身成于北宋初年，之后，有宋一代又相继出六部著名灯录：（一）《天圣广灯录》三十卷，北宋临济宗李遵勖撰；（二）《传灯玉英集》十五卷，北宋临济宗王随撰；（三）《建中靖国续灯录》三十卷，北宋云门宗惟白撰；（四）《联灯会要》三十卷，南宋临济宗悟明撰；（五）《嘉泰普灯录》三十卷，南宋云门宗正受撰；（六）《五灯会元》二十卷，南宋临济宗普济撰。六部灯录分别为此时代强盛的临济、云门两宗弟子所撰。

以下对六部灯录做些粗略的介绍和简单的分析说明。

北宋仁宗天圣七年（公元一〇二九年），李遵勖身为驸马都尉，“靡恃贵而骄矜，颇澡心于恬旷”，而撰《广灯录》。从释迦牟尼佛叙起，顺次天竺祖师、中国祖师，尔后分南岳系、青原系交叉叙说。南岳系法嗣叙至第十一世（《景德录》至第九世），青原系法嗣叙至第十二世（《景德录》至第十一世），青原系前阙第一世至六世。与《景德录》相比，《广灯录》的传法世系增加无几，其书名曰“广”，广在哪里呢？观其内容则广在《景德录》未能收尽的一些人物和机缘语句，此为该书的独特价值。该书从叙述方式看，则相当凌乱，有使人“头昏目眩”之感；就系谱的严密性而言，则残阙遗漏。

其后不久，有《传灯玉英集》，北宋光禄大夫行尚书吏部侍郎王随撰于仁宗景祐元年（公元一〇三四年）。作者因感到《景德录》“缇縢之重，卷帙稍广，谅参学之者津携颇难”，于是“择乎精粹，撮其机要”，删为十五卷。《广灯录》《玉英集》二书相距《景德录》，不过二三十年的时间，前者嫌其略而不广而加以扩充，后者又病其繁冗难观而加以删减。陈垣先生于此感叹：“是知灯录之编，不能尽如人意。今《玉英集》有《宋藏遗珍》影印本，《广灯录》有《续藏经》影印本，均未见能胜《景德录》，则改编亦殊不易也。”（见陈垣《中国佛教史籍概论》

第九十九页）

《建中靖国续灯录》撰成于北宋徽宗建中靖国元年（公元一一〇一年），相距《景德录》已近百年，其间禅宗有了新的发展，禅的精神出现了新的表现形式——“公案”“颂古”等。《景德录》基本上是唐末五代禅宗的记录。

在唐末五代兴起的禅宗五宗，到了北宋中叶，临济、云门二宗最为强盛，其他几宗，有的衰歇，有的仅存，“绵绵然若大旱之引孤泉”（契嵩语）。临济宗自开创以来，一直以强劲的势头发展着，从开祖临济义玄而下，次第传兴化存奖、南院慧颙、风穴延沼、首山省念、汾阳善昭、石霜楚圆。石霜往后传黄龙慧南和杨岐方会，慧南和方会门下法席极盛，他们各自举扬宗风，形成派系，即为黄龙派和杨岐派。后人将这两派和前禅宗五家合称，则为“五家七宗”。

云门宗为唐末五代禅宗的殿军，五家中最后兴起于五代，五代是中国历史上非常混乱的军阀割据时代，开祖文偃即在这非常时代创宗立派，并把它发扬光大，至宋代前期达到繁荣和鼎盛。云门文偃传香林澄远，远下智门光祚，祚下雪窦重显，最为论者所称道。《建中靖国续灯录》作为《景德录》的续作，重点在其未能收到的世次和人物，而由于临济和云门二宗在宋代前期的强盛，则新收人物又大多是这两家的儿孙，此是该书一大特点。

除此，该书还有两大特点，其一，世次计算的方法与前《景德录》《广灯录》有异，前者从下一代计起，本书以本身为第一世，照此推算，该书《对机门》所记青原第八世、南岳第十一世就相当于《景德录》青原下第七世、南岳下第十世。其二，该书分正宗门、对机门、拈古门、颂古门、偈颂门五门叙述。这里所记的雪窦重显等二十九人所作的“拈古”和石霜楚圆等二十人所作的“颂古”，已经富有时代特色。拈古即是先举过去禅宗的某则公案，然后加以画龙点睛的评论用来启悟学人；颂古与此稍有不同，所作的评论都用韵语写成，可以阐发其中的奥义。

从临济宗汾阳善昭作颂古开始，不久后云门宗雪窦重显亦作颂古百则。于是颂古这种文体开始流行，从而使禅宗“不立文字”而公开走上“文字禅”的道路；学人亦以参公案为能事，日渐失去了禅在日常生活中的那种亲切体验。《建中靖国续灯录》被收入《续藏经》第一三六册。

《联灯会要》，撰于南宋淳熙十年（公元一一八三年），是《景德录》《广灯录》《续灯录》三部灯录的会要和补充。所补充的是近八十余年来前代灯录未收的临济、云门二宗的法嗣，撰者悟明在自序中说：“唯临济、云门二家，自汾阳昭（善昭）、雪窦显（重显）而下，罕得其录，今所编者，十之二三。《续灯》所载，似无取焉，当伺同志集而补之。”悟明的意思说，自汾阳善昭、雪窦重显而下，能见到的材料较少，他只编了十分之二三，而《续灯录》所载又没有多少可取，因此还希望有志者集而补之。本书虽没利用《续灯录》多少资料，但采用了其计算世次的方法。其内容上始七佛，下至南岳第十八世和青原第十五世。本书收入《续藏经》第一三六册。

《嘉泰普灯录》，撰于南宋嘉泰四年（公元一二〇四年）。撰者正受在《上皇帝书》中叙说本书的缘起，是他的老师净慈道昌最先提出这个设想，又受到灵隐慧远禅师的督促和鼓励，花去十七年时间才完成此书。道昌不满意《续灯录》，正受说老师有一天指着此书喟然对他说：“夫灯之明，等及一切。初不择物而照，何独收比丘而遗帝王公卿师尼道俗耶？……灯虽曰《续》，惜其照之不普。”于是正受将北宋三灯综合成一书，尽量搜取其未收的各方信众，以达到他老师所谓的“普”。

本书内容，上始东土初祖菩提达磨，下至南岳第十七世和青原第十五世；由于南岳和青原的第一世至第九世北宋三灯已经收录，此处不再重复。本书分门叙述，“门”相当于今说“类别”，共有示众机语、圣君贤臣、应化圣贤、广语、拈古、颂古、偈赞和杂着八门。示众机语门记叙本书所编的禅宗传承世系，占全书内容的大半(卷一至卷二十一)。其中新编了迄撰书为止的临济宗、洞山宗（即曹洞宗），以及云门宗的传法世次。由于沩仰宗和法眼宗在北宋中叶已经衰亡，故作者未予编次。新编三大宗法系各立一人为正传宗师，其他称为联芳宗师。另外颂古、偈赞、杂着等门保存了很多成文的作品，其中有些还是首次载录，具有重要的资料价值。

本书之前本有《联灯会要》已经问世，亦是合北宋三灯为一书，但正受在《上皇帝书》中对它只字不提，似乎不知道有此书存在，有人推测“可能是传本较少的缘故”，因此断定，“《普灯录》与《联灯会要》之间并无学术上的继承关系，它们是《续灯录》之后出现的两部并列的灯录”。本书收入《续藏经》第一三七册。

《五灯会元》，成书在南宋淳祐十二年（公元一二五二年)。因为本书是合前述《传灯录》《续灯录》《广灯录》《联灯会要》《普灯录》五灯为一,五灯叠床架屋，内容多有重复，普济删繁就简，加以新的组织，所以书名叫“会元”。因为人情乐简，此书传世之后，原来五灯反而少了流通。原来五灯，每灯各有三十卷，共计一百五十卷，现今《五灯会元》浓缩为二十卷，卷的数量减少了，书的内涵却显得丰富而精练了。

本书最大的特点和价值所在，即是一改过去惠能以下禅宗分南岳和青原两大系叙述的习惯，而以新近形成的临济宗下的黄龙、杨岐两派配上原来的五宗，号称“五家七宗”，以此为纲目记述禅宗的传法世次。其叙述方式比前做了重大改进，它的宗派分明，脉络清楚，易得要领，当不在话下。

五家七宗的叙次是：沩仰宗、法眼宗、临济宗、曹洞宗、云门宗、黄龙派、杨岐派。按理说，法眼宗成立最迟，应列在云门宗之后，可现在列在临济之前，这一点遭到后世的讥议。为什么呢？陈垣先生解释说：“盖以法眼先绝，止于青原十二世，不溯其始，而计其末，应列在临济之前也。”（见《中国佛教史籍概论》第一〇二页）本书有南宋宝祐元年（公元一二五三年）的初刻本和元至正二十四年（公元一三六四年）的重刻本两种本子。《续藏经》第一三七册收入元重刻本的两篇序言和两卷目录，第一三八册收入正文。中华书局于一九八四年十月印单行本。

元代是蒙古族入主中原，流行藏传佛教，汉地禅宗的发展受到严格控制，因而这时代的灯录不多。据说至元间（公元一二六四——一二九四年），有千越云壑瑞禅师作《心灯录》“最为详尽”，因为引用了丘玄素所制塔铭而把龙潭崇信误为出自马祖门下，从而使得本属青原系的云门、法眼二宗划入南岳系去了，当时有人强烈反对，此书便不得流传。（见《五灯会元》释廷俊序）另外，有行秀作《祖灯录》六十二卷，现亦不存。

明清之际，灯录繁盛。灯录之作自五代宋初兴起后，至明、清两代出现繁荣发展的势头，各种各样的灯录都“粉墨登场”。这时期的灯录，不仅数量多，而且品种亦占了历代灯录之首。粗略统计，大致有这么一些类型的灯录：有承接《景德传灯录》传法世系往下续写的《续传灯录》和它的增补本《增集续传灯录》。《五灯会元》自刊行以来，深受禅学界人士的喜爱，“元、明以来，士大夫之好谈禅悦者，均喜其方便，无不家有其书”，至明末清初，它的续作亦纷纷出世，形成系列如《五灯会元续略》《继灯录》等。此外，又有别标宗旨而无异于灯录的《指月录》和《续指月录》，此是禅学圈外人士所写，自称是“儒者谈禅之作”。明崇祯年间，又出现只载居士的《居士分灯录》。清康熙年间，出现地方性的灯录如《锦江禅灯》《黔南会灯录》等等。

明洪武末年（公元一三九八年）出圆极居顶撰《续传灯录》三十六卷，明永乐十五年（公元一四一七年）出南石文琇撰《增集续传灯录》六卷。居顶自序说：“窃谓《景德传灯录》至矣，继此四灯之录宁免得此而遗彼乎？《会元》为书，其用心固善，然不能尊《景德传灯录》为不刊之典，复取而编入之，是为重复矣。”居顶以为《景德传灯录》是以往所出灯录之最，后继的《广灯录》《续灯录》《联灯会要》《普灯录》这四部灯录往往都存此而失彼，《五灯会元》亦没有认识到《景德传灯录》是一部典范的著述，把它与四灯并列编入书中，实是重复，因而他有必要接着《传灯录》的传承世次而作《续传灯录》。

为了突出大鉴（惠能谥号）在禅宗中盖世的地位，本书传承世次只标大鉴下某世，不同于《景德传灯录》分南岳、青原二系叙述，亦不同于《五灯会元》在二系之下又分五宗二派，作者说："盖五家宗派互相激扬，同出大鉴，故续录统而合之，以一其归世。"本书以大鉴世次统摄各宗派，从大鉴下第十世汾阳善昭、雪窦重显起，叙至第二十世止。二十年后，文琇认为居顶成书仓促，所收太略，因而进行增补，是为《增集续传灯录》。

由于居顶《续传灯录》之前已有《嘉泰普灯录》和《五灯会元》叙禅宗法系至南岳下十七世，相当于本书大鉴下第十八世，因而《续传灯录》实际新修只二世（十九、二十世）。作为增补本，从大鉴下第十八世叙至第二十五世。《续传灯录》和《增集》本都收入《续藏经》第一四二册。《大正藏》第五十一册亦载《续传灯录》，紧接在《景德传灯录》之后。

明末清初，出现续写《五灯会元》的系列著述。《五灯会元》收录禅宗传法世系止于南宋绍定年间（公元一二二八——二三三年）;《会元》没有收录的，全赖《续传灯录》收录，但它采录不全，且止于宋末元初；《增集续传灯录》又有《五灯会元补遗》附于书末，但亦不过收大鉴下第十七世中的二十人。自元以后至明末清初大约四百年间的禅宗世系，曹洞宗元贤在清顺治八年（公元一六五一年）撰成《继灯录》六卷记之。在此以前有《五灯会元续略》四卷，作者亦是曹洞宗人，从明崇祯十五年开始写作到十七年完成（公元一六四二——六四四年）。

此二书都是《五灯会元》的续作，都只续曹洞宗和临济宗。这是因为沩仰宗和法眼宗在普济撰《五灯会元》时已经绝传，云门宗虽在《五灯会元》撰成后尚有若干传人，但他们的嗣承世次因为年代的久远已经无法详考。此二书亦都是把曹洞宗置于临济宗前，对此有人说这是出于自尊其宗，亦有人说这是按照体例的要求，根据嗣传先尽者先续的原则。《五灯会元续略》，曹洞宗始青原下十五世，终三十六世；临济宗始南岳下十六世，终三十四世。《继灯录》，曹洞宗始青原下十六世，终二十九世；临济宗始南岳下十八世，终二十七世。《五灯会元续略》收入《续藏经》第一三八册，《继灯录》收入《续藏经》第一四七册。

其后又有两部灯录亦是《五灯会元》的续作，一部是《续灯存稿》，清通问编定于顺治十五年（公元一六五八年），另一部是《续灯正统》，清性统撰成于康熙三十年（公元一六九一年）。《续灯存稿》十二卷，是通问以所得的施沛居士原稿为基础，后经数年编撰才成书，正打算命工镂板，忽遭强盗打劫，于是秘而藏之，所以称为《续灯存稿》。作者因是临济宗人，仍按《五灯会元》先临济后曹洞宗的次序，而不同意《继灯录》将二宗次序颠倒。又遵照《续传灯录》以大鉴统摄各宗，统称“大鉴下某世”。本书收临济宗始自大鉴下第十八世，终至大鉴下三十四世；曹洞宗始大鉴下第十六世，终于大鉴下第三十六世。本书收入《续藏经》第一四五册。

《续灯正统》，四十二卷。续灯，即补续上自南宋之初下至康熙年间《五灯会元》所未备的禅宗法系；正统，是昭明法系嗣承，把临济宗、曹洞宗分别开，各清其授受。所续临济宗始大鉴下第十六世，终三十五世；曹洞宗始大鉴下第十六世，终三十七世。本书收入《续藏经》第一四四册。

明万历二十三年（公元一五九五年），瞿汝稷撰《水月斋指月录》三十二卷，简称《指月录》。水月斋，是其居室的名字；指月，如传灯，亦是出自禅宗的譬喻，以“指”譬名相，以“月”喻实相。禅宗认为，禅法如以手指月示人，不可把指就当作是月，如果那样的话，既没见到真正的月，亦失去了原来的指；这也就是说，真正的禅悟在于通过名相来把握实相而不滞着于名相。

“指月”里面涵容了禅宗的核心思想，作者因此用来作为书名。书名虽与《传灯录》有异，其内容并无二致。观其书则仍按传法世系编写，记载历代禅师的简略身世和机缘语句。其传承世系，只标“六祖下某世”所记世次，上始七佛，下至六祖下第十六世，不超过《五灯会元》《续传灯录》的世次。清康熙十八年（公元一六七九年），聂先撰《续指月录》，从六祖下十七世叙至三十五世，其下限又不超过《五灯会元续略》和《继灯录》的范围。由于《指月录》成书在明万历年间禅宗复兴的时代背景里，那个时候士大夫参禅之风大盛，本书作为士大夫的代表作，有某些适合士大夫的风格和口味，因而本书问世后十分流行。

参禅的士大夫一般称为居士，自宋迄明，士大夫热衷于参禅者甚众，如受诏裁定《传灯录》的杨亿、编撰《广灯录》的李遵勖、《指月录》的作者瞿汝稷，以及著名文人欧阳修、苏轼、王安石、袁宏道和大官僚富弼、文彦博、张无尽等都与禅宗结下了不解之缘，深受禅学的熏陶。亦许正是在这个文化背景下，明朱时恩在崇祯四年（公元一六三一年）撰《居士分灯录》二卷，远追维摩诘居士，尊为居士之鼻祖。又叙唐宋及其下的居士，有名者如庞蕴居士、裴休居士等，共计七十二人。

禅宗入宋以后，不复有唐末五代那样生机蓬勃、风起云涌般的发展，禅宗内外与他宗他教调和融合的思想倾向渐占上风，昔日禅师卓立的风采、自主的精神亦逐渐枯萎凋零。直至明中叶以前，禅宗的处境还是十分艰难，前景黯淡。

万历年间（公元一五七三——一六二〇年），禅宗却有了转机，出现云栖袾宏、紫柏真可、憨山德清、蕅益智旭，号称“晚明四大高僧”。他们相继应世，检查佛教衰退的原因，批评禅法的堕落，力图改变现状，誓志复兴禅宗。一方面由四大高僧从内部大力推动，另一方面晚明士大夫在外部积极响应和支持，内外呼应，互相标榜，终于使禅宗在明季一度呈现复兴现象，恰似回光返照。其流风所被，远及西南滇黔。明末世乱时四方禅侣纷纷来此地逃离，“乞食于其间”；明亡后又有很多文化精英萃集于此，遁逃于禅，以全其志节。如此造成明末清初黔地禅宗的勃兴。后世有志者如清代如纯，有感于历代灯录所记古尊宿名目大多在江浙诸省，而关于西南记载的极少，推想其原因大概是边远蛮荒之地跋涉艰辛，资料难于搜集吧。于是，如纯亲身游历黔南诸郡，不惮寒暑，汇收黔地诸家诸录，尔后编撰成书，这就是《黔南会灯录》。这是一部地方性的灯录，共八卷，编成于康熙四十一年（公元一七〇二年），它只收明末清初在贵州一带传禅的禅宗人物，而此时在贵州流传的主要是临济宗，曹洞宗的人数很少。本书收入《续藏经》第一四五册。本书之前有清通醉在康熙十一年（公元一六七二年）撰《锦江禅灯》，专收生于蜀地而在其他地方传禅，或者生于其他地方而在蜀地传禅的禅宗人物。

明清两代除了以上各种灯录，还有为法统问题争执而受到影响后编撰的灯录，如《五灯严统》《五灯全书》等，采用荆州城里两个道悟说，一个城东天皇，一个城西天王，天王嗣马祖，天皇嗣石头，天王下出龙潭崇信，结果把《传灯录》中本属青原系下的云门、法眼二宗划归到南岳系下。此纯粹是后世争法统者精心炮制的产物，利用“皇”“王”一字之差紊乱宗谱。此说出世后遭到不少人的指责，因它而编的灯录亦被归入该毁伪书的行列，流通很少。此处为免争议对这两种灯录就不做专门的介绍了，但有必要指出除此法统问题外，其中还是有可以利用的禅宗史资料的。

本章结语

以下就此谈谈与灯录形成有关的两个重大问题并将其作为本章结语。其中一个重大问题，就是禅宗的法统。

法统是道脉的所在，不可不为禅家所讲究。

禅宗内部之争取正统，始自神会当年在滑台大云寺（今河南）与神秀北宗一系展开的大辩论。神秀一系因为受帝王支持而在北方“高树法幢”，神秀本人被推为“两京法主、三帝国师”不说，其门徒普寂、义福亦都受到帝王公卿的隆重礼遇。惠能灭世后不久，神会改变乃师“宁愿老死山林，不肯高居庙堂”的风格，有目的地北上，挑起南北禅宗正统之争。他打着“为天下学道者辨是非，为天下学道者定宗旨”的旗帜，指责神秀系“师承是傍，法门是渐”；又对惠能得弘忍传衣一事大肆渲染，用以证明惠能嫡传了达磨南宗的正法。最终神会赢得了胜利，奠定了惠能南宗是禅宗的正统地位，他本人后来亦被敕立为禅宗七祖。

但观后来南宗的发展，它的繁荣昌盛的伟大历史使命，基本上却是由两个无名的和尚南岳怀让和青原行思及其门徒来完成的，神会法系只相传了几代便泯然断绝。原因何在呢？国内有学者潘桂明曾阐述中国禅宗的思想历程，在谈及这段历史说：“当荷泽神会在北方地区与神秀后裔争夺法统的同时，惠能的另外两名弟子南岳怀让和青原行思正在南方地区展开着卓有成效的南宗禅的传授、发展工作。经过几代禅师的努力，当北方地区神秀、神会两系禅派同时趋于衰微之际，他们的禅却在南方由于得天独厚的客观条件而蔚然成为禅宗主流，并自此而步入禅宗极盛时期。怀让传弟子马祖道一，道一门下人才济济，各成一方宗师。行思传石头希迁，希迁门下如丹霞天然、药山惟俨、天皇道悟等，都是风格鲜明的禅匠。道一在江西，希迁在湖南，以比惠能更为灵活多变的方式传授禅法，进一步改变了禅宗的面貌，给禅的生命又一次注入强烈的兴奋剂。与道一、希迁等人的激烈禅风相比，富有特色的惠能禅亦只能算是循循善诱、老婆心切而已。神会祖述惠能，并竭力予以弘扬、推广，然于禅学未有更大建树，亦难与南方禅众比拟。我们从中悟到什么了呢？对思想体系本身的魅力的开发，其重要性远胜于去争夺正统地位，去争取权贵的支持等外部因素的建设。为了宗门的兴旺，像神会这样充满政治热情的和尚少不得，但设若缺乏新生力量的培植，没有俊美之才致力于思想意蕴的开拓，那是维持不了多久的。

其二，灯录之形成，与禅家的语录是分不开的。灯录、语录共同产生于禅宗由“不立文字”而公开标榜“文字禅”的转折时期。它们相伴而生，没有语录之在前，亦就没有灯录之见后。历代灯录的编撰，都离不开相应时代的禅家语录作为素材。灯录的语言结构（机语部分）与语录相差无几，大致包含传心法要、得法机语、上堂开示、学人参问、参学所得等一些内容。《景德传灯录》的撰写，其中大量机缘语句大多取材于九世纪左右唐代形成的禅家语录，如《庞居士语录》《黄檗禅师传心法要》《黄檗断际禅师宛陵录》《镇州临济慧照禅师语录》《瑞州洞山良价禅师语录》《抚州曹山本寂禅师语录》等等。其后各家灯录，亦多半取材于语录。唐代禅家语录为数还不是很多，而且每种语录只记一位禅师的言谈。至宋代，禅宗语录大量出现，不仅出现了综合性的语录集，如赜藏主集的《古尊宿语录》四十八卷和师明集《续古尊宿语录》六卷，广采唐宋诸家禅师语录；而且又创造了以“拈古”“颂古”等为名的新的语录体裁，这同样丰富了同时代创作的灯录。

解说

《景德传灯录》，是中国佛教禅宗的一部重要典籍。自两宋之后，被奉为禅宗史书的经典之作，是“禅学之源”。其书大致涵摄两个方面的内容：一方面记载了中国禅宗尤其是南宗传承的历史，另一方面又着重叙说了人物的禅学思想。

本书的禅宗史价值

本书对禅宗史的形成，主要贡献有三：其一，确定中国禅宗始自菩提达磨，尊达磨为初祖；其二，以曹溪惠能为达磨禅法的嫡传和正宗（六祖），南宗的创始人；其三，划分惠能门下南岳、青原两大法系，并以江西马祖、湖南石头为首分别代表其下两大支派。

禅宗是隋唐时代兴起的众多佛教宗派之一。但自菩提达磨在梁魏之世，由海路来中土开始传播禅法起，即有了自己独立的历史。最早记述达磨事迹的是北魏杨衒之的《洛阳伽蓝记》，其中说到达磨是“波斯国胡人”，自称年有一百五十岁，他来到洛阳永宁寺，赞叹其精英和壮丽。至唐代，律学大师道宣以其严谨的风格，又为达磨作了较为确切的传记，说他是“天竺国婆罗门种”，初达宋境南越，末又北渡至魏，以游化为务云云。由此可知，达磨其人作为历史人物是基本可信的，尊奉达磨为初祖的禅宗是有历史依据的。后世在这基础上，出于宗派斗争和法统需要，又把禅史拓展到印度之根，由达磨而直溯至佛陀，于是有了所谓“灵山会上，释迦拈花，迦叶微笑，传佛心印”的传说，作为禅宗起源的最为原始的根据。

然而，禅宗作为最具中国特色的佛教宗派，其实际创始人却是六祖惠能；中国禅宗的传播和畅行，主要是由于惠能及其门徒在中国南方的大力弘扬，这亦已经是不争的事实。由惠能创立的南宗禅，在唐武宗会昌废佛后，不仅由岭南而波及全国，而且传诸久远，因此后世流行的禅宗多属惠能一系。

据《传灯录》所记，达磨之后相继传慧可、僧璨、道信、弘忍，这是禅宗最初五代祖师。四祖道信下旁出牛头法融，传了六代而嗣亡。五祖弘忍之后，分南、北二宗，北宗以神秀为代表，南宗以惠能为领袖；神秀北宗数传而绝，惠能南宗门徒济济，繁荣昌盛。惠能门下著名弟子有神会、行思、怀让、慧忠、法海等四十余人，其中尤以南岳怀让和青原行思两家弘传最盛，他们又得着马祖道一和石头希迁的继承发扬和各振宗风，从而使得南宗禅呈现了蓬勃兴旺的景象，在禅宗的历史舞台上出现了沩仰、临济、曹洞、云门、法眼五家宗派鼎立和“五祖分灯”的兴盛局面。

综上所述，《景德传灯录》虽不能说是严格意义上的禅宗史，但大体上反映了禅宗发展的趋向和风貌。它以六祖惠能为轴心，其上承接菩提达磨及其下的五代祖师，并进而远追到天竺祖师乃至西天七佛；其下由荷泽神会及南岳怀让、青原行思两系，而马祖道一、石头希迁，进而“五祖分灯”，基本上勾画出禅宗发展的历史。因而此书之禅宗史价值是无可置疑的。

本书的思想要义

南天竺来的菩提达磨把禅的种子播撒于中国肥沃的土壤里，到惠能时代便得到了丰收，结出了硕大的（文化）果实。达磨的禅法集中体现在“二入四行”或如本书所说的“大乘壁观”，到后来则进一步衍化为“不立文字，教外别传；直指人心，见性成佛”。这在很大程度上开启了惠能顿悟自心即可成佛的南宗禅法。因本书所记禅宗传承史，多属惠能南宗一系，故这里仅谈南宗禅法的几个基本特征。

南宗禅法最为显著的特征之一，是强调自心即佛，自性即佛性。惠能南禅把众生与佛乃至一切诸法都归结于自心，认为世出世间一切诸法都是自心自性的产物，“心生则种种法生，心灭则种种法灭”。如果人们能了悟此自心自性本来是佛，能不离自心而顿现真如佛性，那就可以成圣做佛。基于这一思想，南宗禅大多主张直指心源，不立文字。黄檗《传心法要》说：“即心是佛，上至诸佛，下至蠢动含灵，皆有佛性，同一心体。故达磨从西天来，唯传一法，直指一切众生本来是佛，不假修行。但如今识取自心，见自本性，更莫别求。”

南宗禅法显著特征之二，是注重顿悟见性。与北宗神秀一系渐修渐悟不同，惠能南宗认为直下可见自己本心具有佛性，根本毋须累劫修行，枉受辛苦。南禅把迷与悟当作区分众生与佛的一把标尺，认为迷即凡夫，悟即成佛；众生与佛本无二致，差别只是迷悟不同，“自性迷则佛是众生，自性悟则众生是佛”。南禅进而认为这种迷与悟就在人们的一念之间，“前念迷即凡，后念悟即佛”，具体地说，你被妄念所迷之时，自然不知什么是禅，更成不了佛，可是你若一刹那间妄念俱灭，并且识得自性，那么即可“一悟即至佛地”。

南宗禅法显著特征之三，是提倡解脱不离世间。认为佛法本在世间，不能到世间外去求解脱。其思想指向是为了摆脱世事的烦恼，超越世俗的虚名浮利，不执着一切，甚至连这种不执着的念头亦要放弃，以期求取一种精神上的宁静和安适、一种彻底的解脱。可是，这种解脱，南禅强调，不能离开世事来求取。这样，南宗禅便把传统的出世的佛教变成了入世的中国化的佛教。从思想文化的角度考察，南宗禅的这种入世倾向受到儒家入世精神的深刻影响。

文化简评

禅学是一种独特的文化现象。禅宗里蕴含了中国人的灵性和智慧。《景德传灯录》是祖先留给我们的一份珍贵的文化遗产。近十多年来，国内随着西方世界对东方文化的关注和西哲们对禅智慧的兴趣日益增加，禅宗的历史、禅宗的思想和文化得到了不少有识之士的重视和开发，然而其中难免良莠芜杂，鱼目混珠，一些心浮气躁的人热衷于参禅，却不能有效地识别和把握禅的真髓，因而做着徒劳的辛苦和努力。切望对禅感兴趣的人们能从禅的原典，比如被禅学界奉作经典之作的《传灯录》做严肃而认真的体悟。

另外，中国文化目前面临着重建的工作，现代意义上的禅学和禅宗文化亟待创造性的更新。可供借鉴的是日人铃木大拙自二次世界大战以来对禅做的独立的研究和探索，然而铃木禅宣扬的“反科学”和“非理性”又是不是能代表真正意义上的中国禅呢？这方面亦促使我们去原典中做严肃而认真的体味。历史赋予了我们这种凿古而开新的伟大使命，我们义不容辞。

近世以来，太虚法师倡导“人生佛教”，主张以出世的精神从事入世的事业，其所遵循的正是南禅的思路，可谓把握了禅宗的真髓，代表了中国佛教的新走向，值得发扬光大。

参考书目

参考书目

1.《大正藏》第五十一册　日本大正一切经刊行会一九三四年版

2.《中国佛教史传丛刊》一九五八年元月出版　台湾建康书局印

3.《佛典精解》陈士强撰　上海古籍出版社一九九二年版

4.《佛典辑要》赖永海主编　山东人民出版社一九九二年版

5.《中国佛教》(二)、(四)　中国佛教协会编　知识出版社一九八九年版

6.《续藏经》第一四二、一四三、一四四册等　日本大正一切经刊行会一九三四年版

7.《人间天书：宗教典籍举要》本社编　上海知识

出版社一九八九年版

8.《禅海珍言》 日·秋月龙珉著、汪正求译　漓江出版社一九九一年版

9.《五灯会元》 上、中、下　宋·普济撰　中华书局一九八四年版

10.《中国佛教思想资料选编》第二卷第四册　石峻、方立天、楼宇烈等编　中华书局一九八三年版

11.《中国禅宗思想历程》 潘桂明著　今日中国出版社一九九二年版

12.《中国佛教史籍概论》 陈垣撰　中华书局一九六二年版

13.《佛学大辞典》 丁福保纂　文物出版社一九八四年版

14.《中国佛学源流略讲》 吕澂著　中华书局一九八三年版

15.《明季滇黔佛教考》 陈垣著　科学出版社一九五九年版

16.《禅与生活》 日·铃木大拙著、刘大悲译　光明日报出版社一九八八年版

17.《佛家名相通释》 熊十力著　中国大百科全书出版社一九八五年版

出版后记

星云大师说:“我童年出家的栖霞寺里面,有一座庄严的藏经楼,楼上收藏佛经,楼下是法堂,平常如同圣地一般,戒备森严,不准亲近一步。后来好不容易有机缘进到藏经楼,见到那些经书,大都是木刻本,既没有分段也没有标点,有如天书,当然我是看不懂的。”大师忧心《大藏经》卷帙浩繁,又藏于深山宝刹,平常百姓只能望藏兴叹;藏海无边,文辞古朴,亦让人望文却步。在大师倡导主持下,集合两岸近百位学者,经五年之努力,终于编修了这部多层次、多角度、全面反映佛教文化的白话精华大藏经——《中国佛教经典宝藏》,将佛教深睿的奥义妙法通俗地再现今世,为现代人提供学佛求法的方便途径。

完整地引进《中国佛教经典宝藏》是我们的夙愿,

三年来，我们组织了简体字版的编审委员会，编订了详细精当的《编辑手册》，吸收了近二十年来佛学研究的新成果，对整套丛书重新编审编校。需要说明的是此次出版将丛书名更改为《中国佛学经典宝藏》。

佛曰：一旦起心动念，也就有了因果。三年的不懈努力，终于功德圆满。一百三十二册，精校精勘，美轮美奂。翰墨书香，融入经藏智慧；典雅庄严，裹沁着玄妙法门。我们相信，大师与经藏的智慧一定能普应于世，济助众生。

东方出版社

图书在版编目（CIP）数据

景德传灯录 / 张华　释译．—北京：东方出版社，2015.9
（中国佛学经典宝藏）
ISBN 978 - 7 - 5060 - 8626 - 4

Ⅰ．①景…　Ⅱ．①张…　Ⅲ．①法眼宗—中国—北宋②《景德传灯录》—注释③《景德传灯录》—译文　Ⅳ．① B946.5

中国版本图书馆 CIP 数据核字（2015）第 289489 号

景德传灯录
（JINGDE CHUANDENGLU）

释 译 者：张　华
责任编辑：查长莲
出　　版：东方出版社
发　　行：人民东方出版传媒有限公司
地　　址：北京市东城区朝阳门内大街 166 号
邮　　编：100010
印　　刷：华睿林（天津）印刷有限公司
版　　次：2017 年 9 月第 1 版
印　　次：2025 年 6 月第 5 次印刷
开　　本：880 毫米 ×1230 毫米　1/32
印　　张：13
字　　数：239 千字
书　　号：ISBN 978 - 7 - 5060 - 8626 - 4
定　　价：55.00 元
发行电话：（010）85924663　85924644　85924641